스탠리 큐브릭: 미국인 영화감독

STANLEY
KUBRICK
american filmmaker

스탠리 큐브릭: 미국인 영화감독

데이비드 미킥스 지음 │ 김경진 옮김

갈책

래리와 이디스 말킨에게

차례

일러두기

1. 외국 인명, 지명은 외래어 표기법을 따르되 일부는 관용적인 표기를 따랐다.
2. 단행본·단편·신문·잡지는 『 』, 영화·방송·뮤지컬·연극·대본은 「 」, 노래·시·미술 작품은
   〈 〉로 표기했다.
3. 각주는 모두 역자 주이다.

서문

"스탠리 큐브릭이 자신이 사랑했던 여인의 이야기를 해 준 적이 있어요." 배우 커크 더글러스가 회상했다. "그 여자랑 대판 싸운 적이 있었답니다. 그런데 젠장, 자신이 마초처럼 느껴진 거예요. 빌어먹을 진절머리가 났대요. 그게 다였죠. 그는 가방을 싸서 문을 쾅 닫고는 밖으로 나갔습니다. 그러고는 걷기 시작했는데 가방이 점점 무거워져서 들고 갈 수가 없게 되었답니다. 다시 돌아갈 수밖에 없었던 거죠."

신랄한 동화 같은 이야기다. 시작 지점으로 되돌아오도록 운명지어진 이 남자의 반항은 금세 좌절되었다. 큐브릭의 일화는 그의 마지막이자 가장 개인적인 영화인 「아이즈 와이드 셧」(1999)의 줄거리이기도 하다. 이 영화에서 남자는 섹스를 찾아 나섬으로써 저항을 하는데, 대부분의 큐브릭 영화는 일종의 저항을 다룬다. 그가 내보이는 상당한 에너지에도 불구하고 보통 저항의 시작은 작아 보인다. 저항을 한다는 건 문제를 해결하는 방법이 아니다. 그리고 문제 해결은 큐브릭에게 무척 중요한 일이다.

영화를 만들 때 큐브릭은 모든 문제의 해결책을 찾아야 했기 때문에 거기에 강박적으로 집중했다. 하지만 그는 또한 마초적 반감과 잘 짜인 계획을 멋지게 망가뜨리는 다른 요소에도 이끌렸다. 그의 영화들은 실패한 정복에 관한 이야기다. 완벽히 통제된 계획은 사람의 실수 또는 기이한 우연으로 망가지거나 남성적 분노에 장악된다. 반항적이고 심술궂은 도깨비는 항상 어딘가에 도사리고 있다. 큐브릭은 무엇이 됐든 문제를 일으키는 요소를 즐거워했다. 「시계태엽 오렌지」(1971)의 알렉스와 「롤리타」(1962)의 퀼티가 꾸미는 기이한 계략, 「닥터 스트레인지러브」(1964)의 미치광이 장군들이 보이는 과장된 죽음 충동, 「샤이닝」(1980)에서 잭 토랜스의 광기 어린 분노, 자신의 의붓아들 불링던을 본 배리 린든을 사로잡는 갑작스러운 격분 같은. 「풀 메탈 재킷」(1987)에서는 훈련 교관 하트먼의 경우처럼, 넘쳐나는 광기가 명령을 따르는 완고한 전사戰士들 사이를 흐른다. 마침내 이 모든 것을 허물어뜨린 후, 큐브릭은 「아이즈 와이드 셧」의 결말에서 집으로 돌아와 부부의 은밀하고 일상적인 삶을 보여 준다.

큐브릭의 영화는 일반적 범주를 벗어난 작품들이며 우리는 이를 대부분의 대중 영화와는 다르게 바라본다. 큐브릭의 주인공이 「시계태엽 오렌지」의 알렉스와 같은 반항아든 「2001 스페이스 오디세이」(1968)의 데이브 보먼 같은 침착한 문제 해결자든, 우리는 전통적 할리우드 방식으로 응원'하는 대신 거리를 둔 채 양면적 감정을 가지고 그를 주시한다. 큐브릭은 자신의 등장인물을 함정에 빠뜨리고 그걸 드러내 보이기를 좋아한다. 그는 감상적인 최루성 영화나 즐거운 결말, 감정이 한가득 담긴 장면을 질색하는 짓궂은 모더니스트다. 그의 작품은 또한 「말타의 매」[2]부터 쿠엔틴 타란티노에 이르기까지 사악한 냉정함과 차분함으로 대표되는 대부분의 누아르 영화와 무법자 영화에 반대 입장을 취한다. 하지만 이런 모든 걸 회피하는 데 비해 큐브릭의 영화는 엄청나게 인기가 있었고 지금도 그렇다. 몹시 느릿하고 고요하며 추상적인 「2001 스페이스 오디세이」는 MGM 영화사에 가장 큰돈을 벌어다 준 10편에 포함되었다. 큐브릭 영화의 여러 순간들은 큐브릭이 좋아했지만 그의 작품과는 극명하게 대조를 이루는, 연민과 폭력, 그리고 남자의 허세 등 고전 할리우드의 세 가지 요소를 잘 담아낸 영화인 「대부」의 장면들 못지않을 정도로 상징적이다.

큐브릭을 폄하하는 사람들은 그의 영화가 작품에 나타나는 제한적 일상에 맞선 인간 정신을 충분히 옹호하지 않는다고 주장한다. 그들에게 큐브릭은 억압의 편에 서 있고 그의 영화들은 온갖 그릇된 방식 속에서 재미없고 지루하며 가혹하고 극단적인 것처럼 보인다. 물론 카프카의 글에 대해서도 똑같이 말할 수 있는데, 큐브릭은 카프카의 애독자였다.

어떤 이들이 큐브릭에게서 볼 수 있다고 하는 지극히 냉담한 비정함

---

1 주인공에 감정 이입을 하여 그와 같은 가치관·입장을 취하는 태도를 의미한다.
2 미국의 추리 소설 작가 대실 해밋의 1930년작 동명 소설을 원작으로 한 존 휴스턴(1906~1987) 감독의 1941년 걸작 누아르 영화.

은 사실 여자를 잊지 못해서 술을 마시는 남자 주인공이나 눈물을 참
는 용감한 여자 주인공 같은 할리우드의 비감悲感에 대한 그의 거부 반
응이다. 큐브릭은 영화라면 일반적으로 할 법한 걸 하지 않은 채 속 시
원한 충격으로 만족을 전한다. 그는 미켈란젤로 안토니오니[3]와 특히 잉
마르 베리만[4]을 존경하긴 했지만 그의 작품이 유럽 예술 영화처럼 엄
숙한 건 아니다. 영화 평론가 제임스 네어모어는 큐브릭의 또렷한 이미
지가 "흡사 어린아이와 같은 격렬한 감정을 명료하고 합리적인 방식으
로 바라보듯, 몰입하지 않아도 작가를 이해할 수 있는 감각"을 전해 준
다고 말한다.

큐브릭의 냉담함은 아이의 마음과 혼란스러운 에너지와 공존한다.
그의 영화에서 과도하게 의식적인 성인의 합리성과 어린이의 원초적
감정이 기묘하게 결합되어 있는 것을 볼 수 있다. 그의 영화 중심에는
어린 시절 개구쟁이에 고집불통이던 꼬마 큐브릭과, 집에 머무르며 영
화를 만드는 일을 더없이 좋아하는 차분하고 평정을 잃지 않는 성숙한
감독이 함께 자리한다.

대략 여덟 살쯤 된 스탠리 큐브릭이 여동생 바버라에게 과장된 행동
을 하며 익살을 부리는 홈 비디오가 있다. 그는 아주 큰 바지를 입은 채
야단스럽게 율동을 한다. 어느 순간 그의 웃음은 악의적 즐거움을 띤

---

3 「정사」(1960)–「밤」(1961)–「태양은 외로워」(1962)로 이어지는 '소외 3부작'과 「욕망」(1966) 등으로
유명한 이탈리아의 거장 영화감독(1912~2007).
4 「제7의 봉인」(1957), 「산딸기」(1957) 등 많은 걸작을 통해 유럽 예술 영화의 거장으로 평가되어 온
스웨덴의 영화감독(1918~2007).

알렉스의 그것과 비슷해 보인다. 어린 큐브릭은 품행과 교우 관계에서 낮은 점수를 받았다. 그는 바틀비[5]와 같은 면모를 강하게 지니고 있었고, 순전히 관심 부족 탓에 바르 미츠바[6]를 치른 적도 없다.

스탠리의 유년기 반항은 일찍 시작되었다. 1학년과 2학년 시절 그는 자주 등교를 거부하여 당시 출석 일수는 겨우 60퍼센트 정도밖에 되지 않았다. 고집이 센 데다 완전히 자신만만했던 이 사내아이는 중산층으로 살아간 덕에 진지하게 교육을 시킬 수 있었던 이민 1세대인 부모님을 당혹스럽게 했을 것이다. 의사였던 그의 아버지 잭 큐브릭은 놀랍게도, 「샤이닝」에서 잭이 대니에게, 혹은 우리가 「2001 스페이스 오디세이」의 스타차일드[7]에게 그런 것처럼 자신감으로 가득한 자기 아이에게 혼란스러워 하긴 했어도, 큐브릭에게 어머니 거트와 함께 집에 있도록 여지를 주었던 것 같다. 스탠리의 독립적 기질은 나이가 들면서 더욱 두드러지게 된다.

어린 스탠리는 웨스트 브롱크스의 문화 중심 지역인 그랜드 콩코스에서 자랐다. 이 엄청난 대로大路는 큐브릭이 떠나고 오랜 시간이 지난 후 로버트 모지스[8]가 구상한 크로스 브롱크스 고속도로로 인해 결국 폐허가 되었다. 그랜드 콩코스의 기념비적인 볼거리 중 하나는 로스 파라다이스Loew's Paradise라 불린 영화의 전당이었다. (또 다른 하나인 RKO

---

5 미국의 소설가 허먼 멜빌의 1853년작 단편 소설 『필경사 바틀비』에 등장하는, 기존 사회 질서와 위계를 거부하고 삶에 저항하는 인물.

6 bar mitzvah: 유대인 남성이 13세 생일에 치르는 성인식으로, 유대교의 중요한 통과 의례 중 하나다.

7 Starchild: 「2001 스페이스 오디세이」에서 주인공 데이비드 보먼은 스타게이트를 통과한 후 늙어 침대에 누워 있는 자신의 모습을 마주하고, 이후 빛의 구체에 둘러싸인 태아가 되어 우주 공간에서 지구를 바라본다. 스타차일드는 그 태아를 일컫는 말이다.

8 20세기 중반 뉴욕의 기반 시설 건설 및 도시 개발 계획을 진두지휘한 건축 기획자.

포덤RKO Fordham은 콩코스 바로 동쪽에 있었다.) 로 극장은 구름이 영사되어 천장을 가로질러 흐르는 거대하고 화려한 바로크풍 극장이었다. 그 주변에는 평범한 음료 판매대, 중국 음식점과 술집, 도박꾼 무리가 들르는 빅포드⁹ 식당, 그리고 큐브릭 같은 유대인 아이들이 조심해야 하는 이탈리아계 범죄자들인 빌라 애비뉴 갱단도 있었다.

"저는 고등학교 때 정말 부적응자였습니다." 여러 해가 지난 후 큐브릭이 한 인터뷰어에게 말했다. 다른 10대 아이들은 좀비스나 허리케인스 같은 이름의 클럽에 다니고 길거리에서 스틱볼¹⁰과 야구를 했다. 스탠리는 열두 살 무렵부터 그런 것들 대신 사진에 사로잡혔다. 그해에 그의 아버지는 커다랗고 낡은 상자 안쪽을 굽어보아야 간유리에 맺히는 像을 볼 수 있는 그라플렉스¹¹ 카메라를 선물했다. 스탠리는 거기에 35밀리 렌즈를 장착하고는 학교를 빼먹었다. 이듬해에 잭 큐브릭은 아들에게 체스를 가르쳤는데, 그는 여기에도 열렬히 빠져들었다.

큐브릭의 아내 크리스티안은 한 인터뷰에서 잭 큐브릭이 "약간은 보수적이며 걱정도 많은 아주 좋은 사람"이었다고 기억했다. 그녀는 스탠리의 어머니가 그에게 큰 힘이 되었다고 덧붙여 말했다. "어릴 때 그는 명석하고 자립심 강한 천부적 재능을 지닌 아이였대요. 그리고 지혜로웠던 그녀는 아들에게 강한 신념을 멋지게 심어 주었죠." 스탠리의 아버지가 저 타오르듯 잔혹한 잭 토랜스와는 전혀 달라 보이긴 하지만

---

9   1921년에 설립된 카페테리아 스타일의 레스토랑 체인.

10   주로 고무공과 빗자루를 가지고 하는 야구와 비슷한 길거리 스포츠. 1980년대까지 뉴욕과 필라델피아 등 미국 북동부 지역의 젊은이들이 도심 거리에서 즐겼던 놀이다.

11   Graflex: 20세기 초반 일안 리플렉스 카메라를 상용화한 미국의 카메라 브랜드.

두 잭은 모두 심각한 걱정꾼이었다. 큐브릭의 아버지는 아들의 야망을 이해하지 못했고 희망도 없이 그저 아들이 의사가 되기만을 바랐다. 반면 그의 어머니는 스탠리가 자신의 길에 들어섰다는 걸 알아차렸다.

나중에 컬럼비아대학교의 문학 교수가 되는 스티븐 마커스는 윌리엄 하워드 태프트 고등학교 시절 스탠리의 반 친구였는데, 큐브릭은 매일같이 마커스에게 숙제를 베끼게 해 달라고 요구했다. 마커스가 "스탠리, 왜 숙제를 안 하는데?"라고 묻자 큐브릭은 이렇게 대답했다. "글쎄, 관심이 없어." 스탠리는 그저 강요된 교육에 반응하지 않았을 뿐이다. 뭔가를 좋아하면 거기에만 매달렸다. 그렇지 않았으면 그는 구제불능이었을 것이다.

사진이나 체스와 마찬가지로 스탠리를 사로잡은 건 영화였다. 그는 동시 상영을 보려고 자주 학교를 빼먹으며 로 극장과 RKO 극장을 열성적으로 찾았다. 이때는 할리우드 영화가 찬란한 절정에 달했던 1940년대 초반이었다. 그가 1963년 『시네마』 매거진에서 이야기한 바에 따르면, 그 당시 큐브릭이 특히 좋아한 작품은 오슨 웰스의 「시민 케인」, 윌리엄 웰먼의 「록시 하트」, 로렌스 올리비에의 「헨리 5세」, 그리고 W. C. 필즈가 출연한 에드워드 클라인의 「뱅크 딕」 등이었다. 스탠리는 재즈도 좋아해서 10대 시절 태프트 고등학교 동기 에이디 고르메[12]가 이끌었던 밴드에서 드럼을 치기도 했다.

스탠리는 평균 70점으로 태프트 고등학교를 졸업했는데 이는 제대

---

12 1966년 〈If He Walked Into My Life〉로 그래미 최우수 여성 팝 보컬 퍼포먼스상을 수상한 미국의 팝 가수.

군인 원호법[13] 시절 대학에 가기엔 너무 낮은 성적이었다. 그렇지만 그는 게으름뱅이는 아니었다. 그는 자신이 뭘 원하는지 알았다. 마커스는 말했다. "스탠리는 자기 역량 안에서 악마와 같은 신념이 있었습니다. 악령들이 그를 몰아붙이고 있었죠. 그가 가는 길에서는 아무것도 멈춰서 있을 수 없었어요." 성인이 된 큐브릭과 알고 지냈던 마이클 헤어도 같은 의견을 보였다. "전력을 다한 스탠리의 의지를 움직이려면 허먼 멜빌이 돼야 할 겁니다."[14]

10대의 스탠리는 너무 큰 바지와 재킷을 걸치고 헝클어진 머리를 한 단정치 않은 자유인이었다. 그는 고등학교 졸업 후 연인 토바 메츠와 결혼해 그리니치 빌리지로 이주했는데, 그곳에 썩 잘 어울렸다.[15] 그는 토요일 밤마다 다이앤 아버스[16]의 집에서 제스처 게임[17]을 했고 위지[18], 제임스 에이지[19], 드와이트 맥도널드[20] 등을 알게 되었다.

큐브릭은 일찍부터 뉴욕의 예술가와 지식인 사회에 이끌렸다. 그러

---

13 GI Bill: 1944년 시행된, 퇴역 군인에게 주택과 보험, 의료, 교육 및 직업 훈련의 기회를 제공한 제도. 교육비 지원으로 많은 제대 군인들이 대학 교육을 받을 수 있었다.

14 포경선을 타고 항해했던 멜빌은 자신의 경험을 바탕으로 소설 『모비 딕』(1851)을 썼다. 여기 등장하는 피쿼드호의 선장 에이햅은 복수를 위해 철저하고 집요하게 고래를 쫓아 사투를 벌인다. 마이클 헤어의 말은 이에 대한 비유다.

15 뉴욕 맨해튼 남부에 자리한 그리니치 빌리지는 자유로운 분위기의 예술가 거주 지역으로 잘 알려진 곳이다.

16 동성애자, 트랜스젠더, 난쟁이, 스트립 댄서, 나체주의자 등 소외 계층을 찍은 사진으로 잘 알려진 미국의 사진작가.

17 상대방의 몸짓을 통해 단어를 알아맞히는 놀이.

18 삭막한 뉴욕의 거리 사진으로 유명한 우크라이나 출신 미국인 사진작가.

19 존 휴스턴의 「아프리카의 여왕」(1951), 찰스 로턴의 「사냥꾼의 밤」(1955)의 각본으로 잘 알려진 미국의 소설가이자 시인·각본가. 사후 출간된 자전적 소설 『가족의 죽음』(1957)은 퓰리처상을 수상했다.

20 미국의 작가이자 영화 평론가.

나 심오한 예술 영화를 만드는 것만으로 끝나고 싶지는 않았다. 그의 목표는 미국 주류 사회에 이야기하는 것이었고 예술 영화의 감성이 담긴 주류 영화, 특히 「2001 스페이스 오디세이」를 통해 그에 도달했다. 큐브릭은 좋아했던 감독들인 프랜시스 포드 코폴라, 스티븐 스필버그, 우디 앨런이 그랬듯 자신의 작품이 문화에서 중추적이고 상징적인 위상을 가지게 되길 바랐다. 중추적이라는 건 미국에 대한 결정적인 무언가를 추구한다는 의미이며,『허클베리 핀』이나『주홍 글씨』또는『모비딕』과 같은 문학 작품과 맞먹는 영화를 뜻한다. 이 책의 부제가 말해 주듯, 큐브릭은 고국을 떠나 잉글랜드 칠럭베리의 사유지에서 수십 년간 살았음에도 불구하고 미국인 영화감독이다. 그는 대서양을 건너 날아온 프로 미식축구 비디오테이프를 여러 개 가지고 있었으며 특히 슈퍼볼 광고 방송을 좋아했다. 그는 매일 아침『뉴욕 타임스』를 읽었다. "미국에 살고 있지 않다는 생각은 안 들어요." 그는 한 인터뷰어에게 이렇게 말했다.

큐브릭은 흔히 얼음처럼 차가운 영화감독이라고 불려 왔다. 오랫동안 그를 적대적으로 비판해 온 영화 평론가 폴린 케일은 그의 "냉담한 기질"을 언급하기를 좋아했다. 큐브릭이 「아이즈 와이드 셧」을 끝낸 직후인 1999년 3월에 세상을 떠났을 때 그의 부고 기사에는 "냉정한"과 "쌀쌀맞은"이라는 형용사가 빈번하게 등장했다. 이런 비난은 그를 잘 모르고 한 소리다. 그가 사망한 주에 음악 평론가 알렉스 로스는 큐브릭의 영화에 대해 이렇게 썼다. "그의 영화는 나를 행복하게 하고 내게 웃음을 준다… 이게 냉정한 거라면 프레드 아스테어[21]도 마찬가지다."
영화학자 로버트 콜커는 큐브릭의 영화가 "사실은 매우 감동적이지만
그 감정은 지성知性을 통해 접근할 필요가 있다. 즉, 더 많이 볼수록 더
많이 이해할 수 있다"고 했다. "큐브릭은 우리가 모든 걸 보기를 원하
는 것 같다"고 콜커는 덧붙였지만 우리가 그의 영화들과 완전히 밀착
될 수는 없다. 우리를 애태우는 그 영화들을, 우리는 되돌아가서 보고
또 본다.

큐브릭의 경력은 미국인들이 TV 앞으로 모여 이 새로운 발명품에
온통 빠져들었던 1948년 이후 영화의 인기가 급락했기 때문에 가능했
다. 1948년에서 1954년 사이에 영화 관객 수는 약 4,000만 명이 감소했
다. 메이저 스튜디오들이 곤경에 빠지자 영화업계의 문이 열렸는데, 이
런 상황은 십수 년 후 70년대에 다시 반복될 터였다. 50년대 초반에 여
러 도시와 대학가에 예술 영화 전용관 수백 개가 생겨났다. 외국 영화
가 유행했고 "예술적"이라는 말이 칭송을 받게 되었다. 많은 영화에 영
화 제작 규약 이전 시대[22]부터 넣을 엄두도 못 냈던 성적인 내용이 담겨
있었는데, 이는 관객들의 충성도에 영향을 끼치지도 않았다. 매주 외국
영화 팬들이 반복해서 극장을 찾았다. 60년대 후반 미국 중산층에서

---

21   1930년대부터 50년대까지, 할리우드 뮤지컬의 전성시대를 대표했던 배우(1899~1987).

22   Pre-Code: 미국 영화제작배급협회(미국영화협회MPAA의 전신)의 초대 회장이던 윌 헤이스의 이
름을 따 '헤이스 규약Hays Code'으로도 불리는 영화 제작 규약Motion Picture Production Code
은 할리우드 메이저 스튜디오의 자체 검열 제도였다. 성적인 풍자나 묘사, 불륜, 동성애, 혼음, 매춘,
신성 모독, 낙태, 마약, 폭력 등의 표현을 금지하고 도덕성을 요구한 이 제도는 1934년 7월에 발효
되어 1968년까지 시행되었다. 할리우드에 유성 영화가 본격화한 1929년부터 헤이스 규약이 시작
되기 전인 1934년 중반까지를 '프리코드 시대'라 일컫는다. 과도한 검열에서 비교적 자유로웠던 이
시기에 제작된 영화들에는 선하지 않은 주인공, 강한 여성 캐릭터를 비롯해 보다 자유롭고 현실적
인 모습과 장면이 등장한다.

거대한 물결을 이루었던 예술 영화 관객들은 큐브릭이 활동한 대부분의 기간에 매우 중요한 역할을 했다. 그는 70년대 신동들인 스티븐 스필버그와 조지 루카스처럼 10대 초반 관객을 겨냥한 블록버스터를 만들어 낸 적이 없다. 「2001 스페이스 오디세이」는 예술 영화의 궁극적인 성과였다. 그 의미를 아무도 몰랐지만 누구나 그 영화를 보고 이야기했다.

60년대에서 70년대 초반 사이 큐브릭을 대표하는 위대한 세 작품, 「닥터 스트레인지러브」와 「2001 스페이스 오디세이」, 「시계태엽 오렌지」는 할리우드의 또 다른 혁명에 따른 진전이었다. 앨프리드 히치콕의 「사이코」가 등장하고 영화 제작 규약이 철폐되자 영화는 더욱 충격적이고 폭력적이며 선정적으로 될 수 있었다. 히치콕처럼 큐브릭도 금기를 깼지만, 세련된 서스펜스의 거장과 달리 그는 관객에게 윙크하는 일이 거의 없었다. 온통 『매드』[23] 매거진풍의 기괴한 유머로 가득한 「닥터 스트레인지러브」는 절대 농담이 아니며, 「2001 스페이스 오디세이」는 진지함을 무릅쓰고 성공을 거둔다. 히치콕이나 오슨 웰스(젊은 큐브릭을 "거장"이라고 불렀던)와 달리 큐브릭은 대단히 정교하다. 그의 숏 shot은 완벽하게 설계되어 정확하지만, 그는 속임수를 쓰지 않는다. 그의 무모해 보이는 장면들은 60년대의 수많은 영화들(리처드 레스터의 「헬프!」[24]를 생각해 보라)처럼 앞뒤 가리지 않는 엉뚱함으로 타락하는 법이 없다. 케일은 「시계태엽 오렌지」를 일컬어 튜턴인 교수의 작품이라고

---

23 MAD: 1952년 창간된 미국의 격월간지. 대중문화와 정치·사회에 대한 기발한 풍자와 패러디 만화로 유명하다.
24 비틀스가 주연한 1965년작 코미디 영화.

했다.[25] 그렇다고 하자. 큐브릭은 항상 진지하니까.

큐브릭 영화에서 내면의 고통은 절대 매혹적이거나 도발적이지 않다. 그보다는 제대로 작동하지 않는 것 같다. 그렇기 때문에 주인공으로서의 기품이 부족하고 서투른 톰 크루즈는 「아이즈 와이드 셧」에 딱 맞는 선택이었다. 「스파르타쿠스」(1960)와 「영광의 길」(1957)에서 주연을 맡았던 커크 더글러스 역시 서투른 경향, 그리고 섬세함과 거리가 먼 삐걱거리는 성격을 가지고 있다. 이 두 배우는 자신들이 장악하고자 하는 욕구를 보이는데, 결국 그들의 통제력은 흔들리기 시작한다. 큐브릭의 작품 중에서는 「시계태엽 오렌지」의 알렉스, 말콤 맥도웰만이 쾌활한 남성성을 확실히 보여 준 것 같다. 큐브릭의 다른 주연 남자 배우들은 폼이 나기보다는 안팎에서 힘겨루기를 하다가 굴복되었다.

큐브릭은 자신의 영화에서 일하는 사람들에게 끝없는 헌신을 요구했다. 자신의 예술에 총력을 기울여 전념한 까닭에 그의 완벽주의는 사람을 미치게 만들 수도 있었다. 「풀 메탈 재킷」을 공동 집필한 마이클 헤어는 이렇게 말했다. "모두가 스탠리 덕에 임금을 받았습니다… 하지만 누구도 스탠리가 버는 방식으로 돈을 벌지는 않았죠." 「2001 스페이스 오디세이」에서 유인원의 리더인 문와처Moonwatcher를 연기한 댄 리히터는 "스탠리에게는 한 가지 목표에 전념하는 일이지만 그게 다른 이들에게는 강요가 됩니다"라고 평했다. 「닥터 스트레인지러브」에서 큐브릭의 미술 감독을 한 켄 애덤은 말했다. "우리는 마치 롬멜의 아

---

25 고대 게르만족의 일족인 튜턴족은 강건하고 자유로운 기질, 흉포함과 잔혹함으로 유명하다. 폴린
    케일은 1972년 그녀가 필자로 있던 주간지 『뉴요커』에, 유머 감각 없이 무미건조하게 섹스와 잔인
    한 폭력을 담아낸 이 영화를 튜턴족의 후예인 독일인 교수가 만든 작품에 빗대어 비판했다.

프리카 군단[26]처럼 그의 명령에 복종해야 했습니다. 그는 좀 사디스트 같았어요. 특히 자기가 좋아하는 사람들에게요." 「닥터 스트레인지러브」의 대본 작업을 한 테리 서던은 큐브릭이 "바지 주름까지도 마음대로 하도록 놔두는 법이 없었다"고 말했다. 큐브릭에게 "문구류와 종이클립에 이르기까지 별것 아닌 세부 항목이란 건 없었다"고 헤어는 인정했다. 「아이즈 와이드 셧」에서 일했던 리사 리온은 말했다. "더 많이 줄수록 줘야 하는 게 항상 더, 더, 더 많아져요." 맥도웰이 중얼거렸다. "그는 천재지만 그의 유머는 숯처럼 새까맣습니다. 그의… 인간성이 궁금해요." 그리고 또 커크 더글러스는 이렇게 불평했다. "스탠리 큐브릭은 재능 있는 개자식입니다."

큐브릭에게는 분명 라스푸틴[27]과 같은 측면이 있었다. 그는 칠흑같이 까만 게슴츠레한 눈으로 사람을 뚫어지게 쏘아봤다. 큐브릭은 일을 망치는 이들을 견디지 못했고 진정한 두려움을 안겨 주었다. 하지만 그는 또한 "푸근하고 대하기 쉽고 멍하고 냉소적"이었다고 젊은 영화 평론가 제이 콕스(나중에 마틴 스코세이지의 시나리오 작가가 되는)가 말했는데, 그 역시 촬영장에서 친구가 될 수 있었다. 「배리 린든」(1975)에서 불링던 역을 맡고 그 후 25년간 큐브릭을 보좌했던 레온 비탈리는 말했다. "스탠리와 악수를 할 때면 따사롭고 온화했어요. 마치 들뜬 활기가 몸을 통과하는 것 같았죠."

---

26 Afrikakorps: 2차 세계 대전 당시 '사막의 여우'라는 별명으로 불린 독일의 전쟁 영웅이자 육군 원수인 에르빈 롬멜이 이끌었던 아프리카 원정군.

27 제정 러시아의 마지막 황제 니콜라이 2세의 신임을 얻어 막강한 권세를 누리며 국정을 쥐락펴락했던 그리고리 라스푸틴은 제정 러시아 몰락에 큰 역할을 함으로써 요승妖僧으로 불렸던 인물이다. 사람을 홀려 넋을 빼는 기묘한 눈빛으로도 유명하다.

큐브릭은 비트겐슈타인부터 프로 미식축구에 이르기까지 많은 걸 열성적으로 이야기했지만 그가 무엇보다 정통했던 건 영화 제작이었다. 「2001 스페이스 오디세이」의 촬영 감독 제프리 언스워스는 자신이 영국 최고의 카메라맨으로서 보낸 25년보다 큐브릭과 함께한 6개월 동안 더 많이 배웠다는 사실을 인정했다. "그는 완벽한 천재입니다." 언스워스가 경탄하며 말했다. "그는 광학 기법과 사진 촬영의 화학적 작용에 대해 누구보다도 더 많이 알고 있었죠." 큐브릭은 카메라 워크와 조명, 사운드, 그리고 아마도 영화 제작의 다른 모든 기술적 측면에 있어 소름 끼칠 정도로 비상한 이해력을 지니고 있었다. 배우 알리스 하워드는 「풀 메탈 재킷」 촬영장에서의 일을 떠올렸다. "그가 방으로 들어와서 말했어요. '이 밝기면 조리개값을 2스톱 낮춰요.' 그러자 촬영팀이 '아뇨, 저희가 방금 카메라 체크했습니다'라고 말했습니다. 그가 다시 말했어요. '2스톱 낮추세요.' 그러자 그들은 2스톱을 낮췄습니다."

큐브릭은 영화 제작에 필요한 억척스러움을 대단히 많이 지니고 있었다. 자기 목적에 부합하면 소리치며 노발대발할 수도 있었지만 그는 주로 차분하게 문제를 해결했다. 「배리 린든」에서 러드 경 역을 맡은 스티븐 버코프는 이렇게 말했다. "스탠리에게는 좀 랍비 같은 분위기가 있었어요… 그는 지식인이고 지식인들은 열 받지 않으니까요." 『룩』[28] 매거진의 사진작가로 경력을 시작했던 큐브릭은 사진 촬영이 상황의 이해에 도움을 주기 때문에 영화 제작을 위한 완벽한 준비였다고 말했다. 그는 체스 두기 또한 문제 해결을 위한 실질적인 아이디어를

---

28 Look: 1937년에 창간되어 1971년까지 간행되었던 사진 중심의 격주간지.

구하는 방법을 가르쳐 주었다고 덧붙였다.

큐브릭에게 문제 해결이란 「2001 스페이스 오디세이」에서 데이브가 할[29]의 허를 찔러 승리를 거두는 경우처럼 창의적일 수도 있다. 그러나 통제권을 쥐고 싶어 하는 문제 해결자는 종종 아이디어를 위해 인간성을 말살하기도 한다. 「시계태엽 오렌지」의 과학자들은 행동 프로그램을 통해 악惡의 문제를 해결한다. 「풀 메탈 재킷」의 하트먼 상사는 10대들을 로봇처럼 잔혹한 사람으로 개조한다. 「영광의 길」의 장군들이나 「2001 스페이스 오디세이」의 할과 마찬가지로 스트레인지러브에게 인간이란 소모품이다. 「아이즈 와이드 셧」의 지글러는 자신들이 보는 걸 아무도 모르게 조종하는 권력자를 상징한다. 배우, 작가, 그리고 그의 주위에 몰려 있는 다른 영화 종사자들을 항상 이용할 준비가 되어 있는 거장 감독 스탠리 큐브릭과 달리 이들은 모두 창의적이지 않은 오싹한 지배자들의 전형이다.

언젠가 큐브릭은 영화 연출을 범퍼카 안에서 『전쟁과 평화』를 쓰는 일에 비유했다. 하지만 그는 다른 사람들의 아이디어를 받고 싶어 했다. 모든 위대한 감독은 함께 일하는 방법을 알지만 큐브릭은 영화 제작에 수반되는 공동 작업을 특별히 즐겼다. 「시계태엽 오렌지」에서 〈싱잉 인 더 레인〉을 부르는 장면(맥도웰의 아이디어)이나 「2001 스페이스 오디세이」에서 할이 입술 모양을 읽어 내는(게리 록우드의 제안) 것처럼, 그의 여러 영화에서 배우들은 중요한 순간을 제시했다.

일만 하고 놀지 않으면 바보가 된다. 이것은 「샤이닝」에서 일을 할

---

29 HAL 9000: 「2001 스페이스 오디세이」에 등장하는 인공 지능 컴퓨터.

줄도 놀 줄도 모르는 공허한 남자 잭 토랜스가 타자기로 쳐 나가는 말이다. 큐브릭은 영화를 만들 때 동시에 두 가지를 다 했다. 영화 제작에서 큐브릭이 특히 좋아하는 부분 중 하나는 마이클 헤어(「풀 메탈 재킷」)나 다이앤 존슨(「샤이닝」) 같은 작가들과 한통속이 되어 이야기를 만들어 가는 일이었다.

일인 동시에 놀이이기도 한 이런 붙임성은 큐브릭의 영화 자체에는 대개 결여되어 있다. 큐브릭의 영화는 보통 거기 관련된 사람들을 엄격하게 통제하는 고도로 계획된 세계다. 그들의 반응은 근본적으로 달라져서, 그들은 이 세계의 공허함에 사로잡히게 된다. 거기서 병사의 의례적인 잔인성(「풀 메탈 재킷」), 부조리한 군사 게임 행위(「영광의 길」,「닥터 스트레인지러브」), 행동주의적 사회 통제(「시계태엽 오렌지」), 엄격한 관습에 지배되는 귀족 사회(「배리 린든」), 거주자들을 악령에 홀리게 하는 호텔(「샤이닝」), 그리고 생살권生殺權을 지닌 비밀 결사(「아이즈 와이드 셧」)가 시작된다.

큐브릭의 전망은 그 범위가 「2001 스페이스 오디세이」의 우주 풍경처럼 광대할 때조차도 편협하고 제한적인 것처럼 보인다. 「킬링」(1956), 「영광의 길」,「롤리타」,「샤이닝」 같은 큐브릭의 몇몇 영화들은 주인공이 계략에 빠지거나 꼼짝 못 하게 되는 걸로 끝난다. 「닥터 스트레인지러브」,「2001 스페이스 오디세이」,「시계태엽 오렌지」 같은 작품들의 마지막 장면에서는 자유로움과 오싹함이 동시에 느껴지는 다의적多義的 부활을 보여 준다. 큐브릭의 유작인 「아이즈 와이드 셧」과 제대로 만든 첫 번째 영화인 「킬러스 키스」(1955)만이 마지막 순간에 인간적으로 용기를 북돋워 준다.

큐브릭은 내가 생각할 수 있는 다른 어떤 감독보다도 더 영화들 간의 관계 파악을 위해 애썼던 감독이다. 큐브릭의 영화는 각기 그 자체로 하나의 세계지만 다른 작품들과 깊고 은밀하게 연관되어 있다. 스타게이트를 통과하는 데이브 보먼의 여행은 「닥터 스트레인지러브」에서 환호하며 탄두에 올라타는 콩 소령으로 바뀐다. 마치 스타차일드로 부활하는 보먼이 새로운 핵전쟁의 날을 맞이하며 휠체어에서 일어서는 스트레인지러브에 대응하는 것처럼. 그리고 「시계태엽 오렌지」가 시작되며 알렉스의 눈길이 관객을 향할 때 그는 스타차일드의 기이한 시선을 반복한다.

큐브릭은 아주 명쾌하지만 가끔은 무척이나 알기 어려운 사람이기 때문에 그의 영화 몇 편은 음모론자들의 구미에 딱 맞는 듯하다. 이는 이상한 의미로 이해되어 강박과 문제 해결에 초점이 맞추어졌다. 인터넷상의 수많은 괴짜들은 큐브릭이 나사NASA를 위해 아폴로 11호의 달 착륙을 조작했다는 걸 입증해 주는 작품이라고 알려진 「샤이닝」에 오래전부터 빠져들었다. 그들은 이제 우리에게 일루미나티[30]나 할리우드의 소아 성애 집단에 대해 경고해 준다는 이유로 「아이즈 와이드 셧」에 열광한다. 더 엄밀하게 「샤이닝」은 "실제로" 홀로코스트[31]에 대한 영화라고 말한다. 하지만 큐브릭의 영화는 이런 식으로 이해하면 안 된다.

---

30 Illuminati: 18세기 후반 계몽주의 시대에 독일 서부의 바바리아에서 아담 바이스하우프트가 결성한 비밀 결사. 왕정과 교회 전복을 주장하여 이단으로 규정되었고 해체되었으나 지금까지 세계 정치와 경제의 배후에서 막강한 위력을 행사하고 있다는 음모론의 중심에 자리하고 있다.

31 나치의 유대인 대학살.

그의 영화는 풀어야 하는 퍼즐이 아니라 정해진 답이 없는 예술 작품
이다.

큐브릭이 그런 말을 한 적은 없지만 그는 유대인 감독이다. 그는 홀
로코스트와 관련된 책을 집요하게 읽고는, 루이스 베글리의 잊을 수 없
는 소설 『전시의 거짓말』[32]을 바탕으로 홀로코스트에 대한 영화를 만들
뻔했다. "어떤 의미에서 큐브릭은 홀로코스트 집안과 결혼까지 한 것
이다." 큐브릭 연구가 네이션 에이브럼스는 이렇게 말한다. 큐브릭이
세상을 떠날 때까지 42년간 동반자였던 그의 세 번째 아내 크리스티
안은 반유대주의 선전 영화 「유대인 쥐스」(1940)를 연출한 나치의 영화
감독 파이트 할란의 조카였다. 1957년 큐브릭이 할란을 만나기 전, 그
는 큰 유리잔으로 보드카를 마시고 크리스티안에게 말했다. "내가 여
기 이렇게 서 있으면… 유대인 열 명처럼 보일 거야." 동료 감독들 중
그가 가장 가깝게 생각한 이는 우디 앨런과 큐브릭 사후에 그의 프로
젝트 「에이 아이」를 완성한 스티븐 스필버그였다. 「닥터 스트레인지러
브」의 젠체하는 블랙 유머 덕에 큐브릭은 레니 브루스[33], 조지프 헬러[34],
그리고 성역까지도 거침없이 비판하는 『매드』의 필자들과 어깨를 나란
히 했다. 크리스티안은 말했다. "아이들(큐브릭의 딸들)과 저는 그의 몸짓
이 우유 장수 테비에[35]와 비슷하다고 놀리곤 했어요. 그가 비난과 애수

---

32 폴란드 태생의 소설가 루이스 베글리가 어린 시절 나치 점령 기간에 겪은 일을 바탕으로 쓴 반자전
적 소설. 1991년 출간되어 큐브릭이 영화화를 준비했으나 비슷한 주제를 지닌 스티븐 스필버그의
「쉰들러 리스트」(1993)가 만들어지며 계획이 중단되었다.

33 사회, 정치, 종교, 섹스 등의 주제를 과감하고 노골적으로 표현했던 미국의 스탠드업 코미디언이자
사회 비평가·풍자가.

34 2차 대전을 배경으로 한 풍자 소설 『캐치-22』(1961)로 유명한 미국의 작가.

35 Tevye The Milkman: 제정 러시아 시대 페레야슬라브(현 우크라이나에 있는 도시) 태생 작가 숄렘

가 담긴 표정으로 신을 올려다보며 늘 깍지를 낀 채 '아아' 하고 큰 한숨을 쉬었거든요. 우린 그를 흉내 내며 웃었죠." 브롱크스 출신 유대인으로서 잉글랜드 하트퍼드셔의 시골 사유지에 살며 큐브릭은 가끔 저벼락출세한 아일랜드인 배리 린든처럼 제자리가 아닌 것 같은 기분을 느꼈을 것이다.

큐브릭은 필름 누아르, 대작 역사극, 전쟁, 공상 과학, 공포, 그리고 철학자 스탠리 카벨이 파탄 직전 커플의 화해 이야기를 지칭한 '재혼 코미디' 등 미국 영화의 중요한 장르 대부분을 다루었다. 재결합이라는 주제는 할리우드의 스크루볼 코미디[36] 영화들에서 가장 두드러졌지만, 큐브릭은 기묘하며 탈도 많았던 자신의 마지막 영화 「아이즈 와이드 셧」에서 이를 변형한다.

큐브릭의 영화는 우리에게 인간의 불안감에 대한 뻔한 고민을 안겨 주는, 혼돈으로 장식된 일부 유럽 영화들처럼 지적 허세를 부리지 않아도 되는 생각을 하게 한다. 미국인인 큐브릭은 미국 문화를 더 좋거나 더 나쁜 것으로 정해 버리는 문화적 강박에 익숙해져 있다. 공허한 삶에 갇힌 자수성가한 사람, 반항하는 청춘, 폭력을 통한 갱생과 같은.

그렇지만 큐브릭에게도 유럽인과 같은 또 다른 측면이 있다. 자크(잭) 큐브릭과 거트루드 퍼벨러 큐브릭의 장남인 스탠리 큐브릭은 1928년 7월 26일 뉴욕시에서 태어났다. 그러나 평론가 미셸 시명이 언급한

알레이헴이 쓴 단편 시리즈의 주인공. 그의 단편들은 1964년 브로드웨이 뮤지컬 「지붕 위의 바이올린」과 1971년 동명 영화의 바탕이 되었다.

36 Screwball comedy: 1930년대부터 40년대 초반까지 유행한 로맨틱 코미디. 남녀가 (우연히) 만나고 사랑에 빠지고 갈등을 빚다가 행복한 결말에 이르는 전형적 구조를 지니지만 보다 익살맞은 상황이나 재치 있는 대사, 빠른 전개와 더불어 독립적이고 진취적인 여성 캐릭터 등의 특징을 지닌다.

것처럼 그의 감성은 지극히 이성적인 태도로 인간성을 새롭게 바꾸기를 꿈꾸었던 18세기 유럽에 뿌리를 둔다. 「닥터 스트레인지러브」부터 「2001 스페이스 오디세이」, 「시계태엽 오렌지」, 그리고 「풀 메탈 재킷」에 이르기까지, 그는 인간의 본성을 근본적으로 조종하거나 변형하려는 계획에 매료되었다. 계몽주의 시대 철학자들처럼 큐브릭은 이성이 위험할 정도로 극단적이 됨으로써 비이성적으로 변화하기 때문에 그 모든 계획이 실패할 거라는 걸 알고 있다.

이성은 석기 시대부터 지금의 컴퓨터 네트워크 시대에 이르기까지 우리를 지속적으로 변화시킨다. 21세기인 현재, 새로운 기계들은 우리의 정서적 삶에 스며들고 있으며 자아는 곧 컴퓨터 알고리즘의 원형이 될지도 모른다. 우리의 내면세계를 또다시 개조하고 있는 이성을 마주할 때면, 큐브릭은 우리에게 흥분과 두려움이 담긴 모호한 전율을 불러일으킨다.

역사상 가장 훌륭한 영화를 고르는 건 무의미한 일이지만 그래도 그런 선택은 평론가의 취향을 드러낸다. 내 경우 두 영화가 공동 1위인데, 이 둘은 완전히 다른 작품인 「2001 스페이스 오디세이」와 「게임의 규칙」[37]이다. 르누아르의 영화는 인간적이고 재미있고 대단히 감동적이며 그 품위와 편안함으로 위안을 준다. 정적靜的이고 웅장한 큐브릭의 「2001 스페이스 오디세이」는 어느 것에도 해당되지 않는다. 이 영화는 인간을 넘어 미지의 우주와 만난다. 나는 이 영화가 개봉되고 몇 년

---

37 프랑스의 감독 장 르누아르(1894~1979)가 연출한 1939년작. 부도덕한 프랑스 상류 사회에 대한 풍자를 담은 이 영화는 딥 포커스와 롱 숏 촬영 등을 포함한 미학적 성과로 많은 매체와 평론가들로부터 극찬을 받았다.

이 지난 후 열두 살 때 처음 봤다. 이후 이 작품은 마치 영화 스크린을 넘어서 존재하는 것처럼 나를 오싹하게 했고 내게 영감을 주었다.

소외파疏外派에 속한 큐브릭은 르누아르가 소중히 여기는 따뜻한 인간애를 거부한다. 안토니오니와 베리만과 마찬가지로 그는 매끈하게 윤곽이 잡힌 스타일로 빈 공간의 가치를 활용할 줄 안다. 큐브릭은 히치콕의 세련된 능숙함과 마음을 사로잡는 경향, 장엄함을 좋아하는 웰스의 취향을 거부했지만, 이 두 거장으로부터 관객이 얻는 정보를 통제하고자 하는 의지를 받아들였다.

큐브릭이 「롤리타」에서 퀼티의 집을 묘사할 때 모방한 세트인, 찰스 포스터 케인[38]이 죽은 후 그의 저택에 어질러진 골동품들을 생각해 보자. 모든 것들이 그 남자의 수수께끼를 파악하는 데에 방해가 된다. 큐브릭은 웰스와 히치콕, 베리만과 안토니오니처럼, 우리에게 자신이 말해 주고자 하는 것만 알 수 있게 하며 우리가 이 억제력을 의식하고 있게끔 한다. 그는 우리에게 모든 걸 다 드러내 보여 주는 것 같은 르누아르와 뚜렷한 대조를 이룬다.

미국감독조합이 수여하는 D. W. 그리피스 상[39]의 수상 소감에서 큐브릭은, 자기가 하고 싶은 대로 하기를 좋아했던 그리피스[40]가 때때로 오만한 이카로스에 비견되었다고 언급했다. "그러나 그와 동시에," 큐

---

38 흔히 역사상 가장 위대한 영화로 평가되는 오슨 웰스(1915~1985)의 1941년작 「시민 케인」의 주인공.

39 미국감독조합상Directors Guild of America Award의 핵심적인 시상 부문으로 아카데미 감독상과 맞먹는 권위를 지니고 있다. 2000년 52회 시상식부터 'DGA 평생 공로상'으로 이름이 바뀌었다. 큐브릭은 1997년 이 상을 받았다.

40 다양한 영화적 기법을 활용하는 등 고전적 연출 방식을 확립한 미국의 영화감독(1875~1948). 「국가의 탄생」(1915), 「인톨러런스」(1916) 등 대작 장편 영화를 비롯해 약 500편의 영화를 만들었다.

브릭이 말을 이었다. "저는 이카로스의 이야기가 주는 교훈이 일반적으로 받아들여지는 것처럼 '너무 높이 날아오르려 하지 마라'여야만 하는지 혹은 '밀랍과 깃털은 무시하고 날개를 더 훌륭하게 만들어라' 같은 생각일 수도 있는 건지 잘 모르겠습니다." 끈기 있는 완벽주의자의 예술적 기교를 지닌 큐브릭은 당대의 다른 영화감독들보다 더 높이, 그리고 더욱 견고하게 날아오를 수 있었다. 영화가 여전히 예술의 형태로 남아 있는 한, 그의 영화들은 저 까만 모놀리스monolith처럼 매혹적인 대상일 것이다.

1
내가 영화를 저것보다
더 잘 만들 수 있다는 건 알겠어:
「킬러스 키스」, 「킬링」

스탠리 큐브릭이 고등학교를 졸업하기 9개월 전인 1945년 4월 12일, 루스벨트 대통령이 세상을 떠났다. 다음 날 스탠리가 지나다니는 뉴스 가판대는 '프랭클린 델라노 루스벨트 서거'라는 헤드라인으로 장식돼 있었다. 스탠리는 가판대 주인에게 실의에 빠진 모습을 취하게 하고 사진을 찍었다. 그러고는 곧바로 그걸 『룩』 매거진 사무실로 가져갔다. 『룩』의 사진 담당 헬렌 오브라이언은 젊은 큐브릭에게 기회를 주었고 오래지 않아 큐브릭은 정식 사진 기자가 되었다.

아직 열일곱에 불과했던 큐브릭은 『룩』에서 그가 이후 "기막히게 멋진 직업"이라고 일컬은 일을 얻었고 향후 4년간 거길 다니게 된다. 한편 그는 대학 진학에 어려움을 겪고 있었다. "뉴욕대학교 졸업생인 아버지가 저를 데리고 학장을 만나러 갔어요… 아무 소용이 없었죠." 큐브릭이 떠올렸다. 그러나 대학을 건너뛰는 건 엄청난 이점이 되었다.

사진 촬영은 "세상에서 일이 벌어지는 방식을 내게 빠르게 가르쳐 주었다"고 나중에 큐브릭은 말했다.

더 건전한 경쟁지『라이프』와 달리『룩』은 대담하고 염세적인 내용을 전문적으로 다루었다.『라이프』와 같은 기분 좋은 이야기를 거부하는『룩』에는 음울한 도시 풍경을 담은 특집 기사가 자주 실렸다. 기자인 메리 팬저는 이 잡지가 "실업, 알코올 중독, 청소년 범죄, 이혼"으로 가득 차 있었다고 언급했다.

『룩』에 실은 사진에서 큐브릭은 치과 대기실, 지하철 플랫폼 같은 암울한 장소를 즐겨 묘사했다. 큐브릭이 월터 리드 육군 병원에서 찍은 한 줄로 늘어선 의수와 의족처럼, 때로 창백하고 대립적인 느낌을 주는 사진에는 다이앤 아버스의 향취가 담겨 있다. 귀 뒤에 연필을 꽂은 한 남자가 무심한 눈길로 카메라를 똑바로 응시하는 동안 그 뒤로 목발을 짚은 군인 하나가 얼씬거리기도 한다. 큐브릭의 어떤 사진에는 만테냐의 그리스도[1]처럼 묘사된 한 권투 선수가 KO로 쓰러진 채 고통으로 신음하고 있다. 다른 사진에서는 넥타이를 맨 두 젊은이가 카메라를 바라보는데, 한 명은 진지하게 올백 머리를 매만지고 다른 한 명은 우리를 빤히 쳐다보고 있다.

큐브릭은『룩』에서 유명인들의 사진도 찍었다. 그는 1949년 8월 지휘자 레너드 번스타인의 모습을 담았다. 사진 속에는 수영복을 입은 채 한 손으로 히틀러의 콧수염을 만들고 다른 손으로 나치 경례를 하며

1　르네상스 시기 이탈리아의 화가 안드레아 만테냐가 그린 〈죽은 예수〉(1480)는 원근법의 일종인 단축법을 대담하게 활용하여 그리스도의 고통을 표현했으며 그의 주검을 입체적으로 묘사했다.

익살을 부리는, 목욕 가운을 입고 멍하니 앉아 있는, 깊은 생각에 잠겨 에리히 프롬의 책을 들고 있는 레너드 번스타인이 있다. 1949년 3월에 큐브릭은 당시 스물여덟 살이던 배우 몽고메리 클리프트의 뉴욕 아파트에서 그가 시리얼 한 그릇과 우유 한 잔을 앞에 놓고 우두커니 앉아 있는 모습, 그리고 정돈되지 않은 침대 옆 바닥에 다리를 쩍 벌리고 누워 와인을 병째 나발 부는 척하는 모습을 보여 주었다. 큐브릭은 프랭크 시나트라와 록키 그라지아노², 게오르게 그로스³와 자크 립시츠⁴, 그리고 라디오 스타인 "필요할 때 나타나는 조니", 조니 그랜트⁵도 찍었다. (이 모든 사진들이 다 지면에 실린 건 아니다.)

『룩』에서 일하는 동안 큐브릭은 캔티드 앵글⁶, 그리고 인공 조명을 자주 사용했다. 그는 껴안고 있는 커플을 누아르풍으로 찍기 위해 센트럴 파크 웨스트 지하철역에 조명을 반입했다. 그는 1947년에 줄스 다신의 영화 「벌거벗은 도시」의 촬영 장면을 찍었다. 무표정하며 영감을 불러일으키는 다신의 영화는 큐브릭의 50년대 누아르 영화들에 분명한 영향을 주었다.

큐브릭의 사진 스타일은 적나라하고 깔끔한데, 그 꼼꼼함 속에 불길한 예감이 자리한다. 하지만 여기엔 드라마가 들어설 여지도 있다. 그

---

2   1946년 미들급 세계 챔피언 타이틀을 거머쥔 이탈리아계 미국인 권투 선수.
3   베를린 다다이즘 운동(1920년대 기존의 질서와 관습을 부정한 예술 운동)을 대표하는 독일 출신의 풍자화가.
4   리투아니아 태생의 입체파 조각가.
5   라디오 DJ이자 TV 프로듀서. 2차 대전 당시 육군 항공대에 복무하며 뉴욕에서 군인 방송을 진행, 많은 연예계 스타들을 인터뷰했고 이후 할리우드를 중심으로 활발한 활동을 펼쳤으며 1980년에 할리우드 명예 시장으로 임명되었다.
6   canted angle: 비스듬하게 기울어진 앵글.

『룩』 매거진에 실린 큐브릭의 서커스 특집에서
(뉴욕시 박물관 제공)

는 1950년 5월호 『룩』에 실린 사교계 명사 벳시 폰 퍼스텐버그의 사진
을 여럿 찍었다. 그중 한 사진에서 그녀는 멋지게 차려입고 턱시도를
입은 젊은 남자와 소파 위에 무료하게 늘어져 있는데, 그 위 벽에서 피
카소가 그린 앙헬 페르난데스 데 소토[7]가 우리를 쏘아보고 있다. 반바

---

7   〈압생트를 마시는 사람〉이라는 제목으로도 알려진 파블로 피카소의 1903년 작품 〈앙헬 페르난데스
데 소토의 초상〉.

『룩』에 실린 큐브릭의 벳시 폰 퍼스텐버그 사진
(뉴욕시 박물관 제공)

지를 입은 벳시가 대본을 들고—그녀는 배우 지망생이었다— 창가에 앉아 있는 모습은 「롤리타」의 수 라이언을 닮았다. 그녀는 대본을 자기 가슴에 끌어안은 채 한 손으로는 무심코 강아지의 머리를 긁고 매니큐어를 칠한 발가락을 뒤틀며 황홀경에 빠진 흉내를 낸다.

1946년 6월에 큐브릭은 필적 감정소에서 무슨 일이 일어나고 있는지 보여 주는 또 하나의 극적인 2페이지짜리 사진을 찍었다. 단 여섯

큐브릭이 찍은 지하철에서 포옹하고 있는 커플 사진
(뉴욕시 박물관 제공)

장의 이미지로 그는 전반에 흐르는 감정을 제대로 마주하게 해 준다. 그는 첫 데이트를 향해 가는 듯한 젊은 군인과 여성 필적 감정인에 초점을 맞춘다. 그래서 우리는 그들이 수줍게 추파를 던지고, 눈길을 피하고, 열렬히 호소하고, 망설이는 리듬을 볼 수 있다. (『룩』은 그 이듬해 여름에 이 사진들 중 단 한 장만 게재했다.)

사진작가 큐브릭은 시각적 우화를 좋아했다. 예컨대 사람들은 원숭

큐브릭이 파티에서 찍은 애런 코플런드와 오스카 레반트 사진
(뉴욕시 박물관 제공)

이가 찍히지 않은 원숭이집을 넋을 잃고 응시한다. 그가 미시간대학교
에서 학생들의 생활을 찍은 일련의 사진도 우화적이다. 여기서는 큐브
릭이 즐겨 사용한 적나라한 인공 조명에 의해 윤곽이 드러난 가운데
한 여자가 남자의 담배에 불을 붙인다. 무엇보다도 큐브릭은 차단된 정
서적 혼란의 감각을 전달하는 데에 능숙했다. '10대들의 첫사랑'이라는
포토 에세이에서 그는 우리에게 등을 보인 채 얼굴을 감춘 소녀를 찍

었다. 그녀는 지금 막 벽에다 립스틱으로 "난 사랑이 싫어!"라고 휘갈겨 썼고 립스틱을 쥔 손은 사랑에 좌절해 축 늘어져 있다.

1948년 5월에 스무 살의 큐브릭은 고등학교 시절의 연인 토바 메츠와 결혼했다. 나중에 큐브릭의 초기 영화들에서 음악을 작곡한 그의 친구 제럴드 프라이드는, 스탠리와 토바의 인연이 시작되었을 때 "그들은 아직 10대였습니다. 계산이란 게 거의 없었어요. 정식 결혼이었지만 꼭 데이트를 하는 것 같았죠. 깊은 애정을 표하며 주고받는 것 하나 없었고요"라고 말했다. 커플은 그리니치 빌리지로 이주했고 거기서 큐브릭은 자유분방한 지식인들과 어울려 다녔다. 그는 마크 반 도렌[8]과 라이오넬 트릴링[9]이 가르치는 컬럼비아대학교의 문학 수업을 청강하기도 했다. 그는 위지와 아버스뿐만 아니라 드와이트 맥도널드와 제임스 에이지 같은 『파티전 리뷰』[10]의 사람들도 몇 명 알게 되었다.

이때 큐브릭은 문학과 철학에 빠져들어 관련 책들을 읽었으며 몇 년 후에는 혈기 넘치는 뉴욕의 지식인들과 접전을 벌일 수 있었다. "나는 젊은 영화감독들 중 가장 재능 있는 스탠리 큐브릭과 흥미로운 세 시간을 보냈다." 1959년 맥도널드는 이렇게 썼다. "화이트헤드, 카프카, 포템킨, 선종禪宗, 서양 문화의 쇠락, 그리고 종교적 믿음이나 관능적 삶 같은 극단적 상태를 제외한 어디서든 인생이란 살아갈 가치가 있는지를 토론하며. 전형적인 뉴욕의 대화였다."

---

8 컬럼비아대학교의 영문학 교수이자 시인·작가·평론가. 1940년 퓰리처상 시 부문을 수상했다.
9 컬럼비아대학교 영문과 최초의 유대인 교수로 유명한 문학 평론가이자 작가.
10 Partisan Review: 1934년 미국 공산당이 창간하여 계간지 형태로 발간되던 동인지同人誌.

1950년 무렵 큐브릭은 『룩』에서 하는 일이 불만스러웠다. 이 잡지사에서 보낸 4년 동안 그는 일주일에 겨우 150달러를 벌었다. ("어쨌거나 봉급은 정말 형편없었습니다. 이건 비밀로 해 주세요." 몇 년 후에 그는 인터뷰어 로버트 지나에게 이렇게 말했다.) 저임금 문제가 아니어도 큐브릭은 가만히 있을 수가 없었다. 그는 어릴 때 조지프 콘래드[11] 같은 작가가 되고 싶었으나 이제는 자신이 영화를 만들고 싶어 한다는 걸 알았다. "4~5년 동안 제작된 영화를 전부 다 봤습니다." 그가 떠올렸다. "거기 앉아서 생각했죠. 좋아, 내가 영화에 대해 아는 건 눈곱만큼도 없지만 저것보다 더 잘 만들 수 있다는 건 알겠어." 한 친구가 전하기를 큐브릭은 상영 도중 영화가 지루해지면 가끔 신문을 읽었다고 한다.

젊은 큐브릭은 영화 제작법을 독학으로 익혔는데, 주요 감독들 중에서는 아주 드문 일이다. 그는 영화 편집에 관한 프세볼로트 푸돕킨[12]의 책과, 연기에 관한 콘스탄틴 스타니슬랍스키[13]의 책을 읽었다. "그 당시에는 영화 학교라는 게 없었어요." 제럴드 프라이드가 회상했다. "극장에 가서 배워야 했죠. 영화를 보고 난 후 우리가 하는 논의는 주로 대다수 영화에 담긴 천박한 감상주의를 비웃는 스탠리의 말을 듣는 일이었어요." 할리우드의 감상感傷에 지친 눈을 정화하기 위해 큐브릭은 뉴욕 현대 미술관에서 모든 외국 영화를, 대부분은 여러 차례 관람했다. 이제 그는 준비가 되었다.

---

11 『어둠의 심연』(1899)으로 유명한 폴란드계 영국인 소설가.
12 따로 촬영된 필름 조각을 창조적으로 결합하여 영화적 시공간을 구성하고 예술성을 부여한다고 보는 '몽타주 이론'을 확립한 소련의 영화감독(1893~1953).
13 현대 연기법의 원형을 이루는, 과장이나 흉내가 아닌 사실적인 연기(메소드 연기) 지도법으로 잘 알려진 러시아의 무대 연출가이자 배우(1863~1938).

1950년 스물한 살의 큐브릭은 자신의 첫 번째 영화인, 월터 카르티에라는 이름의 권투 선수에 대한 12분 30초짜리 뉴스 영화 「시합날」을 제작했다. 큐브릭의 고등학교 친구 알렉스 싱어가 촬영을 맡았다. 큐브릭은 「시합날」을 약 3,900달러의 비용으로 제작해서 RKO-파테 영화사에 4,000달러에 팔았다. 이는 그와 싱어가 기대했던 것보다 훨씬 적은 돈이었지만 그래도 그는 마냥 행복했다.

「시합날」은 여전히 흥미롭다. 마지막에 카르티에가 날리는 녹아웃 펀치는 극적이지만 그건 나중에 드는 생각이다. 그 전에 큐브릭은 시합에 이르기까지 카르티에가 보내는 몇 시간의 일과를 통해 관객을 사로잡는다. 그는 자신의 일란성 쌍둥이 형제 옆에서 일어나 아침 미사에 가서 성찬식 제병을 받기 전 걱정스러운 듯 침을 꿀꺽 삼키고, 거울 앞에서 조심스럽게 코를 살펴보고, 경기 전 신체검사를 받으러 의사에게 간다. 큐브릭은 이런 세부 묘사로 긴장감 넘치는 휴먼 드라마를 만든다. "시간은 비켜나지 않을 것처럼 당신의 얼굴을 빤히 바라보는 버릇이 있다." 시합이 시작되기 전 쌍둥이 형제인 빈스가 카르티에에게 마사지를 해 줄 때 내레이터가 읊조린다. 희망에 차 있지만 불안해하는 스물네 살 청년 카르티에는, 「배리 린든」의 배리와 그의 의붓아들 불링던, 「시계태엽 오렌지」의 알렉스, 「풀 메탈 재킷」의 조커, 그리고 마지막으로 「아이즈 와이드 셧」에서 결혼한 남자지만 사내아이와도 같은 빌 하퍼드 등 성공을 꿈꾸는 큐브릭의 역대 젊은이들 중 첫 번째 인물이다.

「시합날」로부터 9개월이 지난 후, 큐브릭은 『룩』을 그만두며 영화감독으로 성공을 거두리라 다짐했다. 그는 RKO-파테에서 또 하나의 단편 「플라잉 파드레」의 제작을 시작했는데, 이는 비행기를 타고 자기 신도들을 찾아가는 뉴멕시코의 신부에 관한 작품이다.

동시에 그는 장편 영화 제작을 위한 돈을 구하러 다녔다.

큐브릭은 1951년 초에 남부 캘리포니아에서 첫 장편 「공포와 욕망」을 촬영했다. 1만 달러를 모으고 나서였는데 그 대부분은 LA에 약국 여러 개를 가지고 있던 외삼촌 마틴 퍼벨러에게서 받은 것이었다. 퍼벨러는 큐브릭에게 향후 제작하는 모든 영화의 수익을 배당해 달라고 요구했지만, 스탠리가 거절했는데도 그는 어쨌거나 돈을 주었다. 이 영화에 출연한 폴 마주르스키는 큐브릭과 함께 차를 타고 퍼벨러를 방문했던 일을 떠올렸다. "영화를 마무리하려면 5,000달러가 더 필요했어요. 그가 말했죠. '무슨 일이 있어도 돈을 얻어 낼 거야. 지금 그건 확실히 말할 수 있어.' 그러고는 차 안에서 앞 유리에 침을 뱉더군요. 절대 잊을 수가 없을 겁니다. 그는 돈을 받았어요."

1953년에 개봉한 「공포와 욕망」은 특정되지 않은 어느 전쟁 도중 적진에서 발이 묶인 네 병사들에 관한 진지하기 짝이 없는 콘래드 스타일의 이야기다. 몇 년 후 큐브릭은 자신의 첫 번째 장편을 매정하게 조롱했고 이 영화가 상영되지 못하게 했다. 그는 한 인터뷰어에게 이렇게 말했다. "저는 단지 재미있는 영화를 만드는 데에 만족할 수가 없었습니다. 아주 시적이고 의미 있는 영화가 되길 바랐어요. 이 영화는 포볼로 출루하는 대신 방망이를 휘두르기로 결심한 난쟁이가 나오는 서

버의 이야기)[14]하고 좀 비슷했죠… 뉴욕의 길드 극장에서 개봉되었는데 누가 봐도 정말 형편없었습니다."

「공포와 욕망」은 큐브릭이 나중에 깨달았듯 치명적으로 미숙하다. 여기엔 과장되게 거들먹거리는 보이스오버 내레이션이 담겨 있고, 한 장면에서는 장군이라고 불리는 어슴푸레한 인물이 웰스의 악당 주인공처럼 쓰러져 죽는다. 큐브릭은 이런 엉터리 같은 걸 두 번 다시 보여주지 않았다. 이 영화에는 주목할 만한 순간이 딱 하나 있는데, 네 병사가 적진의 여자 한 명을 납치해 나무에 묶는 장면이다. 시드니(폴 마주르스키)는 무표정한 얼굴로 있는 냉담한 여자 주변에서 춤을 추고 셰익스피어의 『템페스트』(후에 마주르스키가 연출한 실망스러운 영화의 바탕이 되는)를 참조한 정신 나간 베리만식 독백을 한다. 여자가 끈을 풀고 도망치자 시드니는 그녀를 쏴 죽인다.

이처럼 병사와 말이 없고 완강한 여인의 대결은 「공포와 욕망」에서 격렬한 감정의 핵심을 이룬다. 이는 큐브릭의 후기 작품들을 떠올리게 한다. 「샤이닝」에서 잭이 벌거벗은 미녀를 끌어안고 나서야 그녀가 낄낄거리며 웃는, 농포膿疱로 덮인 흉악한 노파로 변했다는 걸 알게 될 때, 「풀 메탈 재킷」에서 조커가 10대의 베트남인 저격수를 쏠 때, 그리고 「아이즈 와이드 셧」의 빌이 난교 파티에서 마스크를 쓴 여인과 조우할 때 같은. 「공포와 욕망」은 서툴고 엉망인 작품이지만 여기에서도 큐브릭은 이후 그의 영화에 자주 등장하는 주제인, 남자가 여자에게서 무엇을 보고 여자에게 무엇을 하는지를 탐색하기 시작한다.

---

14 미국의 만화가이자 유머 작가인 제임스 서버의 1941년 단편 『찾아보세요You Could Look It Up』.

미국에 외국 영화를 소개하는 데 중요한 역할을 한 배급업자 조지프 버스틴은 「공포와 욕망」을 라디오 시티 뮤직 홀에서 가까운 50번가의 길드 극장 같은 예술 영화 상영관들에 걸었다. 영화는 소수의 다른 대도시에서도 상영되었다. 60년대에 큐브릭은 이 영화의 유통을 중단시켰다. 30년 후 그의 의사와 상관없이 텔루라이드 영화제와 뉴욕의 필름 포럼에서 상영되었을 때, 그는 언론에 이 영화가 "어설픈 아마추어의 연습 같은 영화… 완전히 터무니없고 기이하며 지루하고 가식적"인 작품이었다고 발표했다. 큐브릭이 자신의 첫 번째 장편을 비난한 건 잘한 일이었다. 큐브릭의 골수 팬들만이 찾아볼 테니까. 그렇지만 이 영화는 큐브릭이 어떤 사람이었는지에 대한 몇 가지 중요한 단서를 제공한다.

짙은 머리에 창백한 얼굴, 까만 눈 위로 비트족[15]처럼 가지런히 자른 앞머리를 한 토바 메츠는 「공포와 욕망」에 잠깐 모습을 드러낸다. 촬영이 끝난 직후인 1951년 말, 이 부부는 캘리포니아에서 뉴욕으로 돌아오고 나서 얼마 후에 헤어졌다. 근근이 벌어먹고 사는 힘겨운 생활이 그녀를 괴롭혔음이 틀림없다. 큐브릭은 생계를 위해 돌아다녀야 했고 동전푼을 벌려고 워싱턴 스퀘어 공원에서 체스를 두었다. 기자 제러미 번스타인에게 이야기한 바에 의하면 큐브릭은 공원에서 대여섯 번째로 체스를 잘 두는 사람이었다. "온통 체스에 서투른 사람들과 약간 못 두는 사람들, 그리고 열심히 애쓰지만 언제나 지는 사람들로 가득했

15 Beatnik: 50년대의 자유분방한 반체제 작가들이 주도한 비트 세대Beat Generation의 영향 아래 있던 청년들을 일컬었던 말. 60년대의 히피와 반문화 운동에 큰 영향을 주었다.

죠." 큐브릭이 말했다. 영화에 대한 회신을 기다리는 동안 그는 공원에 정오에 도착해서 식사하느라 잠깐씩 쉬고는 자정에 떠나곤 했다. 여러 해가 지난 후 큐브릭은 그가 하루에 아홉 시간씩 체스를 배울 수만 있었더라면 러시아인들을 이길 수 있을 정도의 실력을 갖추어 보비 피셔[16]처럼 위대한 인물이 될 수도 있었을 거라는 상상을 펼치기도 했다.

큐브릭은 「공포와 욕망」을 편집하던 시기인 1952년 무용수인 루스 소보트카를 만나 곧바로 연애를 시작했다. 스탠리와 루스는 그리니치 빌리지에서 동거한 지 3년이 지난 1955년 1월에 결혼했다. 이 결혼은 큐브릭의 초혼과 마찬가지로 오래가지 못했다. 스탠리와 루스는 이듬 해에 결별했고 1958년 법적 별거에 들어갔으며 1961년에 이혼했다. 그러나 그들이 함께 지내는 동안 소보트카는 큐브릭의 삶에서 만만찮은 지적 존재였다. 큐브릭보다 거의 세 살이 많은 그녀는 예술 경력에 있어 그를 훨씬 능가했다. 소보트카는 전위 예술가들과 관련이 있었다. 그녀는 1947년 한스 리히터의 영화 「돈으로 살 수 있는 꿈」[17]에 출연했는데, 이 작품에는 알렉산더 콜더[18], 만 레이[19], 마르셀 뒤샹[20], 막스 에른스트[21], 그리고 페르낭 레제[22]가 디자인한 장면들이 포함돼 있었다.

---

16 체스 신동으로 불렸던 미국의 체스 선수. 1972년 소련의 보리스 스파스키를 꺾고 세계 챔피언 타이틀을 얻었다.
17 독일의 화가이자 전위 예술가인 한스 리히터가 연출한 실험 영화.
18 움직이는 조각품으로 유명한 미국의 조각가.
19 다다이즘, 초현실주의 운동에 중요한 역할을 한 미국의 시각 예술가이자 사진작가.
20 기성품을 활용한 '레디메이드'라는 개념을 창안한 프랑스의 화가이자 조각가.
21 다다이즘과 초현실주의를 대표하는 독일의 화가이자 조각가·시인.
22 입체파에 영향을 받아 튀비슴Tubism이라는 스타일을 창시한 프랑스의 화가이자 조각가.

루스는 리 스트라스버그[23]와 함께 공부했고 뉴욕의 무대에서 연기했다. 큐브릭이 그녀를 만났을 때 그녀는 조지 밸런신[24]이 설립한 뉴욕 시티 발레단의 무용수였던 동시에 디자이너이기도 했다. 1951년 루스는 사마귀와 비슷한 여성이 남성 무리를 게걸스럽게 먹어 치우는 모습을 묘사하여 큰 화제를 불러일으킨 제롬 로빈스의 발레「우리」의 의상을 디자인하고 작품에 출연했다. 지극히 절제되고 피비린내 나고 카프카만큼 당혹스러운 이 춤은, 아마도 밸런신의 발레단이 재공연을 했을 때 관람한 큐브릭에게 강렬한 인상을 남겼을 것이다.

한 무용수 친구는 소보트카가 모피 칼라가 달린 관능적인 빨간색 전신 실내복을 입고 있었으며, "마치『안나 카레니나』에서 나온 것 같았어요. 믿을 수 없을 정도로 아름다웠죠"라고 기억한다. 잘 알려진 여배우 기젤라 쇼나우와 유명한 건축가이자 디자이너인 발터 소보트카의 딸인 빈 태생의 유대인 루스는 열두 살 때인 1938년 히틀러의 안슐루스[25] 이후 가족과 함께 오스트리아를 떠났다.

토바와 달리 루스 소보트카는 큐브릭의 예술적 협력자였다. 「킬러스 키스」에 잠깐 출연한 것을 비롯해 그녀는 큐브릭의 세 번째 영화 「킬링」의 스토리보드를 만들었는데, 유나이티드 아티스츠 영화사는 보도 자료를 통해 그녀를 "할리우드 최초의 여성 미술 감독"이라고 일컬었다. 그녀는 큐브릭처럼 완벽주의자였다. 한 친구는 그녀가 큐브릭과 결

---

23 폴란드계 미국인 배우이자 연출가. 1951년부터 세상을 떠날 때까지 뉴욕의 연기자 양성소인 액터스 스튜디오를 이끌었으며 '미국 메소드 연기의 아버지'로 불렸다.

24 러시아 출신의 미국인 안무가. '미국 발레의 아버지'로 불렸으며 1948년 자신을 미국으로 초빙한 기획자 링컨 커스틴과 함께 뉴욕 시티 발레단을 설립했다.

25 Anschluss: 나치 독일과 오스트리아의 병합.

혼하고 나서 "발레나 연기 공부 못지않게 일에 전념하며 체스를 배웠다"고 말했다. 제럴드 프라이드는 스탠리와 루스에 대해 이렇게 말했다. "말다툼이 많긴 했지만 저는 그들이 정말 천생연분이라고 생각했어요."

중부 유럽의 예술 세계에서 온 사절使節 루스 소보트카는 큐브릭에게 지울 수 없는 흔적을 남겼다. 그녀는 그에게 또 다른 빈 태생의 유대인 아르투어 슈니츨러가 쓴 『꿈의 노벨레』(1926)에 대해서도 말했을지 모른다. 큐브릭이 「아이즈 와이드 셧」으로 영화화하기 전까지 수십 년간 그를 사로잡았던 책 말이다.

'필름 누아르'라는 말은 어둠 속에서 들리는 소리 죽인 총성, 비에 흠뻑 젖은 도시의 거리, 그리고 아찔하게 반복되는 음모를 떠오르게 한다. 게다가 트라우마에 시달리는 전과자, 술을 많이 마시는 형사, 또는 사악한 여인도 마찬가지. 블랙커피의 쓴맛과 교수대의 그림자 역시 말할 나위 없다. 누아르 영화에서 터프 가이들은 대개 불운한 앞잡이들을 밝혀내 허를 찌른다. 저 미국의 우상이 지니는 이면, 자신의 운명을 개척하는 고독한 영웅이다.

큐브릭이 제대로 만든 첫 두 영화, 「킬러스 키스」와 「킬링」은 분명 누아르지만 이 작품들은 장르의 매력인 음울한 분위기를 띠고 있지 않다. 그의 주인공들에게는 대다수 누아르 영웅들이 지니는 빛나는 매혹이 없다. 대신 그들은 이해하기에 급급하다. 무엇을? 그들도 잘 모른다.

큐브릭은 삶이란 가장 현실적일 때조차도 어두운 환영과 같으며 가장 대담한 행동도 소극적이고 몽환적으로 보일 수 있다는 환각적 인식을 가지고 있다. 앤서니 만[26]의 「로 딜」에서 한 등장인물은 이렇게 말한다. "잘 모르겠어. 불현듯 커다란 동시에 작다는 생각이 들어." 누아르는 우리의 의미심장한 환상 주위에 역설적 구도를 그리며, 큐브릭은 그 아이러니의 진가를 알아봤다.

큐브릭은 1954년 뉴욕에서 「킬러스 키스」를 제작했다. 촬영에 13주가 걸렸는데, 저예산 영화로는 긴 시간이었다. 「킬러스 키스」에는 이후의 큐브릭을 예견하는 요소가 있다. 제목으로 시작하는 그 시적인 스냅 컷은 「풀 메탈 재킷」이나 「아이즈 와이드 셧」과 어깨를 견준다. (이 영화의 초창기 두 제목은 '내게 키스해 줘, 나를 죽여 줘'와 '님프와 미치광이'였다.)

「킬러스 키스」는 아파트의 마주 보는 창문으로 서로를 지켜보는 두 외로운 뉴욕 사람들로 시작한다. 여자는 타임스 스퀘어의 허름한 댄스홀 플레저 랜드에서 돈을 받고 파트너와 춤을 추는 직업 댄서(말하자면 매춘부) 글로리아 프라이스다. 남자는 자신의 마지막이 될 시합을 준비하고 있는 권투 선수 데이비 고든이다. 그들은 사랑에 빠지고 이로 인해 글로리아를 자기 것으로 만들고 싶은 난폭한 중년이자 글로리아의 보스인 비니 라팔로에게 위협을 받는다.

「킬러스 키스」는 평범한 소시민들에 관한 영화다. 몇몇 누아르 영화에서처럼 노이로제에 걸리거나 악마적이거나 극도로 불운한 사람은 아무도 없다. 데이비 역할을 맡은 제이미 스미스는 소극적인 것처럼 보이지만 민첩하고, 「2001 스페이스 오디세이」에서 데이브 보먼을 연기

---

26 할리우드의 40년대 누아르 영화와 50년대 서부 영화계를 대표했던 미국의 영화감독(1906~1967).

한 키어 둘레이만큼이나 개성이 없다. 글로리아 역의 아이린 케인은 조금 어둡고 소심하다. 라팔로는 글로리아를 쫓아다니지만 그녀를 가질 수가 없는데, 이는 누아르 영화의 흔한 이유 때문이 아니다. 그녀는 사악하거나 치명적이지 않고 확실히 요부도 아니며 천진난만하고 귀여운 여인도 아니다. 「킬러스 키스」의 선정적인 포스터는 "그녀의 부드러운 입은 죄로 얼룩진 폭력으로 향하는 길이었다"라고 외치지만 이건 허위 광고였다. 「킬러스 키스」는 대단히 소박한 영화다. 글로리아는 섹시하다기에는 너무 신경과민인 데다 회피적이고, 데이비는 그녀를 갈망하기에는 너무 신중하며 사는 데 정신이 없다. 우리가 아는 어떤 사람들에게 뭔가 이상한 점이 있는 것과 마찬가지로 그들에게도 뭔가 이상한 점이 있다.

「킬러스 키스」는 뉴욕파[27] 사진과 시네마 베리테[28]에서 영향을 받은 임시방편적 특성을 지닌다. 제럴드 프라이드의 불안한 재즈풍 스코어는 관객의 마음을 졸이게 한다. 큐브릭은 뉴욕의 거리를 천박하고 몽롱해 보이게, 껄끄러운 도시의 기이함으로 가득해 보이게 한다. 그는 브로드웨이의 반짝이는 네온사인에서 그릴의 핫도그로, 싸구려 잡화점 쇼윈도의 욕조를 떠다니는 아기 인형으로 빠르게 장면을 전환한다.

큐브릭은 후에 「킬러스 키스」가 "멍청한" 이야기이며 "여전히 학생이 만든 것 같은 수준 낮은" 작품이라고 하면서 폄하했다. 그는 인터뷰

---

27 New York school of photography: 1930년대부터 50년대 사이 뉴욕에서 활동한 일단의 작가들. 보도 사진의 기법을 활용하거나 현실적인 사진, 누아르 영화의 영향 등을 특징으로 한다.

28 cinéma vérité: 의도된 연출이나 내러티브 구조와 미장센, 작위적 편집 등이 일체 배제된 사실주의적 다큐멘터리 영화.

어 로버트 지나에게 스토리를 "일주일 만에 썼다"고 말했다. 이 영화가 다소 미숙한 게 사실이긴 하지만 이처럼 세련되지 않기에 「킬러스 키스」는 색다른 매력을 지닌다. 「킬러스 키스」부터 큐브릭은 영화 제작에 점점 더 꼼꼼해져서 조명, 구도, 그리고 사운드에 담긴 각각의 미묘한 차이에 전력을 다하게 되었다. 「킬러스 키스」는 집에서 만든 것처럼 투박해 보이는 큐브릭의 마지막 영화다.

영화의 결말에서는 첫 장면이 반복되는데, 데이비가 뉴욕 펜 역의 움푹 들어간 둥근 천장 아래에서 초조하게 서성거리며 글로리아를 기다린다. 그리고 뜻밖의 상황이 벌어진다. 「킬러스 키스」의 마지막 순간, 글로리아는 데이비에게 달려가 그를 껴안는다.

해피 엔딩으로 끝나는 누아르 영화. 큐브릭의 두 번째 장편 영화는 그런 드문 작품이다. 주인공은 여자를 얻지만 이 결말이 축하할 정도로 잘 풀린 상황은 아니다. 큐브릭은 마지막에서 흔히 하듯 부둥켜안은 이들을 클로즈업하지 않는다. 이 연인들은 점차 멀어지는 롱 숏에 담겨 멀리 보인다.

큐브릭 최초의 성숙한 영화인 「킬러스 키스」는 마지막 영화 「아이즈 와이드 셧」이 나오기 전까지 남자와 여자의 로맨틱한 관계가 회복되며 끝나는 유일한 작품이다. 두 영화에서 그 관계는 딱 애매한 만큼만 희망적이다.

「킬러스 키스」에는 그 중심에 큐브릭의 환상 속에서 루스 소보트카의 중요한 역할을 보여 주는 독특한 장면이 나온다. 글로리아의 보이스 오버로 그녀의 불운한 언니, 남편의 강요로 발레 댄서의 길을 포기하고는 죽어 가는 아버지에게 헌신한 아이리스의 이야기가 흐르는 동안 소보트카는 파 쉴[29]을 춘다. 결국 아이리스는 아버지와 남편이 자신에게 한 일에 항의하여 스스로 목숨을 끊는다. 글로리아는 플레저 랜드에서 수치스러운 일에 투신함으로써 그녀 역시 자기 파괴적일 수 있다는 걸 보여 준다. 그녀는 말한다. "나는 매일 밤 저 타락한 곳, 인간동물원에서 일을 했어요."

루스가 「킬러스 키스」에서 홀로 추는 춤을 보며 앞으로 그녀와 스탠리와의 관계가 어떻게 될 것인지를 알아차리기란 어렵지 않다. 아이리스는 남편 때문에 춤을 포기한다. 「킬러스 키스」가 제작된 이듬해인 1955년, 루스는 발레를 그만두었고 그렇게 해서 큐브릭과 함께 로스앤젤레스로 이주할 수 있었다. 그녀는 금세 이 도시가 싫어졌다. 한 신문과의 인터뷰에서 그녀는 말했다. "저는 영화 일은 좋았지만 그릇된 가치를 지닌 저 도시에 살고 싶진 않았어요. 할리우드에서 성공이란 돈이나 악명의 측면으로 평가되죠. 그 사람들에게 중요한 게 저에게도 중요한 건 아니에요." 그녀는 이렇게 덧붙였다. "품행이 바르다고 생각했던 많은 댄서들이 할리우드에 살면서부터 난잡해졌어요."

소보트카는 「킬러스 키스」에 이름을 올렸던 것처럼 「킬링」에서는 미술 감독으로 참여했다. 하지만 루스가 스탠리의 완전한 예술적 동반자를 꿈꾸었다 해도 그런 협업은 이루어지지 않았다. 「킬링」을 촬영하는 동안 스탠리는 종종 루스를 집에 남겨 두고 촬영장에 가곤 했다.

「킬러스 키스」에서 아이리스는 드라마의 이질적 존재로 남는다. 즉

29　pas seul: 발레에서 혼자 추는 춤.

스스로 목숨을 끊는 순수한 예술가, 과거에서 끼어든 환영이다. 영화는 아이리스를 연기한 루스 소보트카가 급성장하는 큐브릭의 경력에 밀려나게 되는 것처럼, 아이리스를 열외로 취급한다. 그녀가 쓸쓸하게 뛰어난 기교로 춤을 춘 다음, 영화는 아무도 기억하지 않는 죽음을 맞은 백조처럼 그녀를 남기고 떠난다. 데이비와 글로리아의 이야기에는 예술을 위해 살았던 글로리아의 언니에 대한 기억이 배제되어 있다.

큐브릭이 루스와 결혼 생활의 문제를 겪고 있을 때인 1954년에서 1956년 무렵, 「유부남」이라는 제목의 시나리오 트리트먼트[30]에 그는 이렇게 썼다.

결혼은 처음부터 디저트가 제공되는 긴 식사와 같다… 당신은 변기 압축기의 고무 흡착판처럼 당신에게 달라붙어 있는 여인과 함께 사는 공포를 상상할 수 있는가? 평생 아침, 낮과 밤이 당신을 중심으로 돌아가는 그런 사람과?… 그건 마치 깃털의 바다에 빠지는 것과 같다. 부드럽고 숨 막히는 습관과 익숙함의 심연으로 점점 더 깊이 빠져들어 가는. 그녀가 강렬하게 맞서기만 한다면, 화를 내든 질투를 하든, 단 한 번만이라도. …보라, 어제저녁 나는 산책을 하러 나갔다. 저녁을 먹은 직후였다. 그리고 새벽 두 시에 들어왔다. 어디 갔다 왔냐고 묻지도 않는다.

큐브릭이 더글러스에게 말해 준, 그가 헛되이 집을 떠나려다가 여행

---

30 시나리오 창작에 있어 시놉시스에서 시나리오 초안으로 발전하는 과정에 자리하는 원고. 등장인물이나 주요 사건, 연출 스타일 등의 세부 사항이 포함된다.

가방이 점점 무거워져서 다시 돌아온 일화는 그와 소보트카의 삶에 대한 이야기임이 분명하다. "내 여행 가방이 어디 있는지만 말해 줘. 난 나갈 거야."「유부남」에서 남편은 이렇게 말한다. 그의 아내(「아이즈 와이드 셧」에서처럼 앨리스라는 이름의)는 "성자聖者"이고 "거의 청바지를 입은 막달라 마리아와 다름없"으며, 그는 엄격하기 짝이 없는 그녀의 덕목을 견디지 못하기에 이른다.

같은 시기에 큐브릭이 쓴 다른 두 트리트먼트 「질투」와 「완벽한 결혼」은 큐브릭 자신처럼 절망적이고 불만족스러운 배우자들에 대한 이야기다.「질투」에서 자신의 아내가 외도를 하고 있다고 확신하는 남편은 "매춘부처럼 보이는 여자를 만나고 결국 그녀의 아파트로 가게 된다. 어느 정도 에로틱한 장면이 등장하지만 남자가 중간에 그만두고 나오며 이야기는 클라이맥스에 이른다"-「아이즈 와이드 셧」에서 빌 하퍼드가 여러 번 그러는 것처럼-.「완벽한 결혼」에서 남편은 "방탕한" 과거를 가진 아내를 비난하며 자신은 신의를 지키는 사람이라고 주장한다. 그러나 "그녀는 그가 객실 전화를 받지 않았던 최근의 출장에 대해 묻는다." 큐브릭은 파국으로 치닫는 부부 싸움에 대해 개략적인 일련의 메모를 해 나갔다. "후회하게 될 거야… 악의에 가득 찬 히스테리… 부정不貞을 인정해. 끔찍한 연인. 절규. 남편이 떠난다." 큐브릭은 "겁먹은 아이처럼 흐느끼"고는 엄마에게 전화하는 남편을 아내가 포기하는 장면을 묘사하기도 했다.「굶주린 원숭이」라는 제목의 또 다른 영화 아이디어를 정리하며 큐브릭은 이렇게 썼다. "이 결혼의 전개는 일종의 사도마조히즘적 도스토옙스키풍 구성이어야 한다." 즉 남편은

"흠모하는 여성에게 굴욕감을 주고 그 결과 스스로 상처받기"를 원한다. 이 초안의 장면 제목들에 결혼 생활의 트라우마가 담겨 있다. "섹스하거나 싸우거나", "흑인 여자들", "섹스 후 갇혀 싫증이 나다" 같은.

큐브릭은 「킬러스 키스」에서 자신의 불만을 더욱 교묘하게 표현했다. 루스가 스탠리를 위해 그랬듯, 그녀가 홀로 춤을 추고 남자를 위해 자신의 일을 포기하는 불운한 아이리스의 역할을 하는 장면이다. 루스는 자기희생을 하는 아이리스와는 크게 달라서, 아직 관계가 애매하기 때문에 오히려 미래가 있는 성숙한 연인들보다 뒤처져 있었다.

「킬러스 키스」를 만들고 얼마 되지 않아 큐브릭은 그가 찾고 있었던, 그리고 루스 소보트카에게서는 찾아내지 못했던 창의적 파트너를 만났다. 1955년 큐브릭은 고등학교 때 단짝이던 알렉스 싱어의 군대 친구, 지미라고 불리던 제임스 B. 해리스를 만났다. 해리스는 영화를 제작하고 싶었고, 큐브릭의 두 장편 영화에 감명을 받은 상태였다. 그래서 두 남자는 '해리스-큐브릭 프로덕션'을 설립했다.

해리스는 소탈하고 자유분방한 모습의 큐브릭과 대조적으로 무심하며 맵시 있고 번듯한 용모를 하고 있었다. 그들은 절친한 친구가 되었다. "그는 무엇보다도 제 친구였습니다." 해리스가 회상했다. "우리는 함께 축구를 하고 포커 치는 걸 좋아했어요… 우린 같은 골칫거리를 함께 나누었는데 영화는 그 배출구이자 존재의 이유, 그리고 도피의 수단이었죠." 큐브릭은 고등학교 때 드럼을 연주했으며 해리스 또한 줄리어드에서 공부한 재즈 드러머였다. 둘 다 유대인에 뉴욕 출신이었다. 그들은 딱 8일 차이로 태어나 나이도 같았다.

해리스와 소보트카는 사이가 좋지 않았다. 해리스는 이렇게 말했다. "루스는 미술 감독이 되고 싶어 하는 한물간 발레 댄서였죠. 그래서 스탠리는 그녀에게 그런 일을 실컷 하도록 해 줬어요. 그녀는 우리 사무실 문에 스탠리와 내 이름은 있는데 자기 이름은 왜 없는지 이해를 못했어요. 둘은 헤어졌고 그는 떠났습니다. 그가 떠나기 전, 우린 아내들을 함께 있게 했어요. 안 좋은 소식을 어떻게 전할지 그가 제게 예행연습을 했고요." 1956년 12월에 루스는 뉴욕으로 돌아가 뉴욕 시티 발레단으로 복귀했다.

루스와 헤어지기 전이나 후나 돈은 빠듯했다. 매주 금요일 오후면 큐브릭은 「킬러스 키스」 제작 현장을 폐쇄하고 실업자 지원 사무소로 가서 자기 몫의 수표를 받았다. 스태프와 배우들은 낮은 임금에 대해 투덜거렸지만 큐브릭은 재정적 압박을 받고 있었다. 그는 「킬러스 키스」를 하며 자신의 급여를 가져가지 못했고 다음 영화에서도 마찬가지였다. 그는 실업 수당과 지미 해리스에게 빌린 돈으로 버텼다.

해리스는 경마장을 터는 계획에 관한 라이오넬 화이트의 소설 『깨끗이 손 떼기』(1955)를 우연히 접했다. 그는 이 이야기가 해리스-큐브릭의 첫 영화가 될 수 있을 거라 생각하고 1만 달러에 판권을 확보했다. 해리스와 큐브릭은 이 작품의 제목을 「킬링」으로 바꾸고 작업을 시작했다. 「킬링」은 큐브릭이 또다시 시도한 누아르로, 「킬러스 키스」보다 더 매끈하고 더욱 확실한 작품이었다.

「킬링」은 체스 게임과 유사한 지적인 퍼즐이다. 아이디어는 단순하다. 경마장을 턴다는 범인의 계획이 점차 폭로된다. 이 범죄 행위에 전율은 없고 시종일관 불안감이 지속될 뿐이다. 「이중 배상」[31]이나 「과거로부터」[32], 또는 「길다」[33] 등 누아르 영화의 몇몇 고전들처럼 주인공을 파멸로 이끄는 교활한 적대자는 없다. 불운과 다소 느슨한 수다가 계략을 엉망으로 만드는 데 필요한 전부다. 감독은 패거리의 리더인 조니 클레이가 절망적으로 궁지에 몰릴 때의 최종적 조합을 위해 범죄자들을 체스판의 졸처럼 희생시킨다.

「킬링」의 포스터는 이렇게 큰소리친다. "「스카페이스」[34]와 「리틀 시저」[35] 이후 둘도 없는 특별한 영화!" 하지만 「킬링」은 화려한 악당 주인공이 등장하는 갱스터 영화가 아니다. 그 대신 이 영화는 범죄 음모가 천천히 소용돌이치며 어떻게 수포로 돌아가는지를 보여 준다. 등장인물보다는 범죄 자체가 중심에 자리한다.

시나리오를 쓰는 데 도움을 받기 위해 큐브릭은 그가 무척 좋아하는 『내 안의 살인마』(1952)를 포함해 대단히 충격적인 누아르 소설 몇 편을 쓴 통속 소설 작가 짐 톰슨을 영입했다(광고문에서 큐브릭은 톰슨의 소설을 "내가 이제껏 접한 범죄적으로 비뚤어진 사람을 다룬 작품 중 아마도 가장 오싹하고 그럴듯한 1인칭 소설"이라고 묘사했다). 『내 안의 살인마』의 주인공은 매혹적이면서도 소름 끼치는 도착적이고 로맨틱한 악마 같은 인물이다. 「킬링」의 조니 클레이는 그와 정반대의 인물로 평범한 사람과 다를 바

---

31 빌리 와일더(1906~2002) 감독의 1944년작. 누아르 영화의 원형과 같은 작품으로 평가되는 할리우드의 고전 걸작이다.
32 프랑스 출신 감독 자크 투르뇌르(1904~1977)의 1947년작.
33 헝가리 출신 감독 찰스 비더(1900~1959)의 1946년작.
34 하워드 혹스(1896~1977) 감독이 프리코드 시대인 1932년에 만든 갱스터 영화.
35 머빈 르로이(1900~1987) 감독의 1931년작 프리코드 갱스터 영화.

없는 범죄자이며, 그가 함께하기 위해 찾는 이들 역시 특별하지 않은 사람들이다. "이들 중 누구도 통상적 의미의 범죄자가 아냐… 겉보기에는 모두 평범하고 괜찮게 사는 사람들이지." 그는 연인 페이에게 이렇게 말한다.

큐브릭은 언제나 타자기 앞에 앉기 전에 종이 봉투에서 술 한 병을 꺼내는 술고래 톰슨을 약간 경계했다. 큐브릭과 톰슨은 맨해튼의 웨스트 57번가에 있는 작은 사무실에서 대본을 쓰며 여러 날을 보냈는데, 헐렁한 재킷에 늘어진 양말을 신은 큐브릭은 가끔 퀸스의 플러싱에 있는 톰슨의 이층집으로 저녁을 먹으러 갔다. 톰슨의 딸 섀런은 말했다. "스탠리는 우리 집에 와서 우리 모두를 그냥 미치게 만들었죠. 그는 비트족이 유행하기 전에 이미 비트족이었어요. 장발에 이상한 옷을 입고 있었거든요."

큐브릭과 해리스는 「킬링」과 관련해 한 가지 문제에 봉착했다. 경마장을 터는 영화의 무대가 되기를 원하는 경마장이 없었던 것이다. 경주마가 나오는 첫 장면을 위해 알렉스 싱어는 샌프란시스코의 베이 메도스 경마장에서 말들이 스타팅 게이트를 출발하는 순간 경주로 한가운데에 자신의 휴대용 아이모 미첼 카메라[36]를 내려놓았다. 경마장 직원들이 그를 알아챘고 경주는 중단되었다. 그러나 붙잡히지 않고 빠져나온 싱어는 원했던 영상을 얻었다.

그 외 촬영은 순조롭게 이루어졌다. 「킬링」은 20일간 주로 촬영소에

---

36 미국의 촬영 기기 제조 회사 벨 앤드 하월Bell & Howell의 35밀리 무비 카메라 아이모Eyemo와 미첼 카메라의 뉴스 영화용 모델 미첼 NCMitchell Newsreel Camera를 의미.

서 촬영되었다. 큐브릭과 해리스는 큐브릭의 지휘하에 후반 작업을 함께 진행했다. ("저는 편집실에서 항상 그의 바로 옆에 있었어요." 해리스가 말했다.) 영화 제작비는 33만 달러가 들었지만 유나이티드 아티스츠사가 20만 달러만 지급하는 바람에 해리스가 부족분을 메웠다. "그 당시 큐브릭은 돈을 어떻게 구해야 하는지 잘 몰랐어요. 저는 알고 있었고요." 해리스가 떠올렸다.

해리스와 큐브릭에게는 스타가 필요했는데, 그들은 스털링 헤이든이라는 인물을 알게 되었다. 키가 크고 다부지며 산만한 성격의 헤이든은 늦게 연기를 시작했다. 그가 메사추세츠 연안에서 어부로 일하고 있을 때 한 지역 신문이 그의 사진을 찍었다. 사진 설명에는 "영화배우 같은 글로스터의 어부"라고 쓰여 있었다. 1933년 그가 처음 LA에 왔을 때 헤이든은 산 페드로의 범선에서 거주했다. 그 후 그는 2차 대전에 참전했다. "저는 티토의 파르티잔[37]과 함께 유고슬라비아에 있었습니다. 제가 겪은 모든 게 다 좋았죠." 몇십 년 후에 헤이든이 회상했다. 그는 "극장에 열흘 걸리고 내려가는 서부 영화들"에 출연한 후 1950년 존 휴스턴 감독의 세심한 범죄 영화 「아스팔트 정글」로 큰 성공을 거두었다. 몇 년 후 헤이든의 에이전트가 그에게 말했다. "끝내주는 천재라고 하는 뉴욕 출신 괴짜가 있어요." 그래서 헤이든은 4만 달러의 보수를 받고 「킬링」에 출연하기로 했다.

"큐브릭이 당신에게서 무엇을 봤을까요?" 언젠가 한 인터뷰어가 헤이든에게 질문을 했을 때 그는 다른 뜻이 담긴 답변을 했다. "왜 남자

---

37 유고슬라비아 공산주의자 동맹의 서기장 요지프 브로즈 티토가 이끌었던 저항 운동 조직.

는 보잘것없는 망나니와 같을까요… 어쩌면 약하기 때문이 아닐까요?" 1951년 헤이든이 할리우드의 공산주의자에 대해 증언하러 반미활동위원회HUAC[38] 앞에 불려 갔을 때 그는 이름을 댔다. "저는 밀고자였습니다." 그가 시인했다. 헤이든이 HUAC에 굴복했다는 수치심은 무뚝뚝함으로 무장한 채 불안해하는 조니 클레이라는 캐릭터에서 그대로 드러난다.

우리는 조니 클레이를 연기한 헤이든의 모습을 뛰어난 트래킹 숏[39]으로 처음 만나는데, 이는 큐브릭이 「롤리타」에서 다시 사용하게 될 방식이었다. 조니를 따라가는 카메라는 그의 아파트 방들을 마치 벽이 하나도 없는 것처럼 훑어간다. 큰 걸음으로 성큼성큼 걸으며 앞에 펼쳐진 공간을 집어삼키는 헤이든은 완전히 자신만만해 보이지만 이는 곧 사그라진다. 그가 음모를 시작하는 순간 그물이 그의 주위를 에워싸기 시작한다. 정확히 어떤 방식이 될지는 몰라도 우리는 그가 이걸 잃게 되리라는 걸 짐작할 수 있다.

조니와 그의 연인 페이는 「아스팔트 정글」에서 헤이든과 진 헤이건이 연기한 커플을 닮았다. 휴스턴의 영화에서 헤이든은 유순한 헤이건에게 쏘아붙인다. "입 닥치고 버번이나 가져와." 「킬링」의 첫 장면에서 마찬가지로 순종적인 페이는 조니에게 무덤덤하게 상기시켜 준다. "난 예쁘지도 그렇게 똑똑하지도 않아요." 큐브릭은 조니의 반응이 담긴

---

38 House Un-American Activities Committee: 미국 내 파시스트와 공산주의자의 활동을 조사하기 위해 1938년 미 하원에 설립된 위원회.

39 tracking shot: 레일 위에서 움직이는 이동식 촬영대camera dolly에 설치된 카메라가 이동하는 연기자를 따라가며 촬영하는 장면.

표정 장면을 넣지 않는다. 그녀는 그에게 영향을 주지 않으며 골칫거리조차 안 된다.

조니와 페이는 스탠리와 루스를 떠올리게도 한다. 조니가 애인을 떨쳐 버리고 남자들로만 구성된 팀과 함께 범죄를 계획하는 모습에서 루스와의 결혼으로부터 탈출하고 싶은 큐브릭의 바람을 쉽게 엿볼 수 있다.

조니는 일확천금을 위해 경마장 강도 계획을 꾸민다. 그는 "잘되기"를 바라지만 그 말은 그의 입에서 공허하게 울린다. 그는 어중이떠중이 무리와 파트너로 함께하는데, 거기엔 영화 팬들에게 「말타의 매」의 어설픈 삼류 깡패 윌머로 잘 알려진 엘리샤 쿡 주니어도 포함된다. 「킬링」에서 쿡은 건장한 밸(큐브릭의 포커 친구들 중 하나인 빈스 에드워즈가 연기한)과 불륜 중인 아내에게 시달리는 변변치 못한 남편 조지 역을 맡았다.

마리 윈저는 악의에 찬 멸시를 받는 불운한 조지의 아내 셰리를 연기한다. 큐브릭은 리처드 플라이셔의 1952년 영화 「근소한 차이」에서 윈저를 봤는데, 거기서 그녀는 "60센트 특가의 싸고 화려하며 완전한 독약"이라고 불렸다. 「근소한 차이」에서처럼 「킬링」에서 냉혹하고 조화를 이루지 못하며 불안한 정신을 지닌 윈저는 주목할 만한 여인이다. 그녀에게는 존 크로포드[40]의 느낌이 있으며, 그녀가 아몬드 모양의 눈을 마치 당구공처럼 스크린 아래쪽 가장자리로 천천히 미끄러뜨릴 때면 라나 터너[41]가 연상되기도 한다. 그러나 그런 일인자들과 달리 윈저는 단역 배우에 머물렀다. 그녀에게는 터너가 지닌 운명과의 친밀함이

---

40 다채로운 장르에서 강렬한 매혹을 보여 준, 황금기 할리우드를 대표했던 여배우(1904~1977).
41 황금기 할리우드 시절 MGM 최고의 스타. 「포스트맨은 벨을 두 번 울린다」(1946)의 팜 파탈 연기로 찬사를 받았던 여배우(1921~1995).

나 크로포드의 강하고 완전한 분노가 지니는 이질적인 위력이 없다.

윈저가 연기한 셰리는 「킬링」에서 가장 멋들어진 대사를 하는데, 그게 짐 톰슨 덕분임은 의심의 여지가 없다. 그녀가 애인 밸에게 졸보 남편이 그들을 부자로 만들어 주게 될 거라고 말하자 그가 코웃음을 친다. "그 얼간이가?" "횡재한 얼간이야, 밸." 그녀가 쏘아붙인다.[42] 결국 셰리는 비밀을 털어놓음으로써 강도 행위를 엉망으로 만들고 자신도 극적인 죽음을 맞는다. 이건 조니의 범죄 계획과 비슷하게 남편의 영화 제작에 끼어든 루스에 대한 큐브릭의 복수일지도 모르겠다. '여자가 문제를 일으킨다.' 이 영화가 내포한 내용이다. 해리스와 큐브릭이 키를 잡으면 프로젝트는 완벽하게 성공할 것이다. 루스가 간섭하게 놔두면 재앙을 각오해야 한다.

「킬링」의 초반부에 큐브릭의 체스 친구 중 하나인 건장한 콜라 콰리아니[43]는 우리에게 조니가 왜 누아르의 실질적 영웅이 아니라 걸어 다니는 공허함인지 말해 준다. 모리스라는 캐릭터를 연기한 콰리아니는 도심의 체스 및 체커 클럽에서 체스를 형편없게 두는 이를 "초짜는 닥쳐"라며 무시한다. 그러고는 조니에게 말한다.

사람들의 눈에 갱스터와 예술가는 똑같이 보일 거란 생각을 자주 했지. 그들은 존경을 받고 영웅으로 숭배되지만 그 바탕에는 항상 그들의 영광이 절정에

---

42 원 대사에는 중의적 의미가 담긴 단어가 사용되었다. 밸이 조지를 일컬어 "meatball"(고기 완자, 따분한 사람, 바보, 얼간이)이라고 하자 셰리는 "meatball with gravy"(육즙을 곁들인 고기 완자, 부정하게 돈을 번·뜻밖에 돈이 생긴 얼간이)라고 받아친다.

43 조지아 공화국 출신의 프로 레슬러이자 체스 선수.

달했을 때 망가지는 걸 보고 싶어 하는 마음이 있거든.

  뉴욕의 지식인 로버트 워쇼가 갱스터 영화에 관해 쓴 유명한 에세이에서 인용한 이 대사는 어리둥절한 조니의 머리로는 바로 이해하기가 어렵다. 그는 대단한 예술가나 갱스터가 아닌 평범한 사람이다. 그의 공허함이 「2001 스페이스 오디세이」의 데이브나 배리 린든, 빌 하퍼드 같은 이후의 몇몇 큐브릭 영화 주인공들에게서 반복된다는 걸 알 수 있다. 이 무리 중에서 데이브만이 타고난 지성을 지닌 인물이다. 큐브릭은 자신의 주인공들이 좌절하고 패배하는 걸, 그리고 너무 똑똑하지 않은 걸 좋아했다.
  「킬링」의 대단원은 빨리 찾아온다. 어지러운 총격전이 끝난 후 패거리에서 조니만이 살아남아 돈으로 가득 찬 여행 가방을 챙긴다. 그리고 이제 큐브릭은 기막힌 재앙과 같은 상황을 만들어 낸다. 히치콕을 연상케 하는 스타일로, 수백만 달러가 든 여행 가방을 실어 나르던 수화물 운반 차량이 한 중년 여인의 요란하게 짖어 대는 푸들 때문에 뒤집히고, 조니는 회오리바람에 날리는 나뭇잎처럼 온통 허공에 소용돌이치는 달러 지폐를 바라본다. 조니의 계략은 우리가 짐작했듯 진퇴양난에 빠졌다.
  콰리아니가 웃통을 벗고 경찰 여덟 명과 싸우는 난투극 장면에서처럼, 「킬링」의 극적인 결말에서 해리스와 큐브릭은 큐브릭이 무척 좋아하는 영화인 존 휴스턴의 「시에라 마드레의 보물」(1948)에서 한 장면을 가져왔다. 조니 클레이의 지폐처럼 휴스턴 영화의 프레드 C. 돕스(험프리 보가트)가 갈망하는 황금은 바람에 날려 영원히 사라졌다. 그러나 조니는 돕스가 아니다. 보가트는 돕스를 미친 듯 웃어 대는 등이 굽은 가고일처럼 탐욕을 상징하는 우화적 인물로 바꿔 놓는다. 조니에게는 돕스의 공격적인 기벽이 없다. 그는 큐브릭이 의도한 대로 거의 쓸모없는 사람이다. 「킬링」과 아주 유사한 누아르 영화들에는 눈에 띄지 않고 어리벙벙한 주인공들이 등장한다. 에드가 얼머의 「우회」(1945)나 줄스 다신의 영화 「밤 그리고 도시」(1950)를 생각해 보라.

「킬링」은 아주 웃긴 건 아니어도 희극적인 영화다. 큐브릭은 히치콕이 하는 식의 부조리를 좋아하지 않는다. 이 영화는 타란티노의 「펄프 픽션」을 예감케 하는 복잡하고 반복적인 시간 체계와, 큐브릭의 많은 영화들처럼 보이스오버를 사용한다. 「킬러스 키스」에서는 간절히 바라던 도시라는 덫으로부터의 탈출이 실현되지만 「킬링」에서 큐브릭은 그가 선택한 장르의 법칙을 따른다. 누아르 영화에서는 자유의 추구가 실패로 끝나고 아이러니가 지배해야만 한다.

「킬링」은 완전한 절망으로 끝난다. 돈은 온 공항 활주로에 흩날린다. "조니, 도망쳐야 해요." 페이가 그에게 말한다. "아아, 무슨 차이가 있겠어." 그가 신음하듯 말한다. 두 명의 경찰이 조니의 평범한 파멸을 말해 주는 사람 모양의 기둥처럼 화면을 대칭적으로 나누어 선 채 그를 기다린다. 거기서 그들은 조니를 향해, 그리고 관객인 당신을 향해 총을 겨눈다. 그런 다음 '해리스-큐브릭 프로덕션' 로고가 등장한다.

2
제대로 할 때까지 계속해라:
「영광의 길」, 「스파르타쿠스」, 「롤리타」

"전쟁 영화는 차고 넘쳐. 그것들은 박스 오피스에서 끝났어. 독약이지." 1956년 MGM의 제작부장인 도리 셰리가 스물일곱 살 큐브릭에게 말했다. 큐브릭과 지미 해리스는 MGM이 제1차 세계 대전 당시 프랑스 군에 관한 험프리 코브의 1935년 소설 『영광의 길』을 영화화하는 데 관심을 갖게 하려고 애쓰고 있었다. 『영광의 길』은 큐브릭이 고등학교 시절 읽은 몇 안 되는 책 중 하나였다. 그는 잭 큐브릭이 환자를 보는 동안 아버지의 대기실에 앉아 코브의 전쟁 이야기를 탐독했다. 큐브릭은 결혼을 했기 때문에 한국 전쟁 당시 징집되지 않았지만, 해리스는 참전 용사였고 이제 그 둘은 전쟁 영화를 만들고 싶어 했다.

셰리는 걸려들지 않았다. 그는 존 휴스턴의 「전사의 용기」(1951)가 흥행에 실패하는 바람에 MGM에서 난처한 입장에 처해 있었고 같은 실수를 두 번 하려 하지 않았다. 셰리의 사전에 전쟁 영화는 금지어였지만 그는 「킬링」에 감명을 받았다. 흥행에 실패하여 유나이티드 아티스츠에 13만 달러라는 큰 손실을 안겨 주긴 했지만 이 영화는 몇몇 평론가들의 톱 텐 리스트에 올랐다. 그래서 셰리는 해리스와 큐브릭에게 말했다. "우리 소유의 각본으로 가득 찬 방이 있어. 거기 자네들이 하고 싶어 하는 뭔가가 있을지도 모르겠군."

셰리 덕분에 큐브릭과 해리스는 MGM과 계약을 맺었으며, 그들에겐 장편 영화를 제작할 수 있는 40주라는 기간이 있었다. 그들은 MGM의 오래된 소설과 시나리오 더미를 샅샅이 뒤지기 시작했다. 오랜 시간을 읽느라 눈이 침침해지면 그들은 탁구를 치거나 스튜디오의 시사실에서 영화를 보곤 했다.

어느 날 큐브릭은 보물을 찾았다. 나치로부터 벗어난 후 1942년 브라질에서 자살한 오스트리아의 유대인 작가 슈테판 츠바이크의 『타 버린 비밀』(1911)이었다. ("우리는 두 작가, 아르투어 슈니츨러와 슈테판 츠바이크에 대해 많은 이야기를 나누었습니다." 해리스가 회상했다.) 『타 버린 비밀』은 남편이 도시에 있는 집에서 쉬는 동안 열두 살짜리 아들과 휴가를 떠나는 아름다운 유대인 여인에 관한 이야기다. 그들과 같은 호텔에 묵는 남작이 엄마를 유혹하고 아이는 결국 불륜을 알아챘다. 충격적이고 섬세하며 무엇보다 긴장감 넘치는 츠바이크의 단편은 완벽한 영화 소재다. (사실 이 작품은 이미 1923년과 1933년에 독일에서 두 차례 영화화되었고, 1988년 큐브릭의 조감독 앤드루 버킨이 다시 영화로 만들게 된다.)

결국 큐브릭은 『타 버린 비밀』을 영화로 만들지 않았다. MGM은 1957년, 도리 셰리의 최근 작품들로 인해 엄청난 손실을 떠안게 되자 그와의 계약을 파기했다. 해리스와 큐브릭이 츠바이크의 대본만이 아니라 『영광의 길』의 작업도 병행하고 있다는 걸 MGM이 알게 되었을 때, 그들 역시 계약 위반으로 해고당했다.

큐브릭은 성격 까칠하고 재능 있는 남부 출신 소설가 콜더 윌링햄에게 「타 버린 비밀」의 시나리오를 함께 쓰자고 협업을 요청했고 그들은 거의 1년 동안 여기에 매달렸다. 이 원고는 분실된 걸로 알려져 있었지만 1956년 11월로 적힌 대본의 사본이 최근 제럴드 프라이드의 아카이브에서 나왔다. 큐브릭은 40년 후 「아이즈 와이드 셧」의 원작인 슈니츨러의 『꿈의 노벨레』를 가지고 한 것처럼 『타 버린 비밀』을 작업했다. 즉 배경을 미국으로 옮겼으며 아서 밀러가 『세일즈맨의 죽음』에서 유대인다움을 없앤 것만큼이나 유대인임을 드러내는 거의 모든 흔적을 없앴다. (「아이즈 와이드 셧」에서 크니시[1] 빵집이 언뜻 스치지만 그게 전부다.) "그는 유대인의 이야기를 가져다가 모든 걸 비유대인의 것으로 바꿔 놓는다." 큐브릭 연구가 네이선 에이브럼스는 이렇게 지적한다. 결혼한 여자는 관능적인 유대인 미녀가 아니라 버지니아라는 이름을 가진 1950년대 미국인 주부다. 그녀의 남편은 로이, 아들은 에디이며 남작은 리처드라는 이름의 전혀 귀족적이지 않은 유혹자가 된다. 호텔은 애팔래치아 산맥에 자리한다.

"『타 버린 비밀』의 대사 일부는 「아이즈 와이드 셧」에 녹아든 것 같다." 에이브럼스는 전한다. "글자 그대로가 아니라 그 정수 말이다. 유

---

1 knish: 반죽 안에 으깬 감자, 메밀, 치즈 등을 채워 굽거나 튀긴 유대인의 전통 빵.

혹자는 산도르가 한 것처럼 간통을 지지한다는 주장을 펼친다." 산도르는 마치 막스 오퓔스의 「마담D」[2]에서 바로 나온 듯한 매혹적인 장면, 「아이즈 와이드 셧」에서 니콜 키드먼과 춤을 추는 미남 헝가리인이다.

「타 버린 비밀」은 만들어지지 않은 큐브릭의 영화 목록 중 하나다. 큐브릭 아카이브에는 나보코프의 소설 『어둠 속의 웃음소리』(1932)를 바탕으로 한 그의 대본과 더불어, 적진에서 최후의 임무를 수행하는 독일군에 관한 2차 세계 대전 드라마 「독일군 중위」도 포함되어 있다(낙하산병 출신인 리처드 애덤스[3]와 함께 썼다). 침례교 목사였다가 은행 강도가 된 허버트 윌슨의 1955년 회고록에 바탕을 둔 「나는 1,600만 달러를 훔쳤다」도 있다. 큐브릭은 그가 몹시 사랑했던 책인, H. 라이더 해거드의 고색창연한 바이킹 대작 『에릭 브라이트아이스』(1890)를 영화로 만들고 싶었다. 그리고 그는 츠바이크의 탁월한 작품 『체스 이야기』(1941)를 영화화할 계획을 세웠는데, 이 게임에 대한 큐브릭의 열정을 가정하면 체스를 다룬 최초의 엄청난 영화가 되었을지도 모를 일이다.

츠바이크의 『타 버린 비밀』은 스티븐 킹의 『샤이닝』(1977)이나 큐브릭이 만들지 못한 또 다른 영화 「아리아인 증명서」의 기초가 된 루이스 베글리의 소설 『전시의 거짓말』과 비슷하다. 이 모든 작품들에서는 아이가 위험한 성인의 세계를 해독하고는 어른의 책임을 떠맡는다. 여기 큐브릭 세계의 핵심 요소가 있다. 그의 영화에는 생각하고 만지작거리

---

2 복잡한 크레인과 카메라 돌리를 활용한 트래킹 숏 촬영, 지극히 부드러운 카메라 움직임과 롱 테이크로 유명한, 독일에서 태어나 미국과 프랑스에서 활동한 거장 감독 막스 오퓔스(1902~1957)의 1953년 걸작 멜로드라마.

3 아동 문학의 고전으로 꼽히는 판타지 『워터십 다운』(1972)으로 유명한 영국의 소설가.

고 모든 걸 정확히 바로잡으려 애쓰며-체스와 사진에 모두 필요한 기량- 시간을 보낸 아이와 같은 분위기가 있다. 그러나 어른의 세계가 모습을 드러내고 어린 시절 좋아하던 것들이 그저 섹스(아이에 관한 또 다른 영화 「롤리타」에서처럼)만이 아니라 전쟁과 대규모 죽음 같은 피할 수 없는 현실에 자리를 내주게 될 때, 성장은 빨라진다.

스탠리 큐브릭이 「공포와 욕망」, 「킬러스 키스」와 「킬링」만 만들었다면 그는 자크 투르뇌르나 줄스 다신보다 덜 중요한 마이너 누아르 감독으로 알려졌을 테지만, 그렇다 하더라도 흥미로웠을 것이다. 다음 영화 「영광의 길」로 큐브릭은 신전神殿에 도달했다. 「영광의 길」은 때때로 반전反戰 영화로 일컬어지지만, 전쟁은 그저 사람이 성공과 권력을 위해 무엇을 하는지에 대한 감독의 탐구를 돕는 장치일 뿐이다. 이 영화는 할리우드에서 가장 유명한 1차 세계 대전 영화인 루이스 마일스톤 감독의 「서부 전선 이상 없다」(1930)와 달리 주로 전장의 폭력을 피한다. 큐브릭의 전쟁터 장면은 깔끔하게 디자인되었으며, 평론가인 게리 기딘스가 언급하듯 그 장면들은-전쟁 영화에서는 드물게도- 혼돈이 아닌 명료함을 전해 준다.
「킬링」과 마찬가지로 「영광의 길」은 음모를 꾸미는 자들을 다루는 영화다. 여기서 음모는 많은 이들을 죽음으로 몰아넣을 것을 요구한다. 영화 초반에 아돌프 멘주가 완벽하게 세련되고 교활하게 연기하는 브룰라르 장군은 다른 장군 미로(조지 맥크리디)에게 독일군 요새인 앤트힐을 함락해 보라고 부추긴다. 공격은 분명 헛된 일이다. 프랑스 병사들이 양군의 중간 지대에서 그냥 죽게 될 거라는 걸 누구나 안다. 커크 더글러스가 연기한 닥스 대령은 앤트힐 공격은 소용없는 일이라며 항의하지만 결국 동의한다.

적군의 사격에 발이 묶인 닥스의 부하들은 참호에서 나가지도 못한다. 그래서 미로는 비겁함을 이유로 닥스의 병사 몇 명을 처형할 것을 요구한다. 세 명이 선택된다. 괴짜인 페롤 일병(티머시 캐리), 파리스 상병(랄프 미커), 그리고 아르노 일병(조지프 터켈)이다. 이 세 명이 총살 집행 분대를 마주하는, 오래 지속되는 긴 장면은 할리우드의 더없이 비통한 사형 묘사 중 하나로, 로버트 와이즈의 「나는 살고 싶다」(큐브릭의 영화로부터 1년 후인 1958년 개봉)에서 수전 헤이워드가 가스실에서 맞는 죽음에 견줄 만하다.

「영광의 길」은 커크 더글러스가 주인공을 맡은 탓에 「킬링」보다 더 대단한 스타 파워를 가지고 있었다. 헤이든보다 훨씬 더 많은 출연료를 받은 더글러스(그는 「영광의 길」에서 35만 달러[4]를 벌었다)는, 평단의 찬사에도 불구하고 박스 오피스에서 저조한 성적을 거둔 빈센트 미넬리의 「열정의 랩소디」(1956)를 막 끝낸 참이었다. 하지만 더글러스는 돈을 벌어다 주는 사람으로서 높은 실적을 올리고 있었다. 1957년 초에 더글러스는 해리스와 큐브릭에게 그의 회사인 브라이너 프로덕션(자신의 어머니 이름을 따서 지은 탓에 더글러스는 어머니의 이름을 알릴 수 있었다)과의 협상에 동의하기만 한다면 「영광의 길」을 시작할 준비가 되어 있다고 말했다. 해리스는 더글러스의 에이전트 레이 스타크에 대해 이렇게 기억

---

4   2021년 현재 화폐 가치로 환산하면 약 38억 원.

했다. "그는 그 거래로 우리를 끝장냈어요. 그냥 우리를 파묻어 버린 거죠. 그는 매섭고 독한 에이전트였고 우린 절망적이었습니다." 해리스와 큐브릭은 브라이너와 영화 다섯 편을 만들기로 합의했다.

유나이티드 아티스츠는 「영광의 길」을 원하지 않았다. 스튜디오는 비도덕적인 장군들에 관한 침울한 영화가 흥행 성적이 안 좋을 것이고 또 프랑스에서 상영 금지가 될 거라고 정확하게 예측했다. 그러나 더글러스는 빈틈없는 협상가였다. 그는 유나이티드 아티스츠에 엄청난 상업적 성과를 가져다줄 조짐을 보이던(그리고 예상대로였던) 다른 프로젝트 「바이킹」5에서 손을 떼겠다고 협박하여 「영광의 길」을 통과시켰다.

큐브릭이 고등학교 때부터 알고 지내던 제럴드 프라이드가 큐브릭의 이전 세 작품에서와 같이 「영광의 길」의 음악을 작곡했다. 긴박하게 몰아치는 타악기 연주로 전장의 습격을 강조하는 프라이드의 스코어는 더없이 훌륭하다. 이 영화의 촬영 감독은 엘리아 카잔과 일했던 게오르그 크라우제였으나, 큐브릭은 「킬링」에서 자신의 카메라맨이었던 루시엔 밸러드에게 그랬듯 크라우제에게 정확히 무엇을 해야 하는지를 말해 주었다. 사실 큐브릭은 핸드헬드 카메라를 직접 다루었고, 여기서 중간 지대를 가로질러 포복하는 더글러스의 불안한 표정을 담아내는 데 사용했다. 이후의 영화들에서도 거칠게 밀치고 나아가는 듯한 핸드헬드 카메라 장면들은 항상 큐브릭 자신의 몫이었다.

큐브릭은 「킬링」에서 경주마를 쏘았던 괴짜 성격 배우 티머시 캐리

---

5 리처드 플라이셔(1916~2006) 감독이 연출하고 커크 더글러스, 토니 커티스, 재닛 리 등이 출연한 모험·액션 영화.

를 다시 한번 참여시켰다. 캐리는 「영광의 길」에서 유죄 선고를 받은 세 남자 중 하나로 돌아온다. 그가 맡은 모든 역할에서 캐리는 약간은 정신병적 분위기를 풍긴다. 그는 제멋대로 엉뚱한 즉흥 연기를 펼치며 더글러스를 격분하게 했고 큐브릭의 계획에 차질을 주었다. 캐리가 마지막 식사로 오리를 뜯는 장면을 찍는 데에 다섯 시간, 64테이크[6], 그리고 오리 18마리가 필요했다. 하지만 결국 캐리는 멋지게 해냈다. 그는 신부(평소에 악한 역할을 했던 에밀 메이어)의 어깨에 기댄 채 비틀거리면서 총살 집행 분대를 향하는 동안 감정을 주체하지 못해 징징거리며 흐느껴 우는 모습으로 관심을 끌었다. "이번에는 잘하는 게 좋을 거야. 커크 더글러스가 마음에 들어 하지 않거든." 이 장면을 촬영하기 전 큐브릭은 캐리에게 이렇게 약삭빠른 말을 했고 전략은 먹혔다.

「영광의 길」은 뮌헨 근처의 가이젤가슈타이크 스튜디오에서 촬영했다. 이는 더글러스의 영리한 생각이었다. 1956년에 독일은 저렴하게 영화를 찍을 수 있는 곳이었으며, 장군들이 상의하는 장소인 거대한 성 슐라이스하임 궁전이 스튜디오 가까이에 있었다.

대부분의 전쟁 영화가 그렇듯 「영광의 길」도 다수의 엑스트라가 필요했다. 큐브릭은 프랑스 군인을 연기할 독일 경찰 600명을 고용했다. 감독이 그들에게 천천히 이동하며 몹시 힘겹게 중간 지대를 통과하라고 지시하자 그들은 농담을 주고받았다. "아, 무슨 말인지 알겠어. 프랑스 놈들처럼 진군하라는 거잖아!"

큐브릭은 「영광의 길」의 전쟁터를 준비하는 데에 한 달이 걸렸고, 특

---

6 take: 카메라를 한 번 작동하여 촬영한 하나의 연속적인 화면 단위.

수 효과에 세심하게 신경 썼다. 독일의 영화 스튜디오 UFA에서 잔뼈가 굵은 에르빈 랑게가 할리우드의 전쟁 영화에서 주로 볼 수 있는 흙먼지 대신 잔해와 파편들이 빗발치듯 쏟아지는 폭발을 설계했다.

큐브릭은 가이젤가슈타이크에서 "위대한 영화감독의 마지막 슬픈 흔적을 찾았다"고 말했다. 막스 오퓔스의 마지막 영화인 「롤라 몽테」(1955)의 "부서지고 칠이 벗겨진" 세트였다. 정교한 트래킹 숏과 세련된 유럽 대륙의 분위기가 담긴 영화들로 유명한 오퓔스는, 큐브릭이 「영광의 길」 직후 가진 인터뷰에서 가장 좋아하는 영화감독이라고 말한 바 있다. 그는 오퓔스의 「쾌락」(1952)을 "수없이" 반복해 봤다고 고백했다. 오퓔스가 세상을 떠난 1956년 3월 26일, 큐브릭은 그를 기리며 중요한 촬영을 했다. 카메라는 화려한 성, 즉 군사령부에서 이야기를 나누고 있는 미로와 브룰라르 주위를 돌며 오퓔스 스타일로 구불구불 복잡하게 이동한다. 이것이 두 장군이 처음 등장하는 영화의 첫 장면이며, 빙글빙글 도는 큐브릭의 카메라는 그들이 꾸미는 마키아벨리즘적 책략을 나타낸다.

로맨틱하고 인간적이며 냉소적인 오퓔스라면 장교들에게 고풍스러운 귀족 분위기를 부여했을 것이다. 큐브릭의 수법에서 그들의 품위는 깊은 인상을 주기에는 너무 활기차다. 유능하고 자기중심적인 브룰라르와 미로는 평범한 사람들이 한꺼번에 죽음으로써 장군이 승진할 수 있는 그런 세계를 지배한다. 그들이 하는 모든 것은 계산된 춤이요 자기 잇속만 챙기는 게임이다.

「영광의 길」은 전쟁을 냉혹하고 금욕적인 시선으로 바라본다. 적군의 모습은 보이지 않으며, 죽어 가며 힘겹게 마지막 말을 내뱉는 병사도 없다. 초반부 장면에서 전장은 마치 달의 뒷면처럼 비어 있고 포탄의 파편과 구멍으로 인한 흔적뿐이다. 성은 휑뎅그렁한 동시에 삭막하며 병사들이 늘어선 참호는 고요한 두려움을 전한다.

브룰라르와 미로가 호화로운 사령부에서 의논을 하는 동안 카메라는 그들의 주위를 돌지만, 닥스가 참호를 활보할 때는 그와 함께 과감히 앞으로 이동한다. (「샤이닝」의 눈 덮인 미로에서 잭 역시 이 "돈 후안" 방식으로 촬영되었다. 즉 카메라가 배우 앞에서 그를 뒤돌아보며 둘 다 앞으로 나아간다.) 평소 세부 사항에 너무도 까다로운 큐브릭은 역사적 사실에서 벗어나 카메라 돌리[7]를 설치할 수 있도록 참호의 폭을 180센티미터 이상으로 넓혔다.

더글러스가 연기한 닥스는 네모진 턱을 지닌 솔직하고 빈틈없이 도덕적인 인물이다. 그가 중간 지대에서 공격을 지휘할 때 카메라는 부상병들을 요리조리 지나치며 트래킹 숏으로 그를 줄곧 따라간다. 전투 계획에 대한 그의 분노는 이후 군사 재판에서 세 병사를 열렬하게 변호하는 것처럼 더글러스의 자유주의적 이상을 뚜렷이 보여 준다. 그는 자신이 요구한 대로 닥스가 정의로워야 한다고 주장했을 것이다. 전해진 바에 의하면 그의 캐릭터는 적어도 한 장면에서 윗옷을 입지 않고 나와야 했다(초반에 그가 막사에서 세수를 하는 장면이 있다). 반쯤 감은 눈으로 힐끗 보며 점잖게 넌지시 얘기하는 음흉한 맥크리디와 멘주와는 대조적으로, 더글러스는 영웅적 행위가 좌절되어 이를 악문 채 거침없이 활

---

7 이동식 촬영대.

보한다.

멘주와 맥크리디는 둘 다 절대 과장하지 않고 그들의 부패한 악인의 이미지가 너무 고상하게 보이지 않게 탁월한 연기를 펼친다. 그에 반해 더글러스는 브룰라르에게 분노를 표출하며 그에게 "타락한 가학적 늙은이"라고 할 때 볼 수 있는 것처럼 가끔씩 과장된 연기를 한다. 닥스가 마지막으로 쏘아붙이는, 그의 도덕적 우월함이 극치에 달해서 나오는 "당신이 가엽소"라는 말은 제대로 효과를 거두지 못한다. 브룰라르는 그저 장군들이 짓는 표정을 지을 뿐이다. 처형이 끝난 후 그는 말한다. "그들은 아주 멋지게 죽었네." 그에게 사형 집행이란 훌륭한 구경거리에 불과하다. 브룰라르는 닥스가 미로를 고발하는 게 진급을 노려서가 아니라 정말로 분개해서라는 걸 깨닫고 그를 "멍청이"라고 부른다. 게리 기딘스는 이 장면에서 최고의 연기를 펼친 멘주의 말이 "장황하지도 억지스럽지도 않게" 들린다고 평한다. 그는 철저하게 진심이고 철저하게 타락했다. 여기서 브룰라르는 승리한다. 여기는 그의 세계이고 그의 전쟁이기 때문이다.

큐브릭의 실용적이고 빈틈없는 성격은 화를 잘 내는 멘주를 대하는 태도에서 분명하게 드러났다. 큐브릭은 「영광의 길」에 멘주를 출연시키기 위해 그를 속여야 했다. 그는 멘주가 주연이 될 것이며 브룰라르는 "최선을 다하는 훌륭한 장군"이라고 말했다. 촬영장에서 둘 사이에 불화도 있었다. 어느 날 큐브릭이 원한 테이크 수에 불만을 가진 멘주가 짜증을 부리며 스물아홉 살 감독에게 "배우를 지도하는 기술"의 경험이 부족하다고 말했다. 큐브릭은 늘 그랬듯 침착하고 조용하게 멘주

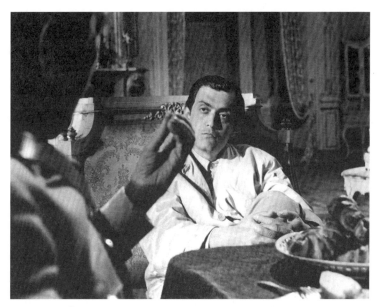

「영광의 길」 세트에서 큐브릭, 전경에 보이는 인물은 아돌프 멘주
(포토페스트/워너브라더스 제공)

에게 말했다. "이건 아니니까요. 그리고 여러분은 잘하시니까, 우린 제
대로 할 때까지 계속할 거예요." 젊은 초짜 큐브릭이 자신에게 유리하
도록 써먹는 아이처럼 천진난만한 솜씨가 여기 있다. 멘주 같은 노련한
스타에게 "여러분은 잘한다"라니!

큐브릭은 멘주뿐만 아니라 주연인 더글러스도 영리하게 다루었다.
큐브릭은 「영광의 길」의 용감한 영웅이 되길 바라는 더글러스의 요구
를 충족해 줄 뿐만 아니라 이야기를 둘러싼 역설적 구조를 제시함으로
써 그의 기대를 저버리는 일도 아주 능숙하게 해야 했다. 빈정거리는
사람은 멘주가 맡은 브룰라르로, 그는 이후 「아이즈 와이드 셧」의 강렬

하게 냉소적인 지글러의 전조前兆와도 같은 인물이다. 그럼에도 더글러스는 완성된 영화를 마음에 들어 했다.

「영광의 길」의 결말에서 우리는 닥스의 병사들이 전선으로 돌아가리라는 걸 알게 된다. 전처럼 모든 게 헛된 일이 될 것이다. 처형된 병사들은 모든 전사자와 마찬가지로 결국 기억에서 사라진다. 모든 의미심장한 측면에서 닥스는 패배했다. 큐브릭은 더글러스에게 보통 사람을 억압하는 비열한 상사들에 대한 인도적인 이상理想의 승리라는 카타르시스를 안겨 주길 거부했다. 닥스가 순진한 국외자局外者에 머무르는 데 반해 압제자들인 미로와 브룰라르는 큐브릭의 세계에 딱 들어맞는다.

이 출구 없는 결말은, 닥스가 전투에서 승리할 수 없다는 걸 아주 잘 알고 있음에도 자신의 병사들을 앤트힐의 살육으로 이끄는 어리석은 행위와 같은 스탠리 크레이머[8]풍의 자유주의적 경건함으로부터 「영광의 길」을 구원해 준다. 무심한 관객은 닥스가 미로와 브룰라르가 하는 것과 다를 바 없는 전쟁 기계의 역할을 한다는 사실을 깨닫지 못한 채 그의 위압적인 맹비난에 공감할 것이다. 그러나 큐브릭이 보여 주는 요점은 명확하다. 전쟁이란 순간을 위해 혹은 그저 상징적인 이득을 위해 엄청난 피를 봐야 하기 때문에, 모든 군인은 소모품에 불과하다.

「영광의 길」의 마지막 몇 분 동안, 포로로 잡힌 한 독일 여성이 여관에 있는 프랑스 군인들 무리 앞에서 어쩔 수 없이 노래를 부른다. 여관 주인은 어찌할 바를 모르는 무력한 그녀를 무대로 내보낸다. 처음에 병

---

8 「뉘른베르크의 재판」(1961), 「초대받지 않은 손님」(1967) 등 정치적·사회적 이슈를 다루어 온 할리우드의 거장 감독(1913~2001).

사들은 그녀를 조롱하지만 이내 그녀의 노래에 눈물을 흘리게 된다.

크레디트에는 예명인 수전 크리스티안으로 이름을 올린 크리스티안 할란이 이 독일 여성을 연기한다. 짧은 금발 머리와 동정심을 불러일으키는 까만 눈을 한 그녀는 겁을 먹었지만 또한 위안을 준다. 세 병사를 끔찍하게 처형함으로써 우리에게 카타르시스를 안겨 주기를 거부한 큐브릭은, 할란이 고른 독일인이 사랑하는 옛 노래인 가슴 저미는 〈충직한 경기병〉으로 우리 마음을 정화한다. (루이 암스트롱은 1956년 「에드 설리번 쇼」[9]에서 영어로 이 노래를 불렀다.) 할란은 소녀 같을 뿐만 아니라 어머니 같은 모습도 지니고 있으며, 영화에 등장하는 유일한 여인으로서 남자들이 드러낼 수 없는 슬픔을 표출한다.

지미 해리스는 큐브릭이 어떻게 이 마지막 장면을 만들어 냈는지 기억했다. "있잖아, 영화의 결말에 뭔가 더 있어야 할 거 같아." 그가 생각에 잠기며 해리스에게 말했다. "독일 여자가 강제로 노래 부르는 건 어떨까?" "이걸 뮤지컬로 바꾸겠다고?" 깜짝 놀란 해리스가 대답했다. "어쨌거나 여자는 어떻게 찾을 건데?" "딱 맞는 사람이 있어." 큐브릭이 엷은 미소를 지으며 응답했다. "맙소사, 스탠리. 안 돼, 너 설마 여자 친구를 얘기하는 거야?" 해리스가 소리를 질렀다. "좋아, 일단 찍어 보자. 그 장면이 마음에 안 들면 안 쓰면 되잖아." 큐브릭이 쌀쌀맞게 말했다. 나중에 안 일이지만 해리스는 촬영장에서 다른 모든 이들과 마찬가지로 감동했고 이 장면은 영화에 남게 되었다.

사실 할란은 해리스의 짐작대로 큐브릭의 애인이었다. 큐브릭은 어

---

9 CBS에서 1948년부터 1971년까지 방영한 버라이어티 쇼 프로그램.

느 날 밤 독일 TV 방송에서 그녀를 처음 보고 강렬한 인상을 받았다. 며칠 후 그는 그녀의 연기를 보러 뮌헨에 있는 카머슈필레 극장으로 갔다. 완전히 매료된 그는 이후 뮌헨의 요란한 축제인 파싱Fasching 기간에 펼쳐진 적십자 자선 행사에서 그녀를 찾아냈다. "그는 댄스 파티에서 술에 취해 돌아다니는 그런 사람이 아니었어요." 할란이 떠올렸다. 큐브릭은 파티복을 입지 않은 유일한 사람이었다. "독일의 축제에서 사람들은 진짜 옛날식으로 취해요. 최악의 저질이죠. 오줌이 강물을 이루고 있었어요. 그는 잔뜩 겁에 질렸고요. 스탠리는 그걸 잊은 적이 없어요."

이 난장판 축제는 큐브릭에게 깜짝 놀랄 정도로 빠르고 유려하게 촬영된 시끌벅적한 가면무도회 장면이 등장하는 오퓔스의 「쾌락」을 떠오르게 했을 것이다. 거기서 춤추는 이는 과감하게 다리를 차올리고는 기절하는데, 그는 젊은이의 페이스를 유지할 수 없는 노인이라는 게 밝혀진다. 할란을 향한 욕망에 이끌린 큐브릭은 흥청거리는 파티에서 다른 종류의 아웃사이더였다. 「아이즈 와이드 셧」의 난교 파티 장면에서 정체가 드러난 빌 하퍼드처럼 큐브릭은 뮌헨에서 여긴 자신이 있을 자리가 아니며 위험에 빠진 것 같은 기분을 느꼈다.

할란이 등장하는 장면이 촬영되기 전, 그녀는 이미 큐브릭과 동거하고 있었다. 이듬해인 1958년 초에 그녀는 그의 세 번째 아내가 되었다. 스탠리와 크리스티안은 그의 삶이 끝날 때까지 40년 이상을 함께했다.

할란에게는 악명 높은 친척이 있었다. 그녀의 큰아버지인 파이트 할란이 나치의 아주 유명한 선전 영화 중 하나인 「유대인 쥐스」의 감독이었던 것이다. "스탠리와 저는 너무도 다른, 이렇게 어처구니없이 상반된 출신 배경을 가지고 있습니다." 크리스티안이 인터뷰어에게 말했다. "그게 우리에게 뭔가 특별한 걸 주었다고 생각해요. 저는 스탠리와 같은 사람에게는 끔찍하고 비극적인 집안 출신이에요. 하지만 제게 큰아버지는 정말 재미있는 사람이었어요. 우리 아버지와 함께 서커스단에 들어가려고 한 적도 있었대요. 그들은 곡예사였어요. 저를 이리저리 던졌죠. 완전히 광대의 세상이었어요. 그토록 죄를 저지른 누군가를 제가 그렇게 속속들이 알 수 있을 거라고는 아무도 상상할 수 없을 겁니다. 아직도 모르고요."

큐브릭은 크리스티안이 그녀의 큰아버지를 통해 나치의 악랄함과 관련되어 있다는 충격적인 사실을 놀라운 방식으로 다루는, 파이트 할란과 「유대인 쥐스」에 대한 영화를 만들 생각을 잠깐 한 적이 있다. 큐브릭은 아내에게는 알리지 않은 채, 크리스티안과 같은 또래인 열 살짜리 독일 소녀가 전쟁 중 나치에게 쫓기는 유대인들을 만난다는 내용의 대본까지 쓰기 시작했다. ("저는 안네 프랑크가 쫓겨났던 곳으로 이사를 온 어린 소녀였습니다." 오랜 시간이 지난 후 크리스티안은 인터뷰어에게 이렇게 말했다.)

크리스티안은 큐브릭이 전쟁이 끝나고 얼마 되지도 않아 유대인으로서 독일에 있다는 사실에 불안해하긴 했지만 거기서 즐거운 시간을 보냈다고 회상했다. 그는 특히 그녀의 친척들을 좋아했다. "옷을 잘 차려입은 시끌벅적한 사람들"인 그들 대부분은 무대와 영화 관련 일을 하고 있었다. (그녀의 부모님은 두 분 다 오페라 가수였다.) "그분들은 과시욕이 강한 사람들이었는데, 그렇게 보이고 또 그렇게 행동했어요. 저는 좀 당황스러웠죠." 그녀가 떠올렸다. "정말 재미있는 사람들이었기 때문에 스탠리는 그들을 좋아했어요. 유명한 영화배우인 제 큰어머니는 스웨덴 사람(크리스티나 쇠더바움[10])이었어요. 정말이지 누구보다도 술을 잘 마셨고 무척 사랑스러운 분이었죠. 그는 제 큰어머니와 친해졌는데 모두에게 그를 소개해 준 사람이 그녀였어요." 크리스티안은 큐브릭이 미래의 자기 아내가 "테이블 위에서 춤추는 그런 부류의 사람이 전혀 아니었다"는 사실에 기뻐했다고 덧붙였다.

내가 2018년 여름 영국에서 크리스티안의 그림들에 둘러싸인 채 그녀와 이야기를 나누었을 때, 여든여섯 살인 그녀는 여전히 스탠리 큐브릭이 사랑에 빠졌던 바로 그 여인이었다. 그녀는 다정하고 재치 있고 완벽한 유머 타이밍과 유창한 말솜씨를 지닌 이야기꾼으로, 그 신랄한 감수성은 큐브릭에 필적할 만했다.

1957년 말에 큐브릭은 할란과, 그녀가 전남편과의 사이에서 낳은 세 살배기 딸 카타리나와 함께 독일에서 로스앤젤레스로 돌아왔다. "우린 둘 다 불행한 결혼 생활을 했고 두 번 다시 결혼하지 않겠다고 결심했었어요. 온통 증오에 차서 꼬여 있었죠." 크리스티안이 말했다. "그러고는 곧바로 결혼했으니, 아마도 사랑이었나 봐요." (스탠리와 크리스티안은 1958년 4월 14일 라스베이거스에서 결혼했다. 하지만 뉴욕주는 1961년에야 루스 소보트카와의 이혼 판결을 내렸다.) LA에 온 크리스티안은 UCLA에서 그림과 데생, 그리고 영어를 배웠다. 그녀는 연기 경력이 있음에도 자신을 항상 화가로 생각했으며 「영광의 길」에 출연한 후에는 다시 연기를 하

---

10 「유대인 쥐스」를 비롯한 파이트 할란의 여러 영화에 출연한 스웨덴 출신의 배우(1912~2001).

지 않았다. 하지만 그녀의 그림은 「시계태엽 오렌지」와 「아이즈 와이드
셧」을 포함한 큐브릭의 여러 영화에서 중요한 역할을 한다.

「영광의 길」이후 "우린 비벌리힐스의 가난뱅이"였다고 크리스티안
이 떠올렸다. "영화에 정통했던" 큐브릭의 어머니 거트는 여전히 아들
의 옷을 사고 있었다. 「스파르타쿠스」이전에 큐브릭은 포커를 쳐서 돈
을 벌었다. "저는 신경 쇠약으로 만신창이가 돼 있었어요. '오 맙소사,
나는 남편이 식탁에 식사를 차리기 위해 포커를 쳐서 돈을 버는 거친
서부로 왔구나'라는 생각이 들었죠." 큐브릭은 지미 해리스와 빈스 에
드워즈는 물론 마틴 리트[11], 콜더 윌링햄, 에버렛 슬로언[12] 등 함께 카드
를 치는 친구들에게 대단히 현명한 충고와 아주 정확한 확률표가 담긴
허버트 야들리의 통쾌한 자서전 『포커 플레이어 교수법』을 읽으라고
강요했다. 큐브릭은 자신의 포커 패거리에게 메모 카드에 확률표를 기
록하게 했다.

한편 큐브릭은 스튜디오들과 정체기에 머물러 있었다. 그는 몇 년 후
마이클 헤어에게 "50년대에 영화 스튜디오가 운영된 방식은 1차 세계
대전에서 거둔 연합국의 승리에 대한 클레망소의 언급[13]을 떠올리게
하는데, 우리 장군들은 그들의 장군들보다 아주 조금 덜 멍청했기 때
문"이었다고 말했다. 큐브릭은 50년대 말까지 스튜디오 시스템으로부

---

11 존 르 카레의 소설을 원작으로 한 「추운 나라에서 온 스파이」(1965), 「스탠리와 아이리스」(1990)
 등 사회적 이슈를 다룬 작품들로 잘 알려진 미국의 영화감독(1914~1990).

12 「시민 케인」으로 데뷔한 이래 여러 영화와 무대, TV, 라디오 등에서 활동을 펼친 미국의 배우
 (1909~1965).

13 1차 대전 당시 '승리의 아버지', '호랑이' 등으로 불리던 프랑스의 총리이자 연합군 최고 사령관이던
 조르주 클레망소는 프랑스를 승리로 이끌었던 인물이다. 큐브릭은 「닥터 스트레인지러브」에서 "전
 쟁은 장군들에게 맡기기에는 너무 중요하다"라는 그의 유명한 말을 인용했다.

터 실질적인 독립을 이루게 되지만, 그는 먼저 그들에게 돈을 벌어 줄 수 있다는 것을 입증해 보여야 했다.

「영광의 길」은 1957년 크리스마스에 개봉했다. 『뉴욕 타임스』의 보슬리 크로더가 작품을 혹평했지만, 이 영화에 대한 그의 반감은 1974년까지 상영 금지를 한 프랑스 정부의 반응에 비하면 아무것도 아니었다. 프랑스인들은 특히 제럴드 프라이드가 스코어로 사용한 국가國歌 〈라 마르세예즈〉에 격분했던 것 같다. 베를린의 영국인 지구에서는 프랑스 군인들이 악취탄을 던지며 상영을 저지했다. 게다가 베를린 영화제는 프랑스의 압력에 굴복해 「영광의 길」의 상영을 거부했다. 「킬링」과 마찬가지로 「영광의 길」은 이익을 내지 못했다.

그의 재정 상태가 심각한 곤경에 빠지려던 참에, 스물아홉 살의 큐브릭은 할리우드의 정상급 흥행 배우인 말런 브랜도의 주목을 끌게 되었다. 당시 브랜도는 젊은 샘 페킨파가 빌리 더 키드와 팻 개럿에 관한 찰스 니더의 소설을 각색해 대본을 쓴 서부 영화를 파라마운트와 하기로 계약한 상태였다. 물론 브랜도는 빌리 역을 맡을 것이었다. 이제 그에게 필요한 건 배우들과 감독뿐이었다. 「킬링」을 마음에 들어 했던 브랜도는 「영광의 길」이 끝난 후인 1958년 초 큐브릭에게 이 서부 영화를 권유했고, 큐브릭은 즉시 이를 받아들였다.

커크 더글러스는 큐브릭이 브라이너와 했던 연출 합의에도 불구하고 그와 브랜도와의 작업을 너그럽게 승낙했다. 큐브릭에게 위험 요소는, 브랜도는 역시 브랜도이기 때문에 감독보다는 이 스타가 모든 걸 끌고 나갈 것이라는 점이었다. 하지만 큐브릭은 브랜도의 특별한 흥행

파워가 그만한 가치가 있을 거라고 생각했다.

유감스럽게도, 브랜도가 「애꾸눈 잭」이라는 제목을 붙인 그의 서부 영화는 지속적인 난관에 봉착했다. 큐브릭은 페킨파의 대본을 싫어해서, 이를 수정하기 위해 브랜도를 설득하여 자신의 오랜 시나리오 작업 파트너인 콜더 윌링햄을 데려왔다. 스토리 회의가 1958년 여름 내내 질질 이어져서, 9월에 브랜도의 아내가 그를 떠난 후에는 멀홀랜드 드라이브에 있는 그의 집으로 옮겨서 계속했다. 대본을 자기 뜻대로 하고 싶었던 것이 분명한 브랜도는 감정을 드러내지 않은 채 바닥에 책상다리를 하고 앉아 거대한 중국 징을 쾅 쳐서 논쟁을 중단했다.

윌링햄은 이듬해에 큐브릭에게 쓴 편지에서 브랜도와 포커를 치는 게 얼마나 끔찍하게 지루했는지 상기했으며, 큐브릭이 스타의 계획에 협조하는 데 대해 자신이 아직도 분개하고 있다고 덧붙였다. 지겹도록 반복된 카드 게임과 논의는 11월에 브랜도가 더 이상 큐브릭이 필요 없다는 걸 분명히 하며 마침내 끝이 났다. 브랜도는 이제 「애꾸눈 잭」을 직접 연출하고 싶어 했다. 그동안 그는 칼 말든을 40만 달러라는 충격적인 출연료에 캐스팅했으며 촬영 예산은 더욱 엄청날 것이었다. 「애꾸눈 잭」은 적자의 바다에서 헤어나기 어려운 지경이었지만 결국 1961년 개봉되었고 브랜도의 신출내기 감독 경력에 브레이크를 걸었다. 12년 후 페킨파는 자신의 각본을 가지고 돌아와 어쩌면 그의 가장 훌륭한 영화일지도 모르는 「관계의 종말」을 만들었다.

"저는 브랜도가 영화를 감독하는 동안 말하자면 그의 호위기護衛機 역할을 한 것뿐이었습니다." 큐브릭은 「애꾸눈 잭」의 대본 작업에 대해 이렇게 기억했다. 그러는 동안 큐브릭은 거의 2년 동안 영화를 만들지 못했다. 하지만 그 상황은 이제 막 바뀌려는 참이었다. 1958년 2월, 아직 브랜도와 얽혀 있는 동안 큐브릭은 커크 더글러스로부터 예상치 못한 전화를 받았다.

더글러스는 로마를 뒤흔들었던 실패한 노예 반란의 리더인 검투사 스파르타쿠스를 작업하고 있었다. 그는 소설 『스파르타쿠스』(1951)의 작가 하워드 패스트에게 판권을 사서 블랙리스트에 오른 돌턴 트럼보[14]를 시나리오 작가로 썼다. 유니버설 영화사는 앤서니 만을 감독으로 할 것을 고집했는데, 촬영장에서 일주일 반을 보내고 나자 더글러스는 만이 제대로 해내지 못하고 있다고 생각했다. 만은 더글러스의 연기를 비난하는 실수를 저질렀다. 그는 더글러스가 영화 초반에 스파르타쿠스를 "네안데르탈인"과 "멍청이"처럼 잘못 연기한다고 지적했다. 결국 만은 떠나야 했고 더글러스는 그를 대신할 사람으로 큐브릭을 즉각 떠올렸다.

더글러스는 큐브릭이 주말 포커 게임을 하고 있는 도중에 연락해 24시간 안에, 월요일 아침 일찍 시작을 해야 한다고 말했다. 패스트의 『스파르타쿠스』는 이미 큐브릭이 아주 좋아하는 소설이었기 때문에 그는 망설이지 않았다. 그러나 큐브릭에게 본격적인 검과 샌들 대작 영화[15]

---

14 1947년, 공산주의 활동을 조사하던 반미활동위원회에 나와 증언하기를 거부한 할리우드의 각본가, 감독들은 의회 모욕을 이유로 블랙리스트에 올랐다. 이 명단에 오른 최초의 10명은 '할리우드 텐'이라 불렸고 이 블랙리스트에 포함된 배우, 감독, 각본가, 음악가를 비롯한 수백 명의 연예 산업 종사자들은 일자리를 잃게 된다. 할리우드 텐 중 가장 유명한 인물은 이후 「로마의 휴일」(1953), 「영광의 탈출」(1960), 「빠삐용」(1973) 등의 대본을 쓴 돌턴 트럼보다. 이와 관련한 이야기가 제이 로치 감독의 영화 「트럼보」(2015)에 잘 묘사되어 있다.

15 Sword-and-sandal: 고대 그리스·로마를 배경으로 주로 역사, 성경, 신화의 이야기를 담은 이탈리

연출은 새로운 영역이었다.

「스파르타쿠스」가 개봉된 후 한 기자가 큐브릭에게, 더글러스를 비롯해 로렌스 올리비에, 찰스 로턴, 피터 유스티노프, 토니 커티스, 그리고 진 시먼스 같은 유명한 출연진과 함께 작업한 것이 신나는 일이었는지를 물었다. 큐브릭은 움찔하며 빈정거렸다. "그럼요. 아시다시피 훌륭한 식사와 황금 식기를 받았으니까요." 이 영화를 만드는 일은 파티 같은 게 아니었다. 더글러스가 소집한 이 까다로운 배우 클럽은 끊임없이 반목했다. 양성애자인 올리비에는 토니 커티스와 시시덕거리지 않을 때면 로턴에게 그의 대사를 어떻게 읽는지 알려 주었는데, 올리비에가 25만 달러를 받은 데 비해 로턴은 겨우 4만 1천 달러를 받았기 때문에 올리비에의 조언은 그의 기분을 상하게 했다.

감독이 된 후 처음으로 큐브릭은 자신을 둘러싼 유명 인사들에게 우위를 빼앗겼다. 어느 날 촬영장에서 그는 자기 배우들인 올리비에와 로턴이 자신에 대해 속닥거리는 것 같다는 생각이 들었는데, 알고 보니 그들은 대사를 읊고 있었다. 큐브릭은 이 영화를 감독하고 있었지만 「스파르타쿠스」에서 그는 과거 어느 때보다 더 권위에 대한 도전을 받고 있었다.

큐브릭은 촬영 감독인 할리우드의 베테랑 러셀 메티 때문에 애를 먹었다. 메티는 감독이 자신의 어깨너머로 살펴보며 특정한 렌즈나 카메라 앵글을 요구하는 데에 익숙지 않았다. 큐브릭이 카메라 렌즈를 통해

아의 시대극 영화. 유사한 주제의 할리우드 대작 시대극을 일컫는 표현으로도 쓰인다.

응시하는 동안 메티는 그의 뒤에 쭈그리고 앉아 자기 지포 라이터가 뷰파인더라도 되는 양 그걸 들여다보는 척하며 이 젊은이를 놀렸다. 메티가 어느 순간 자신의 잭 다니엘 커피 잔 위로 으르렁거리듯 말을 내뱉은 일은 유명한 일화다. "저 브롱크스 출신 유대인 꼬마 좀 내 크레인에서 치워 줘." 그러나 겨우 서른 살인 데다 나이보다 더 젊어 보이기까지 한 큐브릭은 냉담함을 잃지 않은 채 메티에게 그가 할 일을 계속 지시하고 있었다. 「스파르타쿠스」의 카메라워크는 특히 검투사의 싸움 장면에서 리드미컬하며 기교적인데, 이는 메티보다는 큐브릭이 거둔 성과다.

큐브릭은 메티를 배제할 수도 있었지만, 그는 「스파르타쿠스」의 마지막 전투 장면 스토리보드를 그리고 검투사 학교를 디자인한 솔 바스에게 크게 의존했다. 여러 히치콕 영화[16]의 타이틀 시퀀스로 유명한 바스는 로마군의 기하학적 대형에 도움을 준 뛰어난 디자이너였다. 바스는 노예군이 크라수스의 로마군에게 불타는 통나무를 굴려 보낸다는 탁월한 아이디어를 내놓았다.

「스파르타쿠스」에 흐르는 둔감하고 완전히 서사적인 분위기는 큐브릭 특유의 비관주의와 블랙 유머가 담길 여지를 거의 주지 않았다. 그러나 가끔씩 이 작품은 큐브릭의 영화처럼 보인다. 크라수스(올리비에)가 달팽이와 굴을 둘 다 좋아한다는 중의적 표현으로 노예 안토니누스(커티스)를 유혹하고자 할 때(검열에서 통과하지 못할 것을 우려한 유니버설 영화사가 미국 개봉 시 삭제한 장면), 큐브릭은 두 남자를 멀리서 보여 준다.

---

16 「현기증」(1958), 「북북서로 진로를 돌려라」(1959), 「사이코」(1960).

그는 인터뷰어 지나에게 이렇게 말했다. "이 장면 전체는 그의 욕조를 가리는, 안이 거의 비치는 일종의 커튼을 사이에 두고 롱 숏으로 촬영했어요. 사람의 모습은 스크린 높이의 절반 크기밖에 안 되죠. 그리고 이렇게 함으로써 우리는 누군가(즉 관객)가 옆방을 엿듣는 것 같은 그런 효과를 거두었다고 생각합니다."

이 장면은 급격하고 신랄한 방식으로 끝난다. 크라수스가 영원한 로마에 대한 복종의 의무를 이야기하는 동안 우리는 그가 혼잣말을 하고 있다는 걸 깨닫는다. 안토니우스는 노예 반란에 가담하기 위해 떠나 버린 것이다. 영화에서 몇 안 되는 다른 장면에서처럼, 큐브릭의 지독히 역설적인 특징을 여기서 볼 수 있다.

큐브릭은 또한 더글러스와 에티오피아인 노예 드라바 역을 한 우디 스트로드의 장면에서 최고의 연기를 이끌어 내기도 했다. 이 두 남자는 크라수스와 그의 수행단 앞에서 한쪽이 죽을 때까지 해야 하는 싸움을 기다리고 있다. 아무 말 없이 견딜 수 없을 정도로 긴장된 장면에서 카메라는 이 둘 사이에서 클로즈업으로 숏과 리버스 숏[17]을 오간다. 드라바는 더글러스에게 싸늘하고 위협적인 미소를 보내지만 대결 도중 그의 목숨을 살려 준다. 큐브릭은 그 장면에서 스트로드에게 어떻게 하라고 말해 주는 대신 프로코피예프의 음악을 틀어 줬고, 그 음악은 스트로드가 에티오피아인 검투사의 당당한 품위를 떠올리는 데 도움을 주었다. 큐브릭은 가끔 배우들을 장면에 끌어들이기 위해 그들에게 음악

---

17 Shot/reverse shot: 두 등장인물이 마주 보고 대화를 나눌 때 흔히 쓰이는 촬영·편집 방식으로, 한 인물이 상대방을 바라보는 장면이 보여진 후 그 상대방이 앞선 인물을 보는 장면이 등장한다. 이를 통해 관객은 두 인물이 서로를 바라보고 있다는 걸 알 수 있다.

을 틀어 주길 좋아했다. 이에 대해 그는 이렇게 말했다. "아시겠지만 무성 영화 배우들이 쓰던 장치예요. 촬영하는 동안 그들을 위해 연주하는 각자의 바이올린 연주자가 모두에게 있었죠."

큐브릭은 인터뷰어인 다니엘 헤이만에게 「스파르타쿠스」는 "만족하지 못한 유일한 영화"였다고 이야기했다. "커크가 제게 대본을 보여 줬을 때 그에게 처음 했던 얘기는 이건 아닌 것 같다는 말이었어요. 그러자 그가 말하더군요. '그래, 그래, 그래, 네 말이 맞아.' 하지만 바뀐 건 아무것도 없었죠." 트럼보에 휘둘린 더글러스는 결국 "바보 같은 것들 중 무엇 하나도 바꾸지" 않았다. 한번은 더글러스가 스타의 정신생활을 더 잘 이해할 수 있도록 큐브릭을 자신의 정신 분석 전문의에게 데려가 만나게 한 적도 있다. 그러나 그게 영화에 대해 티격태격하는 그들의 다툼을 줄여 주진 못했다.

더글러스는 확실하게 영웅적인 늠름한 스파르타쿠스를 원했다. 당시 브라이너 프로덕션의 보좌관이던 스탠 마걸리스에게 쓴 편지에서 더글러스는 대본에서 스파르타쿠스가 있는 그대로 너무 많은 고통을 받는다고, 그의 "우울함"이 문제라고 걱정했다. "우리가 스파르타쿠스를 의혹과 두려움을 지닌 지나치게 인간적인 모습으로 그리면 아마도 실수하는 게 아닐까 생각해요." 더글러스가 덧붙였다. 더글러스는 스파르타쿠스가 "카운터펀치"를 너무 많이 날린다고 생각했고 영웅은 "포효하는 군중을 가까이 끌어모으지" 않는다고 우려했다. 더글러스는 이렇게 요약했다. "내가 하고 싶은 말은, 이 반란이 정당하다는 것을 스파르타쿠스가 관객에게 직접 설득해야 한다는 겁니다… 그저 일을 잘 시

작하는 것, 그리고 한 사람이 이끌어 갈 힘을 쥐고 있는 한 계속 나아가
는 것만이 굉장한 자극과 즐거움을 주니까요."

　모든 게 더글러스의 뜻대로 되지는 않았다. 스파르타쿠스가 실패를
향해 나아가듯 큐브릭의 그런 음울한 감각은 영화의 중요한 요소다. 스
파르타쿠스가 즐거움을 주는 반역자는 아니다. 자신이 이끄는 남녀를
바라볼 때 따사로운 만족감에 차오르지만, 그는 활기에 넘치기보다는
좀 더 엄숙하다. 노예들은 승리를 축하하지 않고 도리어 로마와의 전투
에서 패하며, 이 반란에는 우리가 알다시피 결국 닥치게 될 패배의 그
림자가 끊임없이 드리워진다.

　큐브릭은 제작 기간 읽은 아서 케스틀러의 소설 『검투사들』(1939)에
서 묘사된 것처럼 스파르타쿠스가 반란으로 인명이 희생될 거라는 불
안감에 괴로워하길 바랐다. 유스티노프는 강박적이고 의혹에 휩싸인
스파르타쿠스라는 큐브릭의 아이디어를 지지했다. 제작 도중 언젠가
큐브릭에게 쓴 편지에서 유스티노프는 영화의 주인공을 단순화하려는
더글러스의 계획에 기탄없이 반대했다. 그는 스파르타쿠스의 "의심, 그
의 혼란스러움은 실행과 단호한 결정을 위해 희생되었어. 자신이 무엇
을 원하는지 알고 그걸 이루는 남자보다 더 따분한 건 없지"라고 불평
했다. 유스티노프의 편지는 감독에게 큐브릭의 영화에서 주인공은 대
체로 혼란스러워한다는 사실을 확실히 일깨워 주었지만, 그에 비해 스
파르타쿠스는 이례적으로 냉철해 보인다.

　유스티노프는 또한 큐브릭에게 이 영화가 로마를 "긍지를 지닌… 위

풍당당하고 고집스러운" 모습으로 묘사하는 대신 부패하고 엉클어진 로마 정치의 본질에 초점을 맞춰야 한다고 말했다. (촬영 기간 중 살루스티우스와 플루타르코스를 읽은 큐브릭은 분명 동의했을 것이다.) 유스티노프는 영화에서 로마의 당쟁이 "진부한 책략"이었기 때문에 정치적 음모의 묘사가 이루어지지 않았다고 주장했다. 유스티노프에게 크라수스는 "스파르타쿠스를 이해하고자 하는 그의 욕망이 모호하고 괴롭기보다는 한때 그랬던 것처럼 조바심을 내고 부자연스러워지기" 때문에 실망스러운 인물이었다.

유스티노프가 로마의 속성이라고 본 부패는 「영광의 길」, 「닥터 스트레인지러브」, 「시계태엽 오렌지」, 「배리 린든」, 그리고 「풀 메탈 재킷」에서처럼 큐브릭이 권력의 세계를 묘사할 때 자주 등장한다. 그래서 큐브릭은 분명 유스티노프의 견해에 호의적이었을 것이다. 하지만 「스파르타쿠스」는 유스티노프가 원했던 것보다 훨씬 더 단순화되었다. 주인공은 의혹에 괴로워하지 않으며 그의 주된 로마인 라이벌 크라수스는 「영광의 길」의 브룰라르처럼 음모를 꾸미는 역겨운 권력자가 아니라 그저 로마의 영원한 위대함에 대해 얄팍한 보수적 클리셰만을 읊어 댈 뿐이다. 트럼보는 시사적인 내용을 엉뚱하게 비꼬아, 결말에서 "국가의 적"을 색출하고 "불충한 녀석들 리스트를 다 모았어"라며 의기양양한 크라수스를 조지프 매카시[18] 같은 인물로 만들어 버렸다.

배우들을 다루는 데 능숙한 큐브릭은 「스파르타쿠스」의 촬영장에서

18　공화당 소속 상원 의원으로 있으며 1950년대 초반 미국을 휩쓴 '무차별적 반공산주의 열풍(매카시즘)'을 주도한 인물.

시험대에 올랐다. 더글러스와의 싸움에 더해 그는 또한 아주 불만스러운 올리비에를 달래 줘야 했다. 6월에 큐브릭은 올리비에에게 촬영이 끝난 후 종파티에 가지 못한 걸 사과하는 편지를 썼다. "완성된 영화를 보시면," 큐브릭은 이렇게 썼다. "어떤 면에서는 지금 당신이 우려하는 것보다 덜 불안해할 것입니다. 어쨌든 당신 생각과 맞지 않았던 것들에 대해 보여 주신 너그러운 행동에 대해 감사를 드립니다."

「스파르타쿠스」는 가끔씩 전혀 큐브릭답지 않은 건전한 대중적 색채를 드러낸다. 폴린 케일은 「스파르타쿠스」의 노예들을 "이동하는 거대한 키부츠[19]"라고 묘사했는데, 아기들은 놀고 남자들은 고기를 굽고 여자들은 천을 짜고 모두가 서로를 보살피며 로마의 잔인함과 방종에 시달린 그들에게 마음 깊은 치유를 안겨 주는 걸 보면 정말 그렇다. 트럼보와 더글러스가 제공한 이 반역사적인 엉터리 장면은 큐브릭의 날카로운 눈을 만족시킬 수가 없었다.

큐브릭은 그가 「영광의 길」에서 했던 것처럼 「스파르타쿠스」에서 주인공이 대가를 치르는 아이러니를 절묘하게 표현할 수 없었다. 하지만 그는 관객을 즐겁게 했던 중요한 한 장면에 발끈했다. 큐브릭은 영화의 가장 유명한 순간인, 스파르타쿠스의 동지 노예들이 로마인들에게 그의 정체를 숨기려고 각자 바로 내가 당신들이 찾는 남자라고 선언하는 "내가 스파르타쿠스다" 장면을 싫어했다.

영화의 마지막 장면은 진짜 큐브릭답게 보인다. 스파르타쿠스와 그와 함께 반란에 가담한 노예들이 십자가에 매달려 끝없이 늘어서 있다.

---

19 이스라엘의 집단 농장.

바리니아(진 시먼스)는 남편에게 아기를 보여 주며 말한다. "당신 아들이에요. 이 아이는 자유로워요, 스파르타쿠스. 이 애는 자유, 자유롭다고요." 이제 영화 최고의 순간이라고 할 만한 장면이 나온다. 십자가에 못 박혀 고통스러운 스파르타쿠스는 아무 말도 하지 않는다. 스파르타쿠스는 바리니아가 기대하는 할리우드식 결말을 거부한다. 자신의 아이에게서 끊임없이 이어지게 될 자유의 추구에 응하는 게 아니라, 그는 패배의 고통 속에 머물러 있다.

이 장면을 촬영할 때 큐브릭은 아버지가 되었다. 스탠리와 크리스티안의 첫 아이 안야는 1959년 4월 1일에 태어났다(이듬해 8월, 「스파르타쿠스」 개봉을 몇 달 앞두고 또 다른 딸 비비안이 태어났다). 큐브릭은 병실 바깥에 서서 궁금해했던 일을 기억했다. "'내가 여기서 뭘 하고 있는 거지?' 그러고는 들어가서 아이의 얼굴을 내려다봤어요. 그러자 획! 가장 오래된 반응 프로그램이 모든 걸 장악했죠. 그건 경이로움과 기쁨과 자부심 같은 것들입니다." 새롭게 아버지가 된 또 한 사람, 죽어 가는 스파르타쿠스는 대신 절망적인 반응을 한다. 큐브릭은 영화의 결말에 자신의 개인적인 아버지의 마음이 흘러들지 않도록 조심했다.

「스파르타쿠스」를 편집하는 동안, 촬영이 끝났다는 안도감에 잠긴 큐브릭은 가벼운 장난으로 울분을 풀었다. "스탠리는 제 신발에 온갖 포르노 그림을 그리곤 했어요." 편집자인 로버트 로렌스가 말했다. 그는 쉬는 시간이면 유니버설 뉴욕 스트리트 세트장에서 스틱볼을 했고, 편집실에서는 「샤이닝」의 잭처럼 벽에 테니스공을 튀기는 걸 즐겼다.

큐브릭과 그의 팀은 「스파르타쿠스」의 사운드 후반 작업에 9개월을 보냈다. 큐브릭은 음향 효과에 꼼꼼히 신경을 써서 각각의 소리를 정확히 맞게 "좌우로 이동"하거나 고정할 것을 요구했다. 녹음 엔지니어인 돈 로저스가 떠올렸다. "온갖 발소리, 온갖 치는 소리, 온갖 부딪치는 소리… 그런 걸 뽑아내는 데 수백 시간이 걸렸습니다. 대단했어요." 작업은 이른 밤부터 이루어졌는데, 저녁 7시에 시작하면 큐브릭은 밤 11시쯤 도착하고 사운드 팀은 새벽 2시에 식사를 했다.

1960년 10월 「스파르타쿠스」가 개봉되었을 때 가십 칼럼니스트인 헤다 호퍼는 "빨갱이가 쓴" 영화라고 불평했지만 그녀는 티켓 판매에 거의 영향을 주지 못했다. 어느 날 밤에는 케네디 대통령이 눈보라가 치는 가운데 영화를 보러 백악관에서 몰래 빠져나오기까지 했다. 미국의 영화 제작사를 보호한다는 홍보의 일환이었다.

「스파르타쿠스」는 카메라에서 35밀리 필름이 가로로 돌아가는 와이드스크린 방식인 테크니라마Technirama로 제작되었다. 파노라마로 펼쳐지는 시각적 화려함은 블록버스터식의 싸구려 감동과 더불어 영화에 흥행 성공을 가져다주었다. 영화에는 불의에 대한 분노(커크 더글러스가 전문으로), 약자의 결속, 싹트는 사랑의 다정함 같은 할리우드의 숱한 상투적 비유가 나왔다.

「스파르타쿠스」는 유니버설에 떼돈을 벌어다 주었다. 그러나 이 할리우드식 엄청난 대작은 두 번 다시 큐브릭의 브랜드가 되지 않을 터였다. 그의 다음 프로젝트는 이와 대조적으로 과감하게 금기를 깨는 작품, 블라디미르 나보코프의 『롤리타』였다.

"도대체 그들은 어떻게 『롤리타』를 영화로 만들었을까?" 1962년 6월 영화가 개봉했을 때 예고편은 이렇게 묻는다. 좋은 질문이었다. 나보코프의 충격적인 소설은 아직 사춘기에 접어들지 않은 아주 매력적인 소녀들을 먹잇감으로 삼는 수상쩍은 중년 유럽인 험버트 험버트를 보여 준다. 파리에서 미국의 작은 마을 램스데일로 거처를 옮긴 험버트는 샬럿 헤이즈라는 이름을 지닌 수다스럽고 자아도취적인 과부의 집에서 하숙을 한다. 샬럿의 딸인 열두 살짜리 롤리타가 완벽한 님펫[20]이라는 걸 알게 된 속수무책의 험버트는 열광적으로 그녀를 탐한다. 험버트를 사랑하게 된 샬럿은 그와 결혼하고는 이내 기이한 사고로 죽고 이로써 험버트는 롤리타와 거리낌 없이 불륜을 저지를 수 있는 상태가 된다. 그녀가 사라지며 그를 만신창이로 만들고 나서 험버트는 자신에게서 롤리타를 훔쳐 간 최대의 적 클레어 퀼티를 찾아낸다. 소설은 험버트가 퀼티를 쏘며 끝난다(그리고 큐브릭의 영화는 플래시백 안에서 이 장면으로 시작한다).

『롤리타』는 파리에서, 그다음에는 1958년에 책이 출간된 미국에서 문제작이 되었다. 하지만 이 책은 할리우드가 관심을 갖기에는 논란의 소지가 너무나도 많아 보였다. 이 작품은 결국 열두 살짜리 소녀와의 불륜을 뿌듯해하는 대단한 반反영웅이 들려주는 성적인 세부 묘사로 가득한 책이었으니까.

해리스와 큐브릭은 1958년 가을 나보코프의 에이전트인 어빙 "스위

---

20 nymphet: 성적 매력을 갖춘 사춘기 소녀를 뜻하는 말로 나보코프가 『롤리타』에서 만들어 낸 신조어.

프티"라자르에게 『롤리타』의 판권을 샀다. 가격은 싸지 않았다. 해리스-큐브릭은 책에 대한 첫해 옵션으로 7만 5천 달러를 지불했고, 영화화 권리에 대해 추가로 7만 5천 달러를 지불하기로 했다. 이 권리 획득의 자금 조달을 위해 해리스와 큐브릭은 「킬링」의 판권을 유나이티드 아티스츠에 팔았다. 한편 나보코프의 소설은 『뉴욕 타임스』의 베스트셀러 목록에 올라, 9월 말 1위를 차지했다.

해리스와 큐브릭이 나보코프의 소설을 영화화하려 한다는 말을 들은 더글러스는 그들이 브라이너에 진 의무를 대수롭지 않게 여겼다. 더글러스는 검열이 걸림돌이 될 것이기 때문에 「롤리타」는 절대 만들어질 수 없다고 확신했다. 그래서 그는 큐브릭이 「스파르타쿠스」의 연출에 동의하는 대가로 두 남자의 계약을 종료할 수 있도록 해 주었다.

「롤리타」의 시나리오를 써 달라는 제안을 나보코프가 거절했기 때문에 큐브릭은 이 책을 그에게 처음 말해 준 콜더 윌링햄에게 협조를 요청했다. 결과물에 만족하지 못한 큐브릭은 자신의 오랜 시나리오 파트너에게 신랄하게 편지를 썼다. "예전의 말런처럼 말하고 싶진 않지만 당신은 배우들에게 이 장면이 무슨 내용인지 말해 주는 그런 스타일을 확립한 것 같네요." 큐브릭은 윌링햄이 "실행되어야 할 것을 대화에서 설명하고 그걸 관객이 알아서 찾아내도록" 했기 때문에 비난한 것이었다. 모든 위대한 영화감독과 마찬가지로 큐브릭은 말보다는 화면으로 이야기를 하고 싶어 했으며, 말이 화려하고 유창한 험버트에게서조차 대화를 아끼고자 했다. 윌링햄의 회신은 혹독했다. 우선 자신이 큐브릭에게 감독으로서 평생 부자로 만들어 줄 아이디어인 『롤리타』에 관심을 갖게 해 주었다는 점을 상기시키며, 큐브릭이 자신에게 앙심을 품은 배은망덕한 인간이라고 했다.

그렇게 윌링햄이 떠났지만, 나보코프가 생각을 바꾸어 대본을 쓰기로 했다는 사실을 알게 된 큐브릭은 안심했다. 그러나 프로듀서인 마틴 러스는 긴가민가하며 큐브릭에게 물었다. "나보코프가 영화 대본을 쓴 적이 있어요? 그가 영화나 영화의 구조에 대한 지식을 가지고 있나요?… 당신이 나보코프에게 이런 영화적 관점을 직접 가르칠 작정인가요? 그가 배우려고 할까요?" 러스의 의혹에는 충분한 이유가 있었다. 나보코프의 대본은 전통적 시나리오라기보다는 오히려 그의 소설 구절을 길게 늘린 것처럼 읽힌다.

1960년 3월 첫날 무렵 소설가는 이미 할리우드에 와서 오전에는 나비를 잡으러 다니고 오후에는 메모 카드에 휘갈겨 쓰며 시나리오 작업을 하고 있었다. 한편 스위프티 라자르는 나보코프와 그의 아내 베라를 마릴린 먼로와 존 웨인을 포함한 몇몇 유명 스타들에게 소개했다. 나보코프가 웨인에게 "무슨 일을 하시나요?"라고 천진스럽게 묻자 그는 겸손하게 대답했다. "영화 일을 합니다."

"너 이거 해낼 수 없어. 감당할 수가 없다고." 몇 달 후 지미 해리스는 나보코프가 6월에 끝낸 400페이지짜리 시나리오에 대해 말했다. 큐브릭은 소설가에게 그의 대본이 일곱 시간짜리 영화를 만들어도 될 정도라며 주의를 주었다. 그래서 나보코프는 9월에 축약판을 넘겨주었다.

결국 큐브릭은 거의 알아볼 수가 없었던 나보코프의 대본을 크게 수정했다. 이건 잘한 일이었다. 나보코프가 쓴 「롤리타」의 시나리오는 험버트의 돌아가신 어머니("피크닉, 번개")[21]가 양산을 든 메리 포핀스처럼 구름 속으로 날아오르는 장면으로 시작한다. 이런 식의 냉소적인 엉뚱함은 큐브릭의 흥미를 끌지 못했다. 그러나 그는 이 저명한 작가와 실랑이하지 않기로 했기 때문에 나보코프가 LA에서 일하는 동안 그와 거리를 두었다. 결국 큐브릭은 영화의 시나리오 작가 크레디트에 나보코프의 이름을 단독으로 올렸는데, 평론가들이 소설과 영화의 차이에 대한 책임이 나보코프에게 있다고 생각한다면 현대의 고전을 훼손했다는 이유로 자신을 비난할 가능성이 더 적을 것이라는 이유에서다.

1962년 5월 말, 「롤리타」가 정식 개봉하기 며칠 전 나보코프가 영화를 봤을 때 그는 "큐브릭이 위대한 감독이라는 것을, 그의 「롤리타」는 훌륭한 배우들과 함께한 최고의 영화라는 것을, 그리고 들쑥날쑥한 차이가 좀 있을 뿐 내 대본의 결말을 활용했다는 것을" 알게 되었다. 게다가 나보코프는 험버트와 퀼티의 탁구 시합 같은 영화의 몇몇 기발한 장면들에 즐거워했다. 그러나 그는 자신의 시나리오에서 상당히 벗어난 큐브릭에 대한 짜증 탓에 이 영화를 그저 "마지못해 기꺼운" 마음으로 관람했다.

「롤리타」의 캐스팅에는 시간이 좀 걸렸다. 데이비드 니븐이 험버트 역을 하고 싶어 했지만 그의 에이전트가 너무 외설적이라며 거부했다. 다른 후보는 로렌스 올리비에였는데, 그는 1959년 12월 큐브릭에게 나보코프의 "탁월하고 독창적이며 재치 있는 묘사력"을 어떻게 스크린으로 옮길 수 있을지 모르겠다는 편지를 썼다. 하지만 그럼에도 그는 어

---

21   소설에서 험버트의 어머니는 피크닉에서 번개에 맞아 죽은 걸로 묘사된다.

떤 대본이든 우선 검토하겠다고 요청했다. 그 후 올리비에의 에이전트는 니븐의 경우처럼, 험버트 역을 하는 건 자신의 고객 이미지에 피해를 줄 수 있다며 거절했다. 마침내, 나보코프의 소설에 감탄했던 제임스 메이슨이 그 역을 맡기로 했다. 메이슨은 몇 년 전 「스타 탄생」[22]에서 결국 자신이 사랑하는 떠오르는 젊은 여배우의 들러리 역할을 하게 되는 쇠락한 중년 남자-큐브릭이 들려주는 롤리타의 이야기와 다르지 않은- 역을 맡아 가슴 아픈 연기를 펼친 바 있다.

메이슨이 캐스팅되자 해리스와 큐브릭은 어렵지 않게 배급사를 찾을 수 있었다. 옛 학교 친구 케네스 하이먼과 그의 아버지 엘리엇 하이먼이 수장으로 있는 어소시에이티드 아티스츠였다. (워너브라더스가 영화를 제작하고 싶어 했지만 스튜디오는 창의적 판단에 대한 최종 결정권을 요구했고 이는 큐브릭이 받아들이기에는 너무 무리한 조건이었다.)

해리스와 큐브릭은 영국에서 영화를 만들기로 했는데, 「롤리타」 스태프의 80퍼센트가 영국 국민이라면 비용의 상당 부분을 절감할 수 있었기 때문이다. 이것은 큐브릭이 LA나 뉴욕에서보다 훨씬 적은 비용으로 영화를 만들 수 있는 영국으로 예술을 위해 떠난 망명의 시작이었다.

이제 큐브릭은 그의 롤리타를 찾아야 했다. 해리스는 큐브릭에게 브리지트 바르도를 데려와 이 역할을 맡길 수도 있지 않을까 얘기했지만 그녀의 지나친 섹시함은 감독이 원한 게 아니었다. 큐브릭은 나보코프에게 튜즈데이 웰드[23]를 보여 주었지만 나보코프는 그녀를 거부했다(큐

---

22 조지 쿠커(1899~1983)가 연출하고 주디 갈란드와 제임스 메이슨이 주연한 1954년 영화.

23 1950년대 아역 배우로 활동을 시작하여 인기를 얻었던 미국의 여배우(1943~).

브릭은 이 영화의 캐스팅에 나보코프의 협조를 얻었다). 그 후 1960년 6월, TV 와 광고에 나오던 수 라이언이라는 이름의 열네 살짜리 배우가 큐브 릭의 눈에 들어왔다. "키득키득 웃지 않는 차분한 아이였어요… 우둔 하지 않은 신비로운 매력을 지니고 있었죠." 큐브릭은 라이언의 스크 린 테스트를 기억했다. 나보코프는 라이언의 사진을 보자마자 바로 확 신이 들었다. "더 볼 것도 없어요. 이 사람입니다." 그가 말했다. 나보코 프는 또한 큐브릭이 샬럿 헤이즈 역으로 고른 셸리 윈터스에 대해서도 동의했다.

어머니와 함께 엘스트리 스튜디오에 온 라이언은 촬영장 안에서나 밖에서나 똑 부러지는 센스를 지니고 있었다. 큐브릭 아카이브에는 라 이언이 보낸 재미있는 편지가 있는데, 자신을 "학생 대표"라고 일컬은 그녀는 지미 해리스에게 "엘스트리 여학교의 교장" 자리를 제의했다. "봉급은 매주 껌 10개가 될 거니까 우수한 우리 전교생을 감당하시면 돼요."

큐브릭은 라이언 연기의 틀을 잡아 주었다. 초기의 어떤 메모에 그 는 이렇게 썼다. "롤리타-천진난만함과 기만, 황홀한 매력과 버릇없는 태도, 우울한 부루퉁함과 밝고 즐거운 웃음, 두서없는 따분함, 열정적 이고, 제멋대로 팔다리를 뻗고, 의기소침하고, 멍한 눈을 하고, 빈둥거 리는 분위기-는 순진한 악당처럼 꿈꾸며 이를 발산한다." 나중에 그는 그녀가 "확실하게 단호한 성격"과 "토라지고 망설이고 신중한 성격" 을 지녀야 한다고 덧붙였다. 그녀는 "가냘프고 여윈 발레 학교 타입"에 "불가사의한 면이 있어 호기심을 돋우며 매사 무관심한 미국인"이어야 했다. 큐브릭의 지도에 따라 라이언은 감독이 메모에서 그려 놓은 다정하지만 톡 쏘는 다면적인 미국인 롤리타를 구현하게 되었다.

큐브릭의 가장 눈부신 수완은 퀼티 역으로 피터 셀러스를 선택해서 험버트 최대의 적을 영화의 중요한 존재로 바꾸었다는 점이다. 큐브릭은 당시 떠오르는 코미디언이자 영화 스타인 셀러스의 팬이었다. 게다가 그는 영국 시민이기도 해서 영국의 80퍼센트 규칙 때문에라도 영화에 이상적인 인물이었다. 큐브릭의 부추김으로 셀러스는 다소 굼뜬 험버트와 대조를 이루는 자신의 역할에 정신없고 신경질적인 에너지를 불어넣었다.

큐브릭은 퀼티를 수수께끼 같은 인물로 봤다. 큐브릭은 「스파르타쿠스」에 출연하며 감독과 친구가 된 피터 유스티노프에게 보낸 편지에, 이야기에서 퀼티의 존재는 "우리에게 일종의 '말타의 매'[24], 무슨 일이 벌어지는지 궁금하게 만드는 서스펜스를 제공해 줘야 합니다"라고 썼다. "퀼티를 볼 때마다 우리는 경찰이든 성도착자든 혹은 부모든 어떤 모습으로나 상상할 수 있습니다."

큐브릭은 영화의 첫 장면 대부분을 험버트가 퀼티를 죽이는 플래시백으로 각색함으로써 셀러스를 활용하기 시작했다. "내가 스파르타쿠스요." 침대 시트를 토가[25]처럼 걸친 퀼티가 험버트에게 말한다. "이봐, 당신 노예 해방이나 뭐 그런 거 때문에 온 거요?" 다른 장면에서 그는 셀러스의 경이로운 즉흥 연기의 재능에 크게 의존했다. "그는 진짜 애

---

24 여러 차례 영화화되었던 대실 해밋의 소설 『말타의 매』에 등장하는 조각상. 주인공을 비롯한 등장인물들을 얽히고설키게 만드는 동기가 된다.
25 고대 로마의 남성들이 길게 늘어뜨려 입은 겉옷.

드리브가 가능한 제가 아는 유일한 배우였습니다." 나중에 큐브릭은 이렇게 말하며 셀러스가 "그와 동시대 사람들 대부분이 재미도 없고 무의미하다고 생각한 희극적 발상에 대한 이해가 빨랐어요"라고 덧붙였다.

우리가 「롤리타」 초반에 퀼티를 만날 때, 험버트는 이 악당의 바로크식 은신처까지 추적해 와서 그를 쏘아 죽이려는 참이다. 이는 험버트 이야기의 결말이다. 지미 해리스는 이 장면을 누아르풍으로 영화의 초반에 넣자고 한 게 자신의 아이디어였다고 주장했다. 이 시작 장면에서 험버트는 퀼티의 엉뚱한 행동을 빤히 노려본다. 그는 퀼티에게 당신은 곧 죽을 거라고 말하며 퀼티를 차가운 시선으로 뜯어보는데, 이는 그가 생각하기에 심판을 내리는 표정이다. 하지만 험버트는 롤리타와 달리 사람을 움츠러들게 노려보는 데에 능숙하지 못하며, 퀼티는 정신 사나운 행동을 이어 간다. 불운한 퀼티는 험버트가 어떤 사람인지를, 도착적인 그 자신과 같은 부류라는 걸 잘 알고 있다(소설에서 그는 예술로 포장한 포르노 영화를 만든다). "사형 집행을 볼 건데 어때요?" 그가 험버트에게 묻는다. "다른 사람 말고 당신만 있으면 돼요. 그냥 보기만 해요, 보기만. 구경하는 거 좋아해요, 캡틴?"

큐브릭과 셀러스가 만들어 낸 수수께끼 같은 캐릭터 퀼티는 대단히 침착하며 작품 속 누구보다 유행에 밝은 인물이다. 부모와 10대의 댄스 파티에서 활기 없고 무심한 비트족 동료 비비안 다크블룸과 춤을 추며 퀼티는 자신의 시계를 슬쩍 훔쳐보는데, 이 세련된 지루함의 몸짓은 그의 춤 동작과 섞인다.

큐브릭은 "빈의 돌팔이"에게 험담을 퍼붓기를 좋아한 나보코프와 달리 프로이트를 높이 평가했지만, 그는 유스티노프에게 "우리는 나보코프 씨가 책에서 한 것과 같은 불손함으로 정신 의학자들을 다룰 것입니다"라고 썼다. 감독은 셀러스를 험버트의 집 어두운 곳에 앉아 롤리타의 치료에 대한 우려를 표하는 야단스러운 독일인 의사 젬프(사실은 변장한 퀼티)로 바꾸었다. "자연스러운 본능인 성적 충동이 극심하게 억압"되었다는 것이 그의 진단이다. 셀러스는 닳고 닳은 사람의 뻣뻣한 웃음을 쿡쿡 내뱉으며 손짓으로 보이지 않는 멜론의 모양(롤리타는 원만한 성격을 지닌 사람으로 성장해야 합니다)을 만든다.[26]

큐브릭과 셀러스는 재즈 기획자인 노먼 그랜츠[27]에게서 퀼티 말투의 원형을 찾았다. 큐브릭은 셀러스가 연구하도록 그랜츠에게 「롤리타」 대본의 일부를 녹음해 줄 것을 요청하기까지 했다. 그러나 또한 퀼티의 말투는 빠르게 내뱉는 브롱크스의 억양이 실린 큐브릭의 것과도 비슷하다. 평론가 리처드 콜리스가 언급한 것처럼, 퀼티에게서는 레니 브루스의 느낌도 난다. 셀러스는 여기저기서 충돌하는 성가신 말 연기에 초조하고 민감하고 방어적이 되어서 옷깃 아래로는 땀에 젖었을 것 같다.

「롤리타」에서 셀러스와 일하는 동안 큐브릭은 배우들의 즉흥 연기를 기록하여 다음 날 대본의 일부로 집어넣는 습관이 생겼다. (큐브릭은 촬영할 때 늘 그날그날 대본을 수정했다.) "장면이 좀 아닌 것 같으면," 셀러

---

26 퀼티가 손으로 가슴 모양을 그리며 말한 'well-rounded'라는 표현에는 '원만한·다재다능한'이라는 뜻 외에 '풍만한'이라는 의미도 포함돼 있다.

27 유명한 재즈 레이블 버브Verve 레코드사를 설립하고 40년 가까이 이어진 '재즈 앳 더 필하모닉 Jazz At The Philharmonic' 콘서트·녹음 시리즈를 기획한 재즈계의 거장 프로듀서.

스가 회상했다. "우린 대본을 읽고 가장 괜찮은 부분을 골라냈습니다. 그런 다음 테이블 주위에 둘러앉아 녹음기를 켜고 우리가 고른 구절의 대사를 즉석에서 연기했어요. 그런 식으로 완벽하게 자연스러운 대화를 얻어서 대본에 반영해 사용할 수 있었던 거죠." 후기 영화들에서도, 특히 「풀 메탈 재킷」에서 리 어미의 경우처럼, 큐브릭은 최종 편집 과정에서 즉흥적인 장면을 사용하기보다는 배우들에게 대본에 있는 즉흥 연기 파트를 하도록 했다.

큐브릭에게 고무된 셀러스는 험버트와 로(롤리타)의 미묘한 사랑 이야기에 추잡한 낙서를 끄적인 것처럼 보인다. 셀러스의 전기를 쓴 로저 루이스는 퀼티가 셀러스 자신과 마찬가지로 "항상 뭔가를 해 보는" 인물이라고 말한다. "또한 그의 끊임없는 재창조는 우리가 경직되고 관습적이 되는 것을, 있는 그대로의 모습에 머무르는 것을 은연중에 비판한다."

퀼티가 경계를 깨는 데 반해 험버트는 로가 누리는 10대 소녀의 즐거움을 고지식하게 가로막고 있다. 나보코프의 소설에서와 달리 큐브릭이 그린 험버트는 책략가가 아니다. 그는 롤리타를 사로잡기 위해 음모를 꾸미지 않는다. 그 대신 큐브릭은 우리에게 괴로움에 몸부림치는 험버트를 보여 준다. 메이슨은 움츠리며 이용당하는 모습을 연기한다. 안경을 어디에 두었는지 잊어버린 남자와 같은 그의 태도는 가끔 진심으로 연민을 불러일으키기엔 너무 초연해 있다. 그러나 메이슨은 갈피를 못 잡는 고상하고 온화한 외면 아래에서 진정한 고통의 신호를 보낸다. 나보코프의 소설에서 수없이 드러나는 험버트의 잔혹함은 그가 샬럿의 속절없이 열렬한 사랑의 편지를 소리 내어 읽을 때 아주 잠깐 등장할 뿐이다. 여기서 메이슨은 스스로를 억누를 수 없어 큰 웃음을 터뜨리며 좋아하다가 힘껏 환성을 지른다. 더없이 즐거운 메이슨은 샬럿의 죽음 뒤에 이어지는 욕조 장면에서도 사악하게 빛난다. (나보코프는 욕조에 몸을 담근 채 스카치 잔을 털이 덥수룩한 가슴 위에 올려놓는 험버트의 모습을 좋아했다.)

소설 속의 험버트는 수준 높은 풍자를 완벽하게 구사하는 달인이며, 자신의 죄를 뉘우치는 모습을 보임으로써 묵인을 바라는 죄수처럼 우리의 환심을 사려고 애쓰는 매혹적인 악인이다. 우리는 나보코프의 주인공, 즉 롤리타의 어린 시절을 망가뜨린 일에 대해 뼈저린 후회를 표하는 겸손한 험(험버트)을 가장 주의해야 한다. 그러나 자신의 범죄라는 줄 위에서 우아하게 줄타기 곡예를 하듯 통렬한 솜씨를 지닌 나보코프의 험버트는 영화에는 존재하지 않는다. 큐브릭은 험버트의 보이스오버 내레이션을 아주 조금 사용하긴 해도 말을 어지럽게 돌려서 하지는 않는다. 소설은 우리를 험버트의 뛰어난 말솜씨에 빠져들게 하지만 큐브릭의 영화에서 그는 자주 말문이 막힌다.

큐브릭은 나보코프가 강조한 부분을 거의 빼 버렸다. 우리가 대하는 사람은 바로 아동 성폭행범이다. 영화의 후반부 완전히 밝은 누아르풍 장면에서 병원 잡역부들에게 결박된 채 자신의 의붓딸이 사라졌다고 미친 듯 악을 쓰는 험버트는 절망적인 패배자다. 험버트의 무모한 라이벌 퀼티는 셀러스의 희극적 재능 덕분에 관심을 독차지한다. 이는 소설에서는 벌어지지 않는 상황인데, 거기서 퀼티는 거의 험버트가 상상 속에서 꾸며낸 인물인 것처럼 보인다.

    험버트가 퀼티의 진지한 멍청이 파트너라면 롤리타의 어머니 샬럿 헤이즈는 험버트의 상대다. 셸리 윈터스가 연기한 샬럿은 무미건조한 글래머다. 차차차를 출 때조차 투덜대고, 눈 주위는 부어 있고 천박한 문화적 허세를 부리는 샬럿은 막을 수 없는 저속한 급행열차 같다. 우리는 자신의 딸에게 못되게 구는 이 넌더리 나는 멍청한 여인에 반감을 가지며 그녀가 죽을 때에야 안도한다.

    윈터스는 촬영장에서 외로움을 느꼈다고 말했는데, 큐브릭이 샬럿의 절망적으로 애처로운 상황을 강화하기 위해 자신에게 이런 반응을 원했을 거라 짐작했다. 사실 그는 촬영장에서 그녀의 고집불통에 좌절했다. 그는 한때 "저 여인은 내보내야 할 것 같아"라고 곰곰 생각했지만 결국 윈터스를 해고하지 않았다. 이것은 옳은 결정이었다. 어느 누구도 큐브릭이 원하는 샬럿을 연기할 수 없었을 테니.

    큐브릭은 나보코프의 캐릭터들에 한 것처럼 샬럿을 재해석했다. 소설에서 그녀는 큐브릭의 멍청한 가정주부와 달리 마를렌 디트리히[28]를 동경하는, 무력하다기보다는 탐욕스러운 인물이다. 큐브릭의 영화에서 샬럿이 어머니로서 참견하는 모습은 혹시라도 있을 성적 매력을 약화한다. 「영광의 길」의 종반에서 노래를 부르는 크리스티안 할란 큐브릭

---

28 조세프 폰 스탄버그(1894~1969) 감독의 「푸른 천사」(1930), 「상하이 익스프레스」(1932), 「진홍의 여왕」(1934) 등을 통해 세계적 명성을 얻은 독일 출신의 배우이자 가수(1901~1992). 나치 정권에 저항하여 미국으로 망명해 할리우드에서 활동하며 신비로운 팜 파탈과 요부의 이미지로 패션과 영화계의 스타로 자리매김했다. 2차 대전 중에는 독일의 연가 〈Lili Marleen〉을 발표하여 큰 사랑을 받기도 했다.

이 도발적인 동시에 순박하고 연약한 동시에 용기를 북돋는 것과는 대조적이다.

큐브릭은 나보코프보다도 더, 샬럿을 참을 수 없을 정도로 집착하는 인물로 그린다. 샬럿을 상상하며 그는 자신의 노력이 남편의 작업에 꼭 필요한 요소가 되도록 끈질기게 그에게만 매달렸던 아내, 흡착판과 같았던 루스를 떠올렸음이 틀림없다. 「롤리타」에서 험버트는 자신의 로맨틱한 상상의 이상형인 어린 소녀 때문에 부담스러운 지금의 아내를 버리기에 이른다.

아내냐 딸(혹은 딸 같은 인물)이냐의 선택은 큐브릭의 작품에 자주 등장한다. 큐브릭은 수십 년 동안 아르투어 슈니츨러의 『꿈의 노벨레』에 사로잡혀 있었지만 영화 제작을 두려워했는데, 배우자에게서 벗어나 롤리타 같은 여러 님펫을 포함한 젊은 여인들에 끌리는 남편을 그리고 있다는 게 부분적인 이유였다. 크리스티안 큐브릭은 창의적 파트너로서 스탠리 큐브릭의 막내딸이자 제자인 비비안보다 덜 중요한 사람이었다. 아이 때 「2001 스페이스 오디세이」에 잠깐 등장했던 비비안은 열일곱 살 때 「샤이닝」의 제작 과정을 담은 다큐멘터리로 감독이 되었는데, 큐브릭은 딸에게 자신이 무척 존경했던 작가 콜레트[29]의 소설을 영화로 만들 것을 권유했다. 그러나 90년대 중반 비비안은 아버지가 자신에게 바라는 야심의 압박에서 달아났다. 물론 큐브릭의 참된 부성애와 험버트의 롤리타에 대한 성적 학대는 뚜렷이 대조되긴 하지만, 「롤

---

29 아카데미 작품상 등 9개 부문을 수상한 1958년 뮤지컬 영화 「지지Gigi」의 원작이 된 동명의 중편 소설로 잘 알려진, 1948년 노벨 문학상 후보에 올랐던 프랑스의 작가.

리타」의 이야기는 큐브릭과 비비안의 관계를 기묘하게 암시한다. 롤리타는 결국 험버트에게서 빠져나와 그가 상상할 수도 없었던 어른으로 변화하며, 마찬가지로 비비안도 1990년대에 아버지의 사랑에서 벗어나 로스앤젤레스로 이주하여 신흥 종교인 사이언톨로지[30]에 빠진다.

비비안보다 훨씬 전에 수 라이언은 큐브릭의 딸 같은 제자였다. 그의 지시를 아주 잘 따른 그녀는 무례하고 태평한, 경이로운 롤리타를 탄생시켰다. 그녀가 연기한 로는 오만하고 다소 단정치 못하고 멍하며 자기만족적인 10대 여왕 폐하다. 자신을 애지중지하는 험버트가 준비한 샌드위치를 걸신들린 듯 게걸스럽게 먹는 로는 왕성한 식욕을 지닌 또 한 명의 청소년, 「시계태엽 오렌지」의 알렉스의 전조와도 같다. 학예회가 끝난 후 아버지와 의붓딸 간에 팽팽한 말다툼이 벌어지는 동안, 건방지게 껌 씹기의 달인 같은 라이언은 멸시로 가득한 시선을 퍼붓고 있다.

라이언에게는 강철 같은 구석도 있다. (큐브릭은 그의 롤리타가 매정하길 원했다.) 험버트가 이제 더 나이가 들어 임신한 유부녀가 된 롤리타를 찾아가자 그녀는 퉁명스럽게 그를 거부한다. 여기서 라이언은 거의 의식하지 못한 채 냉담하다. 소설에서 롤리타는 사랑을 애원하는 험버트의 마지막 간청을 묵살하지만 여전히 그를 "자기"라고 부르며 한 조각 연민을 던진다. 큐브릭의 작품에 이 장면은 없다.

임신한 롤리타의 완강함은 약 40년 후 「아이즈 와이드 셧」에서 남자를 위압하는 앨리스 하퍼드의 빈틈없는 자신감이 된다. 두 영화는 여자

---

30 미국의 SF 작가 L. 론 허바드가 1953년 창시한 신흥 종교. 육신에 머무르는 불멸의 영적 존재 테탄 thetan에 대한 믿음을 지닌다. 유명인 신자들 중에는 영화배우 톰 크루즈, 존 트래볼타, 줄리엣 루이스, 재즈 피아니스트 칙 코리아, 싱어송라이터 아이작 헤이스, 베이시스트 빌리 시언 등이 있다.

에 대한 남자의 두려움을 보여 주며, 두 작품 모두에서 남자의 맹목적 집요함은 그가 여자를 알고 싶어 하는 것이 아니라 그녀를 가지고 싶어 한다는 걸 보여 준다. 우리는 보통 큐브릭이 남성의 불안감에 담긴 미묘함을 어떻게 파악하는지를 인식하지 못하는데, 남자들이 하는 나쁜 행동을 묘사할 때 그는 대체로 거리낌 없이 가혹하기 때문이다. 그러나 「아이즈 와이드 셧」의 경우와 마찬가지로 「롤리타」에서 그는 보다 섬세하게 음영을 표현했다.

롤리타가 처음 모습을 드러내는 장면은 큐브릭의, 그리고 라이언의 가장 뛰어난 영감을 보여 준다. 당황한 험버트는 일광욕을 하는 그녀를 보고는 자신의 상상 속 님펫이라는 걸 깨닫고, 롤리타의 얼굴에서는 아주 서서히 미소가 떠오른다. 그건 마치 그녀가 이제 막 승부수를 생각해 내기라도 한 것 같은, 행복이나 흥분의 미소가 아니라 고양이가 쥐를 가지고 놀 때 짓는 듯한, 정말이지 앞일을 예견케 하는 미소다. 수 라이언은 자신의 첫 장면을 완벽하게 연기한다.

롤리타의 이 첫 모습으로 큐브릭은 그녀를 험버트보다 우위에 세웠고 그녀는 거의 영화 내내 이 상태를 이어 간다. 우리는 큐브릭의 작품에서, 미국의 모텔을 전전하며 마약 중독자의 삶만큼이나 부자연스러운 생활을 하는 롤리타에게서 절망적이고 외로운 모습을 거의 볼 수 없다. 영화에서는 험버트가 아닌 롤리타가 주도권을 가지고 있으며, 그를 매혹하고 조종하는 그녀는 결국 그에게서 달아난다.

큐브릭은 롤리타가 피해자로 그려질까 우려했는데, 아마도 그렇게 되면 우리가 험버트에게 가지는 연민이 사라질 것이기 때문이었다. 험버트가 롤리타에게 어머니의 죽음을 말해 줄 때, 이 당혹한 열두 살짜리 아이가 소식을 받아들이는 모습이 나오기 전에 화면은 서서히 사라진다. 그러나 라이언은 그녀의 고통을 교묘하게 내비친다. 그녀는 가끔 멍하니 알 수 없는 기막힌 표정을 지으며, 소설에서 험버트가 "나는 저 표정을 정확히 묘사할 수 없다… 차라리 편안한 광기로 분류할 수 있을 듯한 저토록 완벽한 무력함의 표정을"이라고 일컬은 모습을 드러낸다. 라이언이 보여 준 연기의 표면 아래 어딘가에는 의도적으로 감정의 작동을 멈춘, 덫에 걸린 동물과 같은 롤리타가 도사리고 있다.

큐브릭의 「롤리타」는 험버트의 소유욕 강한 사랑과 그에게서 벗어나고 싶은 롤리타의 바람 사이에서 흔들리는 감정의 교향곡이다. "롤리타는 정말 음악 작품과 같은 인물이어서, 일련의 태도와 감정은 이야기를 통해, 뭐랄까, 보는 이를 압도합니다." 큐브릭은 테리 서던에게 이렇게 말했다. 그는 딱 「스파르타쿠스」에서 했던 것처럼 촬영장에서 배우들에게 적절한 분위기를 만들어 주기 위해 녹음된 음악을 사용했다. 뮤지컬 「웨스트 사이드 스토리」의 곡들은 험버트 앞에서 윈터스의 눈물이 터져 나오게 했다. "그리고 그녀는 곧바로 울었습니다. 엄청난 진짜 눈물이었죠." 큐브릭이 서던에게 말했다. "그리고 「이르마 라 두스」[31]는 항상 메이슨을 꼼짝 못 하게 했어요." 그가 덧붙였다.

큐브릭이 윈터스와 메이슨을 위해 뮤지컬을 선택했다는 사실은, 그

---

31 에디트 피아프의 〈사랑의 찬가Hymne À L'Amour〉로 잘 알려진 프랑스의 작곡가 마그리트 모노와 시나리오 작가 알렉상드르 브레포르가 쓴 1956년 뮤지컬. 파리의 매춘부인 이르마와 법학도인 네스토르 르 프리페의 사랑 이야기를 담은 이 작품은 1960년 브로드웨이 무대에 올랐고 1963년 빌리 와일더 감독이 극영화로 만들었다(우리말 제목은 「당신에게 오늘 밤을」이다).

「롤리타」에서 제임스 메이슨과 수 라이언
(포토페스트/워너브라더스 제공)

의 「롤리타」가 풍자적이라기보다 감상적이라는 점을 시사한다. 이 영화는 미국 변두리 마을의 도덕 규범을 조롱하지만, 보다 중요한 건 로맨틱한 사랑의 신화를 찬양한다는 점이다. 큐브릭의 「롤리타」는 사실 섹스보다는 사랑에 관한 작품이다. 맞지 않는 어른의 잠옷을 입은 라이언의 롤리타에게서 특별히 섹시함은 느껴지지 않는다. 대신 큐브릭은 정통 사랑 이야기를 한다. 험버트가 차인 쪽이다.

유스티노프에게 쓴 편지에서 큐브릭은 소설에 관한 라이오넬 트릴링의 글을 언급하며 "험버트의 사랑"이 "기사도적 사랑[32], 즉 동시에 불미스럽고 마조히즘적이며 고통스러운 사랑의 전통 안에 있다"는 트릴링의 태도에 주목했다. 그는 이렇게 덧붙였다. "이야기는 사실적 희극의 교묘한 방식으로 전개될 것입니다. 그러나 그건 『라이겐』[33]이 희극이고 「쾌락」[34]이, 「비텔로니」[35]가 희극인 것과 같은 방식의 희극입니다." 오퓔스와 펠리니는 자유롭게 비감을 표현하지만 그들의 솜씨는 또한 섬세하기도 하며, 큐브릭은 그들의 뒤를 따른다. 「롤리타」는 결국 희극과 비통함, 그리고 서스펜스의 혼합물이다. 이 작품은 미국의 로드 무비이기도 하다. 큐브릭은 제작팀을 미국에 보내 적합한 모텔 풍경을 샅샅이 조사하게 했다.

큐브릭이 「롤리타」에 완전히 만족한 건 아니다. 그는 인터뷰어인 제러미 번스타인에게 영화에서 "에로티시즘이 전무한 탓에 즐거움의 일부를 빼앗겼어요"라고 말했지만, 만일 영화가 에로틱했다면 "영화가 만들어질 수 없었을 겁니다"라고 덧붙였다. 롤리타가 더 섹시했다면 트릴링이 소설에서 본 사랑 이야기는 더욱 흥미진진했을 것이고 금단

---

32 결혼한 귀부인에 대한 기사의 헌신적 사랑이라는, 중세 유럽 문학에 등장하는 사랑의 개념을 의미.
33 도발적인 성적 주제로 논란을 불러일으킨 아르투어 슈니츨러의 1897년 희곡.
34 막스 오퓔스의 1952년 영화.
35 이탈리아의 영화감독 페데리코 펠리니(1920~1993)의 1953년 영화.

의 감각은 기분 좋게 고조되었을 것이다.

큐브릭이 「롤리타」에서 에로티시즘을 배제한 건 영리한 행동이었는데, 그래서 아주 매력적으로 섹시한 캐럴 베이커가 자신의 엄지손가락을 흡족한 듯 빨고 있는 모습이 담긴 엘리아 카잔의 「베이비 돌」(1956)이 촉발한 분노와 같은 위험을 피할 수 있었다. 카잔을 대단히 존경했던 큐브릭은 틀림없이 이 선례를 염두에 두었을 것이다. 외설적이지 않은 「롤리타」조차 패륜이라는 비난을 받게 될 위험이 있었다. 1961년 5월 크리스천 액션[36]의 존 콜린스는 이 영화가 "성폭행 또는 살인까지도 초래할 수 있다"는 우려를 표했다. 결국 영화는 가톨릭 예절단으로부터 C등급—부적합 판정—을 받았는데, 이는 영화를 보는 가톨릭교도는 죄를 짓는 것이라는 의미였다.[37] 세븐 아츠 프로덕션의 엘리엇 하이먼은 막대한 기부금으로 예절단의 몬시뇰 리틀[38]을 흔들려고 했지만 그의 도덕성에는 흠집 하나 없었다.

나보코프는 섹스와 도덕을 큐브릭이 할 수 없었던 방식으로 활용했다. 나보코프의 소설은 책의 앞부분 3분의 1에 해당하는 약 100페이지 정도만 에로틱하다. 그 후로 롤리타의 어린 시절을 황폐하게 만드는 험버트는 독자가 이야기에서 느낄지도 모를 어떤 성적 즐거움도 망쳐 놓는다. 우리는 마법사와 같은 나보코프가 외설스러운 이야기를 할 듯하

---

36 Christian Action: 1946년 성공회 목사인 존 콜린스가 기독교적 이상 구현을 위해 설립한 단체.

37 미국 천주교회는 1933년 영화에 담긴 불쾌한 내용을 감정하고 이에 투쟁하기 위한 목적으로 '가톨릭 예절단Catholic Legion of Decency'이라는 단체를 설립했다. 이들은 영화를 사전 검열하여 자신들의 기준으로 A(도덕적으로 받아들일 만함), B(도덕적으로 일부 불쾌한 내용 포함), C(부적합)의 세 등급으로 분류했다.

38 몬시뇰Monsignor은 가톨릭 성직자에게 교황이 내리는 칭호다. 1960년대 당시 예절단의 사무총장을 맡고 있던 인물은 토머스 F. 리틀이다.

다가 그게 아니라 험버트에 맞서 오래도록 도덕적 판단을 내림으로써 우리를 속였다는 걸 차츰 깨닫는다. 나보코프가 롤리타는 순수한 아름다움이며 "도덕성을 지니고 있지 않았다"고 했을 때 그는 우리를 호도한 것이다. 소설에서 위험을 감수한 극적인 내용은 이야기의 절반을 차지한다. 나머지는 범죄자 험버트를 향한 필사적인 비난이다.

도덕적 반응과 관능적이고 미적인 것들을 뒤섞은 큐브릭은 나보코프가 독자를 골탕 먹인 방식으로 보는 이를 함정에 빠뜨릴 수 없었다. 「시계태엽 오렌지」에서 알렉스의 터무니없는 행동은 관객을 자극하는 동시에 혐오감을 주지만 1962년의 검열은 「롤리타」에서 이와 같은 양면성을 불가능하게 만들었다. 영화협회의 제작 규약을 담당했던 제프리 셜록은 특히 롤리타가 험버트에게 캠프에서 한 남자아이와 게임을 했다고 속삭이는 장면을 우려했다. 큐브릭은 "이렇게 시작하는 거예요"라는 그녀의 다음 대사를 삭제하고 그녀의 속삭임을 페이드아웃하는 데 동의했다.

세븐 아츠는 MGM과 「롤리타」의 배급 계약을 체결했다. 약 200만 달러의 제작비가 든 이 영화는 개봉과 함께 450만 달러의 수익을 올렸다. 해리스와 큐브릭은 세금을 피하기 위해 스위스에 설립한 회사 안야 프로덕션(큐브릭의 딸 이름을 따서 지은)을 통해 영화의 자금 조달을 했기 때문에, 그들은 뜻밖의 큰 소득을 거두었다.

평론가들은 「롤리타」를 호평했다. 심지어 폴린 케일조차 이 영화가 프레스턴 스터지스[39] 이후 최초의 진정한 미국식 신희극新喜劇이라고

---

39 「위대한 맥긴티」(1940), 「레이디 이브」(1941), 「설리번의 여행」(1941) 등 뛰어난 작품들을 통해 특

했다. 케일의 말은 일리가 있었다. 큐브릭은 수 라이언과 메이슨이라는 어울리지 않는 짝을 지어 준다. 이는 헨리 폰다가 바버라 스탠윅의 여신 같은 매력에 넘어가는 순진한 샌님으로 나오는 스터지스의 「레이디이브」에서의 스탠윅과 폰다만큼이나 기묘하다. 스탠윅이 연기한 이브처럼, 롤리타는 험버트의 이성을 잃게 하기 위해 거의 손가락 하나, 발 하나 까딱할 필요가 없다.

그러나 이 평론은 남자가 상상의 여인과 사랑에 빠지는지 아니면 현실 속 여인과 사랑에 빠지는지에 대한 영화의 중요한 질문을 놓치고 있는데, 이러한 관심사는 거의 40년이 지나 「아이즈 와이드 셧」에서 성숙해지게 된다. 불가사의하고 이해하기 어려우며 사람을 현혹하는 롤리타의 성정은 서서히 살금살금 우리에게 다가온다. 롤리타가 헤이즈의 잔디밭에 앉아 선글라스 너머로 가소롭다는 듯 유심히 바라보며 이 따분하고 둔감한 어른에게 약간의 추파를 담은 경멸을 보낼 때, 그녀는 우리에게 조금 토실토실하고 냉소적인 10대에 불과한 것 같다. 하지만 정말로 그녀는 어느 모로 보나 비현실적인, 우아한 아름다움을 지닌 냉혹한 여성이다. 「롤리타」를 사랑 이야기라고 한다면, 그렇다면 또한 망상에 대한 묘사이기도 하며 그것은 큐브릭의 중요한 주제다.

1960년 8월에 딸 비비안이 태어나고 일주일이 지난 후 큐브릭 부부는 「롤리타」의 촬영을 위해 "두 아기와 카타리나와 함께" 영국에 갔다. 크리스티안이 회고했다. "우린 배에서 부자 행세를 했어요. 배 안에는

유의 풍자와 냉소로 스크루볼 코미디를 독창적 수준으로 끌어올렸다는 평가를 받은 미국의 각본가이자 영화감독(1898~1959).

화려한 객실이 있었고 많은 노부인들은 연금을 다 써 버렸죠." 1961년 3월 촬영이 끝난 후 큐브릭과 크리스티안은 휴가를 떠났다. 노르망디 전장戰場으로 떠난 5일간의 여행이었는데, 틀림없이 그녀가 아닌 그의 아이디어였다.

1962년에 큐브릭 부부는 뉴욕 84번가 센트럴 파크 웨스트에 돌아와 있었고, 크리스티안은 매일 아트 스튜던츠 리그⁴⁰에서 그림과 데생 수업을 들었다. "꼭 그래야만 할 것 같아서 뉴욕으로 돌아왔습니다." 크리스티안이 말했다. 하지만 그녀는 이 도시가 "어린아이들에게는 형편없는 곳"이라는 걸 깨달았다. "경찰이 아이들을 학교로 데려가요. 가게에서는 출입구 맞은편에 불량배가 건들거리거나 널브러져 있곤 했죠… 여자들도 험악했어요. 그들은 그냥 팔꿈치로 밀쳐 내거든요."

뉴욕에 있는 건 무모한 풍자 작가 테리 서던과, 영화를 제작하고 단편 소설을 쓰기 위해 음악을 포기한 재즈 클라리넷 연주자 아티 쇼를 포함한 일단의 친구들이었다. 큐브릭은 1960년대 뉴욕의 자유분방한 작가와 예술가들과 함께 그의 다음 영화 두 편, 「닥터 스트레인지러브」와 「2001 스페이스 오디세이」를 발전시켜 나가게 된다.

---

40 뉴욕 맨해튼에 있는 미술 학교.

3
완전하고 최종적인 예술적 통제권:
「닥터 스트레인지러브」

　"「롤리타」 이전에 저는 수소 폭탄이 폭발하게 될지 어떨지에 관심이 있었습니다." 큐브릭이 제러미 번스타인에게 말했다. 1961년 여름 「롤리타」를 촬영하는 동안 그의 관심은 더욱 강렬해졌다. 베를린을 둘러싼 케네디와 흐루쇼프의 팽팽한 교착 상태 속에서 냉전이 고조되고 있었고, 초강대국 간 전쟁의 위협이 세계를 지배했다. 뉴욕으로 돌아온 후 이제 핵무기로 인한 종말에 사로잡힌 큐브릭은 이와 관련된 많은 책을 읽었다. 그중에는 웨일스의 작가 피터 조지가 쓴, 소련에 핵 공격을 명령하는 악당 공군 장성에 관한 소설 『적색 경보』(1958)가 있었다. 1961년, 큐브릭은 『적색 경보』를 자신의 다음 영화로 결정했다. 그는 지미 해리스와 함께 이 프로젝트의 작업을 시작했지만, 얼마 안 가 해리스는 자신이 직접 감독이 되기 위해 할리우드로 향하고 있었다.

　큐브릭은 핵전쟁이 끔찍한 부조리라고 생각했기 때문에 『적색 경보』를 코미디로 만들고 싶었다. 그와 해리스는 구상 회의를 하는 동안, 예를 들면 원자 폭탄의 위기 와중에 합동 참모 본부에서 식품점에 음식을 주문하는 상황을 가정하며 어느 정도 노골적인 코믹 터치를 생각해 냈다. 그러나 해리스는 걱정이 되었다. 그는 핵폭탄에 관한 장편 코미디가 실현 가능성이 없다고 생각했다. 이 주제는 그야말로 너무 무시무시했다. 해리스는 "내가 이 친구를 10분 동안 혼자 내버려 두면 자기 경력을 모두 날려 버리게 될 거야"라고 생각했던 걸 기억한다.

해리스는 틀렸다. 「닥터 스트레인지러브 또는 내가 어떻게 걱정을 떨치고 핵폭탄을 사랑하는 법을 배우게 되었는가」[1]는 그때까지 나온 큐브릭의 최고작으로 판가름이 났다. 할리우드에서 이제껏 볼 수 없었던 방식으로 섬뜩한 동시에 유쾌한 이 영화는 그가 만든 최초의 진정한 선구적 작품이다. 큐브릭의 고등학교 친구 알렉스 싱어는 영화를 처음 보고 나서 그에게 편지를 보냈다. "하도 심하게 자주 웃어서 극장에서 나가라고 하지 않을까 하는 생각이 들었어." 「닥터 스트레인지러브」의 많은 팬들과 마찬가지로 나도 같은 생각을 했다.

「닥터 스트레인지러브」의 대본 작업이 이루어지는 동안 해리스는 큐브릭과 원만하게 결별했다. 큐브릭은 해리스에게 이렇게 말하며 그의 영화감독에 대한 포부를 부추겨 왔다. "네가 연출을 해 보기 전에는 완전한 만족이란 걸 절대 알 수 없을 거야." "큐브릭은 「롤리타」에서 제게 굉장히 많은 조언을 구했습니다." 해리스가 회상했다. "스탠리는 마음이 활짝 열려 있었어요." 그가 덧붙였다. "누가 됐든 아이디어를 위

---

1 「닥터 스트레인지러브」의 원제.

한 뭔가를 충분히 생각한 사람에게 감탄을 했죠."

「롤리타」를 하며 해리스는 큐브릭의 자신감 있는 태도에 영감을 얻었다. "모든 사람을 지휘하고 모든 질문에 답을 해야 합니다." 해리스가 인터뷰어에게 말했다. "스탠리에게는 그게 쉬운 것 같았어요." 하지만 큐브릭은 해리스에게 감독으로서 가장 힘든 시간은 "매일 아침 촬영장에 도착한 바로 그 순간"이었다고 고백했다. 해리스의 말을 옮기면 다음과 같다.

> 도시의 한 구역이 장비와 트럭, 의상을 입은 엑스트라, 이동식 화장실로 가득 차 있습니다. 거기에 당신이 멈춰 서 있고 수백 명까지는 아니어도 수십 명의 사람들이 당신을 잔뜩 노려보고 있어요. 그들은 모두 질문이 있으며 즉각적인 답변을 필요로 합니다. 누구나 감독—모두가 기대를 거는 저 녀석처럼—이 되고 싶어 하지만 현실은 완전히 다른 세계예요. 당신은 답변을 할 준비가 되어 있어야 하지만, 침착해야 하고 너무 빨리 답해 주면 안 됩니다.

해리스가 LA로 떠날 때, 그는 큐브릭이 해 준 일을 떠올렸다. "그는 제가 마치 학교에 보내는 아이라도 된 것처럼 여러 가지를 적어 주었어요. '촬영에 필요한 목록을 만드느라 괴로워하지 말 것'이 핵심 조언이었습니다. 그가 말했어요. '촬영장에서는 마법 같은 일이 숱하게 일어나. 네가 뭘 하고 싶은지 모르는 건 창피한 일이 아냐.' …당신이 용의주도하지 않을 경우, 각각의 장면이 어디에 자리하며 또 카메라를 어디에 놓을 건지에 대해 확실한 이미지를 갖고 있지 않으면 사람들은 당신에게 뭔가 문제가 있다고 생각하도록 몰아갈 겁니다. 스탠리는 이런 말도 했어요. '대화 장면을 가지고 네 전략을 드러내는 게 훨씬 나아. 배우들이 기여하도록 하는 게 좋을 거야. 그들을 시킨 대로만 하도록 두지 마.'"

해리스는 일련의 특이하고 흥미로운 영화들을 감독했다. 거기엔 원자 폭탄이 폭발하며 끝나는 냉전 스릴러 「베드포드 사건」(1965), 분류하기 어려운 에로틱한 동화 「썸 콜 잇 러빙」(1973), 그리고 공포를 불러일으키는 제임스 엘로이의 소설을 각색하고 제임스 우즈가 출연한 「경찰관」(1988)이 포함되어 있다.

「닥터 스트레인지러브」는 핵전쟁에 대한 큐브릭의 심도 있는 연구에서 비롯되었다. 그가 좋아하는 핵 재앙의 선지자이자 닥터 스트레인지러브의 중요한 모델이 된 사람은, 과학자들이 넥타이를 풀고 바닥에 늘어진 채 상상할 수 없는 것들을 생각하는 싱크 탱크인 랜드 연구소 RAND Corporation의 이론가 허먼 칸이었다. 군대와 시민 단체에 자주 이야기를 했던 칸은 "핵전쟁은 당면한 위험"이라고 경고했고 "공격에 대비하여 강력히 맞서고 살아남아라"라고 덧붙였다. 큐브릭이 적어도 세 번은 읽은 『열핵 전쟁』(1960)에는 "표3, 비참하지만 식별 가능한 전후戰後의 상태" 같은 소름 끼치도록 차분하게 종말 이후를 요약한 내용이 실려 있다. "200만 명 사망 시 경제 회복에 걸리는 시간 1년, 1,000만 명의 경우 5년, 2,000만 명은 10년, 8,000만 명은 50년, 1억 6,000만 명 사망 시 100년." 칸은 미국의 주요 도시 50곳이 소련의 폭탄을 맞는다 해도 국가는 10년 안에 그 도시들을 "빈민가와 몇몇 특별 구역이 완전히 갖추어진" 곳으로 재건할 수 있다고 강조하며 농담을 던졌다. 칸이 방사선의 엄청나게 파괴적인 장기 효과를 말하지 않은 이상 이 유쾌함은 기만이었다.

칸은 어떤 기준으로 봐도 진정한 괴짜였다. 그의 전기를 쓴 섀런 가마리타브리치는 그가 "쾌활하고 싹싹하다. 그는 매력적인 기인, 심하게 뚱뚱하고 말더듬이에 숨을 씨근덕거리며 가끔씩 거의 발작적 수면 상태에 빠지지만 깨어 있을 때는 지칠 줄 모르고 수다를 떠는 사람"이었다고 말한다. 누구에게나 말을 걸곤 했던 칸은 평화 운동을 작동하게 하는 게 뭔지 알고 싶어 했다. 1968년 그는 한 기자에게 말했다. "저는 히피가 좋습니다. 에솔랜²에 갔던 적이 있어요. LSD를 두어 번 해 봤죠. 어떤 면에서는 그들과 함께하고 싶었습니다."

또한 그는 미친 소리 하는 걸 두려워하지 않았다. "허드슨 연구소(칸이 일했던 또 다른 싱크 탱크)에서는 우리가 대담함과 과대망상증의 중간에서 있다고 당당하게 얘기합니다." 그가 우스갯소리를 했다. 가마리타브리치는 칸이 "경솔한 언행은 참을 수 없이 파국적인 아이디어에 다가가는 방법"이라는 생각을 했다고 말했다. 그리고 큐브릭도 그러했다. 큐브릭 부부는 칸과 몇 차례 식사를 했는데, 그들은 이 뚱뚱하고 재치 있는 이론가에게 아주 큰 감명을 받았다.

큐브릭의 영화가 나온 후 『데일리 미러』는 칸을 "실재하는 닥터 스

---

2 Esalen Institute: 인본주의적 대안 교육을 표방하며 1962년 캘리포니아주에 설립된 비영리 교육 기관. 60년대 반문화 속에서 꽃피운 '인간 잠재 능력 회복 운동'의 중심인물인 마이클 머피, 비트 세대 작가들과 활동을 펼친 바 있는 딕 프라이스가 공동 설립했다.

트레인지러브"라 일컬었는데, 그들이 크게 틀린 건 아니었다. 칸과 마찬가지로 스트레인지러브는 성미 급한 바보짓과 약삭빠른 전략적 술수 사이에서 무모한 행동을 펼친다. 그리고 둠스데이 머신[3]이 폭발한 후 "생존자들은 죽은 자를 부러워할까?"라고 묻는 장면에서 스트레인지러브는 거의 칸이 말한 그대로 따라 한다. 칸은 스트레인지러브가 자신에 기반한 캐릭터라는 얘기를 듣고는 감독에게 로열티를 달라고 졸라 대기도 했다. ("그런 식으로 일이 진행되는 게 아니에요." 큐브릭이 그에게 말해 주었다.)

칸은 큐브릭의 주요 강박 중 하나인 지배와 광기 사이의 모호한 경계에 대해 말했다. 의도치 않게 칸은 이성이 미쳐 날뛸 수도 있다는 18세기 계몽주의의 중요한 주제를 예로 들어 설명한다. 그의 말은 이성적 통제를 꿈꾸는 일이 미친 행동같이 보이기 시작하는 스위프트의 캐릭터[4]처럼 들린다. 그러나 그의 사고가 피해망상적인 냉전의 현실을 반영한 다음부터 그는 뭔가를 알게 되었다. 칸에 의하면 소련은 우리가 전략적으로 취약해서 그들을 선제공격할 거라는 두려움을 가지고 있기 때문에 오히려 그들이 먼저 우리를 공격해야 한다고 생각할지도 모른다. 하지만 우리가 선제공격을 고려하고 있다고 말한다면, 그리고 우리가 핵전쟁에서 살아남을 수 있다고 생각한다면 우리는 약한 게 아니라 강해 보일 것이고 전쟁의 가능성은 줄어들 것이다. 이런 것들이 미로처럼 꼬인 칸의 논리였다. 케네디 행정부는 실제로 선제공격 계획을 세웠

---

3   Doomsday Machine: (특히 핵을 이용해) 인류를 파멸로 이끈다는 가상의 장치.
4   18세기 아일랜드의 작가 조너선 스위프트가 쓴 『걸리버 여행기』(1726)에 등장하는 말의 나라 후이 넘Houyhnhnm에 대한 언급.

고, 전략 공군 사령관 토미 파워스는 인상을 쓰며 이렇게 말했다. "전면적 핵전쟁이 불가피하다면 미국이 선제공격을 해야 합니다."

칸의 무모한 역설적 생각은 큐브릭을 매료한 동시에 두려움을 주었다. 그는 삶이 전쟁 게임이 아니라는 걸 알고 있었다. "이런 전쟁 시나리오를 만들어 내는 사람들은 위대한 작가 혹은 현실만큼 독창적이지는 않습니다." 큐브릭이 번스타인에게 말했다. "허먼 칸은 천재지만 그의 시나리오는 거장 소설가의 작품처럼 읽히지 않아요."

『열핵 전쟁』에서 칸은 전 세계 파괴를 보장함으로써 핵 선제공격을 단념하게 하는 둠스데이 머신에 대해 반론을 제기했다. (그렇다. 둠스데이 머신은 단순히 큐브릭의 상상의 산물이 아니라 진지한 아이디어였다. 1950년 2월 핵물리학자인 레오 실라르드는 소련 또는 미국의 과학자들이 지구상의 모든 생명을 말살할 수 있는, 코발트를 입힌 수소 폭탄을 만들지도 모른다고 공개적으로 경고했다.) 그러나 칸은 「닥터 스트레인지러브」에서 강조된, 인간의 실수와 결합한 광기가 세상의 종말을 가져올 수도 있다는 둠스데이 머신의 특별한 위험을 보지 못했다.

여기서 큐브릭이 칸보다 더 훌륭한 이론가라는 사실이 드러난다. 「닥터 스트레인지러브」의 구성이 보이는 것만큼 부조리한 건 아니다. 2014년 『뉴요커』의 기사에서 에릭 슐로서[5]는 그런 핵 사고가 거의 일어날 뻔했다고 주장했다. 그리고 1983년, 소련의 장군 스타니슬라프 페트로프는 미국의 핵미사일이 러시아로 향하고 있다는 위성의 경고

---

5 '탐사 보도'로 잘 알려진 미국의 기자·작가.

를 묵살하고 명령에 따르지 않음으로써 세계를 구했다.[6] 섬뜩하게도 기술적 결함이 위성의 오작동을 일으켰던 것이다.

큐브릭은 1962년 대부분을 피터 조지와 함께 「닥터 스트레인지러브」의 시나리오가 될 대본 작업을 했다. 큐브릭은 2차 세계 대전 동안 영국 공군에서 야간 임무를 수행했던 조지를 좋아했고, 크리스티안은 그가 "매력적인 남자"라는 걸 알게 되었다. 그렇지만 조지에게는 어두운 면이 있었다. 우울증을 앓고 알코올 중독이었던 그는 몇 년 후인 1966년 스스로 목숨을 끊었다.

큐브릭과 조지는 『매드』 매거진과 큐브릭이 좋아했던 폴 크라스너의 반체제 잡지 『리얼리스트』로부터 영향을 받아, 자신들의 대본을 블랙 유머에 흠뻑 젖어 들게 했다. 1962년 11월 중순 테리 서던이 세 번째 각본가로 합류했다. 서던은 피터 셀러스가 생일 선물로 주기를 좋아했던 거친 풍자 소설 『매직 크리스천』을 썼던 인물이다. 서던은 때때로 일컬어지는 것처럼 「닥터 스트레인지러브」의 "작가"는 아니지만, 흠잡을 데 없는 그의 블랙 코미디는 영화에 없어서는 안 될 중요한 요소임을 보여 주었다.

서던은 런던 나이츠브리지에 있는 큐브릭의 집에 새벽 5시에 도착해 큐브릭의 벤틀리 뒷좌석에 함께 앉곤 했다. 차가 셰퍼턴 스튜디오로 향

---

6 1983년 9월 26일, 소련의 핵 조기 경보 시스템은 미국에서 소련을 향해 미사일을 발사했다는 경보를 울렸다. 당시 담당 장교였던 소련 공군 중령 스타니슬라프 페트로프는 발사의 확실한 증거가 부족한 이 상황을 컴퓨터나 위성의 오류로 판단하여 반격하지 않았다. 위성의 오작동을 야기한 건 구름에 반사된 햇빛이었고, 페트로프는 순간의 기지로 자칫 핵전쟁으로 이어질 수 있는 상황을 막아 냈던 것이다.

7 1959년에 발표된 이 작품은 1969년 피터 셀러스와 비틀스의 링고 스타가 주연한 영화로 만들어졌다.

하는 동안 큐브릭과 서던은 자동차 뒷좌석에 있는 두 개의 작은 테이블 앞에 나란히 앉아 글을 썼다. 그들의 대본 작업은 1962년 말까지 계속되었다.

집에서도 큐브릭과 서던은 핵무기의 위험성에 집중했다. "스탠리와 테리 서던은 이에 대해 끊임없이 이야기를 하다가 극심한 공포에 빠져들었죠." 크리스티안이 말한다. "이 사람들은 정말로 두려워하고 있었고 '그 일이 언제 일어나게 될까, 그리고 그 일이 일어나지 않을 거라는 생각은 하지 말자'는 내용의 긴 대화를 나누었습니다."

심지어 큐브릭은 다가오고 있는 핵 파괴의 사정거리에서 벗어나 있을 것 같은 오스트레일리아로 이주할 마음까지 먹었다. "스탠리는 이런 환상을 품고 있었습니다." 크리스티안이 회상했다.

우린 오스트레일리아로 향하는 배에 오르려고 했어요. 그가 말했죠. "유대인들은 항상 농담을 했지. '위험하지 않아. 그들이 우릴 죽일 순 없어.' 우리는 교훈을 얻어야 해. 그러니 오스트레일리아로 가는 거야." 제가 그랬어요. "좋아요. 가요." 그는 몇 주가 지나도록 티켓을 사지 않았어요. 이렇게 말하더군요. "거기 욕실이 없대. 욕실을 공동으로 써야 한다고."

제가 말했어요. "가요. 난 대찬성이니까. 여행 가방 챙겼어요." 결국 아주 기이한 농담이 돼 버렸죠. 다른 사람들은 그를 놀렸고 그 자신도 스스로를 조롱했어요. "아니, 난 아직 아무것도 한 게 없지만 다음 주에는 우리가 뭔가를 해야 해." "네 그렇게 해요. 나도 갈 수 있으니까." 제가 준비가 되어 있다는 게 그를 미치게 했어요. 타자기가 다른 책상에 놓여 있으면 그는 화를 냈죠. 저는 우리가 배를 타고 함께 침몰해야 한다면 그것도 그리 나쁘지 않다고 했어요. "당신 지금 굉장히 부정적이야." 그가 말했어요. "나 농담하는 거 아냐. 그 말은 인정 못 하겠어. 재미없다고. 당신이 아무 말도 안 하는 건 다른 의미에서 못되게 구는 거야."

우린 정말 터무니없는 대화를 나눴어요. "언제 갈 건데요? 배는 예약했어요? 좋아요. 난 갈 준비가 됐고 짐도 다 챙겼어요… 난 나머지 다른 것들은 다 두고 갈 수 있는데, 당신도 그럴 수 있어요?" 모두가 그를 물고 늘어져서 완전히 가족 간의 농담처럼 될 때까지 이런 대화가 계속됐죠.

큐브릭은 대재앙으로부터 자신과 가족을 구하기 위해서인데도, 가정과 너무 결속되어 있어서 세상 끝으로 떠날 생각도 할 수 없었다.

큐브릭은 평생 통제권을 행사하고 위험을 최소화하려는 바람에 따라 균형 상태를 잘 유지하고 싶어 했다. 그러나 핵전쟁의 위기에 처한 세상에서 그런 게 보장되기란 불가능해 보였다. 군사 훈련은 일상처럼 되었고, 그들의 일그러진 계획으로 세상은 어찌 될지 모르는 상태에 놓여 있었다. 핵무기 설계자들은 소름 끼치도록 엉망이 된 현실을 암시해 주었다. 가장 확신할 수 있는 상태는 전 세계의 괴멸이었고 운명을 다스리는 가장 확실한 방법은 세상의 종말이었다.

「닥터 스트레인지러브」는 핵폭탄에 접근할 수 있는 단 한 명의 미친 개인이 돌연 핵폭탄을 쏠 마음을 먹음으로써 그 자신과 함께 전 인류를 끝장낼 수도 있다는 걸 보여 준다. 증거물 1호는 노골적인 미치광이 장군 잭 D. 리퍼로, 그는 빨갱이의 음모에 대해 험악하게 투덜거리며 시가를 씹어 대는 마초적 독불장군이다. 큐브릭이 리퍼에 필적하는 상대로 내세운 인물은 더 전략적인 사고를 하지만 마찬가지로 미친 장군 벅 터지슨이다. 마초에 외고집, 코웃음을 치며 거만한 태도를 보이는 그는 러시아인들에 대한 선제공격을 부르짖는다.

「닥터 스트레인지러브」는 리퍼가 러시아인들과 핵전쟁을 시작한다는 정신 나간 결정을 내리며 본격적으로 전개된다. 영화는 대통령이 리퍼의 폭격기들을 다시 불러들이려고 하는 미국의 전쟁 상황실과 킹 콩 소령이 이끄는 B-52 폭격기의 승무원을 교차 편집으로 보여 준다. 소련은 원자 폭탄이 단 하나라도 러시아를 공격하면 연이은 폭발을 일으켜 세상을 파괴할 둠스데이 장치를 가지고 있다. 한편 검은 장갑을 낀 전前 나치 스트레인지러브는 분명 세계 멸망에 대한 기대로 들떠 있다. 콩 소령의 비행기가 임무를 완수해 둠스데이 머신이 작동하며 폭탄이 터져, 아니 더 정확히 말하면 수많은 폭발과 더불어 세상은 종말을 맞는다.

큐브릭의 영화는 엄청난 충격을 주었는데, 단순히 군산복합체軍産複合體를 조롱하는 데에 그치지 않고 권력에 미친 두 장군 리퍼와 터지슨뿐만 아니라 파멸에 굶주린 스트레인지러브에 대한 경외감을 담고 있기 때문이다. 스트레인지러브는 폭력을 통한 부활을 기대하는 타락한 구원자다. 리퍼와 터지슨은 승리로 향하는 길에 따르는 수백만 명의 죽음쯤은 두려워하지 않는 남성적 위인들이다. 아킬레우스이자 아합[8]이

---

8 구약 성경에 등장하는 이스라엘의 일곱 번째 왕. 아내 이세벨에게 힘을 실어 주어 사신邪神 바알을 숭배하고 하나님의 사람들을 핍박한 사악한 왕이다.

며 성경에 등장하는 모든 광기의 전사들인 그들은 정말 터무니없지만, 가장 중요한 자리에서 완전한 호전성으로 무장되어 있다. 큐브릭은 라블레[9]의 열렬한 독자였는데, 「닥터 스트레인지러브」에서 그의 스타일은 군국주의에 대한 궁핍한 인도주의적 비난이 아니라 풍요롭고 통렬한 라블레식 풍자다.

"우린 그야말로 미친 사람들과 행동을 취할 준비를 해야 할 겁니다." 1956년 아이젠하워 대통령은 핵 전략에 대한 연설에서 이렇게 말했다. 큐브릭의 영화는 이런 미친 행동을 품고 있다. 누구나 잭 D. 리퍼가 시가를 뻐끔뻐끔 피우는 극단적인 로 앵글 숏을 잊지 못한다. 그가 불굴의 정신을 지닌 영국 공군 대령 맨드레이크에게 "난 여자들을 피하는 게 아냐, 맨드레이크. 단지 그들에게 내 소중한 체액을 허락하지 않을 뿐이지"라고 말하는 장면에서, 앞으로 내민 그의 턱은 러시모어산의 조각상[10]처럼 보인다.

큐브릭은 「킬링」에서 주연을 한 스털링 헤이든에게 리퍼 역을 맡겼다. 지난 6년 동안 헤이든은 파리에 있는 선상 가옥에서 살아 왔는데 그사이 미국 국세청은 본국에 있는 그의 재산에서 상당한 금액의 체납 세금을 거두었다. 그는 안절부절못했다. 촬영 첫날 헤이든은 자기 대사를 망쳤다. "완전히 창피를 당했죠." 그는 이렇게 말했지만, 큐브릭은

---

9 16세기 프랑스 르네상스 문학의 최고봉이자 풍자 문학의 백미로 평가되는 『가르강튀아와 팡타그뤼엘』을 쓴 작가이자 의사.

10 사우스다코타주 블랙 힐스에 있는 러시모어산에는 조지 워싱턴과 토머스 제퍼슨, 시어도어 루스벨트, 그리고 에이브러햄 링컨 등 미국의 위대한 대통령 4인의 얼굴이 18미터 크기로 조각되어 있다.

누구에게나 있을 수 있는 일이라며 그의 기운을 북돋워 주었다. "그는 멋진 사람이었습니다." 헤이든이 말했다.

도쿄, 히로시마와 나가사키 파괴를 관장했으며 베트남을 폭격하여 "석기 시대로 돌려놓아야" 한다고 제안했던 미 전략 공군 사령부의 전 前 사령관인, 성미가 까다롭고 테스토스테론[11]이 넘쳐 거칠기 짝이 없는 커티스 르메이 장군이 어느 정도 리퍼의 바탕이 되었다. 거기에 존 버치 협회[12]가 주장한, 빨갱이들이 상수도에 불소를 넣는다는 피해망상의 강렬한 향취를 더하면 리퍼가 된다.

큐브릭은 터지슨 장군 역으로 당시 존 휴스턴의 「에이드리언 메신저의 목록」(1963)에 출연한 조지 C. 스콧을 선택했다. 스콧이 연기한 터지슨은 껌을 씹고 섹스를 나누고 남성의 자존심을 고함쳐 말하는, 열세 살짜리 소년이 무시무시하게 자란 것 같은 인물이다. 우리는 그가 자신의 가슴에 거머안는 브리핑 노트에 쓰인 "대규모 살상을 위한 전 세계 표적"이라는 제목을 볼 수 있다. 스콧은 헤이든과 마찬가지로 해병대 출신이고 성가신 파리를 휘이 쫓아내듯 의혹을 날려 버리는 마초적 허세를 부리는 데에 능숙하다. 터지슨에게 전쟁이란 계란을 깨는 일과 같다. 그는 러시아인들이 미국에 투하하는 핵폭탄이 "운에 따라 1,000만에서 최고 2,000만 명"을 죽일 거라고 예측한다.

"오직 완전한 승리만이 가치 있는 것"이 된 이래 "종말론적 징후는

---

11 남성 호르몬.

12 1958년 로버트 W. 웰치 주니어가 반공산주의를 표방하여 설립한 극우 단체. 이 명칭은 미국의 침례교 목사이자 2차 대전 당시 미 전략사무국의 중국 첩보원이던 존 버치의 이름에서 따왔다.

격분과 투지를 불러일으켰다." 리처드 호프스태터[13]는 뛰어난 에세이 『미국 정치의 피해망상 양상』에서 이렇게 언급했다. 연기가 피어오르는 시체들의 산을 연상하면 승리라는 건 좀 어리석어 보이지만, 터지슨은 우리가 이기는 것이 중요하다고 긍정적으로 생각하기를 바란다. 우리는 홈 팀을 열심히 응원하는 풋볼 경기의 팬을 대할 때처럼 대규모 죽음을 대할 수 있다.

큐브릭은 초기 대본에서 터지슨이라는 캐릭터를 슈먹[14] 장군이라고 불렀다. "최고의 몸 상태를 유지하고 있으며 이를 자랑스러워하는" 그는 "걸걸한 목소리에 모질고 격의 없는 공군 참모 총장"이다. 슈먹을 터지슨[15]으로 바꾸기 위해 큐브릭은 이 캐릭터를 과장되게 부풀려야 했다. 촬영 도중 큐브릭은 스콧에게 노골적인 스타일로 연기를 해서 허풍을 떠는 캐릭터로 만들 것을 요구했다. 연기 지도는 효과가 있었다. 어이없게도 자신의 바보 같은 행동을 알아채지 못하는 터지슨은 큐브릭의 풍자에 있어 중요한 인물이다.

스콧을 지도하는 동안 큐브릭은 평상시의 차분함, 배우들에게 자신감을 주는 태도를 지켰다. 스콧은 나중에 "큐브릭은 두말할 나위 없이 통솔자입니다… 그런데 그는 자기를 내세우는 법이 없어요. 그가 기분을 상하게 하는 일은 없습니다. 거만함도 자만심도 없죠"라고 말했다. 그는 큐브릭이 "탁월한 안목을 가지고 있어요. 그는 카메라보다 더 많

---

13 『개혁의 시대』(1955)와 『미국의 반지성주의』(1963)로 두 차례 퓰리처상을 수상한 미국의 역사학자.
14 Schmuck: 얼간이.
15 터지슨Turgidson은 '말이나 문체가 과장된·부풀어 오른·허풍 떠는'이라는 의미를 지닌 단어 'turgid'에서 따온 이름이다.

은 걸 봅니다"라고 덧붙였다. 큐브릭은 촬영장에서 스콧과 체스를 둘 때면 변함없이 이기던 체스판에서도 더 많은 걸 봤다.

큐브릭은 스콧의 저속한 익살의 향연을 즐겼지만 그걸 받아들일 줄도 알았다. 한 장면에서 스콧은 러시아 대사가 전쟁 상황실에 들어오면 "러시아놈들"이 보게 될까 염려하는 "빅 보드"를 가리키며 말을 더듬는다. 이건 사실상 작은 사고였지만 큐브릭은 이 장면을 영화에 넣기로 했다. 스콧은 스스로에게 약간 조소를 날리며 아슬아슬하게 회복되어 두 번 다시 페이스를 잃지 않는다.

큐브릭이 그를 구슬려 거만하고 뻔뻔하며 과장된 연기를 하도록 이끌었기 때문에, 촬영이 끝났을 때 스콧은 자신이 형편없는 연기를 했다고 확신했다. 큐브릭은 스콧에게 이렇게 편지를 썼다. "마음을 좀 누그러뜨리고, 이것이 당신이 했던 최악의 연기라고 해도 사실 모두가 이게 최고라고 생각할 거라는 점만은 알아주시길 바랍니다."

영화를 본 거의 1,000명 가까운 사람들이 이제껏 본 것 중에서 당신의 연기가 더없이 뛰어나며 예리하고 재미있다고 생각합니다. 여기엔 감독, 제작자, 작가, 배우, 평론가, 편집자, 출판인, 디스크 자키, 비서, 임원, 변호사, 주부, 미용사, 그리고 정신과 의사 들이 포함되어 있습니다.

피터 셀러스가 퀼티로서 보여 준 코믹한 매력 덕분에 「롤리타」가 성공을 거두었다고 확신한 컬럼비아 영화사는 셀러스가 「닥터 스트레인지러브」의 주연을 맡아야 한다고 고집했던 모양이다. 테리 서던에 의

하면 큐브릭은 이 명령에 불평을 했다. 그러나 큐브릭이 금세 알아차린 것처럼 셀러스는 영화에 결정적인 역할을 했다. 이 걸작에서 셀러스는 세 인물, 즉 핵 이론가 스트레인지러브, 미국 대통령 머킨 머플리, 그리고 영국군 장교 맨드레이크 대령을 연기했다. 의연하며 지극히 영국적인 맨드레이크와, 애들레이 스티븐슨[16]을 모델로 한 진보적 인텔리인 머플리는 영화에서 진지한 역할을 맡는다. 셀러스는 처음에 지독한 감기로 쉴 새 없이 코를 풀고 훌쩍거리는 머플리를 연기했지만, 큐브릭은 그의 고삐를 당겼다. 머플리는 정상적인 휴머니스트를 담백하게 구현하는데, 주변에 득시글거리는 미치광이들은 그의 솔직함을 극적으로 무색하게 만든다.

닥터 스트레인지러브는 아마 셀러스의 가장 잊을 수 없는 영화 배역일 것이다. 확실히 그의 가장 놀라운 역할이다. 스트레인지러브는 앙다문 이 사이로 쥐어짜듯 나오는 뱀과 같은 속삭임과 충동적 외침을 오가며 발작적인 리듬으로 말을 한다. 그의 손은 '하일 히틀러' 경례를 하고 싶어 근질거리고, 그래서 그는 격렬하게 몸부림치며 몸을 뒤틀고 팔을 마구 때려 굴복시킨다. 스트레인지러브의 못된 손은 프리츠 랑의 「메트로폴리스」(1927)에서 로트방의 장갑을 낀 저돌적인 주먹을 엄청나게 개조한 것이며[17], 그의 휠체어를 탄 몸은 처음에는 불길한 그림자로 등장하는데, 가죽과 강철로 번뜩이는 파시즘이 어떻게 미군 싱크 탱

---

16 1952년과 1956년 민주당의 대통령 후보로 출마하여 아이젠하워에게 연속으로 패한 미국의 정치가·외교관.

17 「메트로폴리스」는 독일 표현주의 영화의 거장 프리츠 랑(1890~1976)이 연출한 무성 영화로, 이후의 수많은 SF 영화에 영향을 끼친 걸작이다. 여성 로봇을 만드는 발명가 로트방Rotwang은 이후 '미친 과학자'의 전형으로 자리하는 캐릭터다.

크로 옮겨 갔는지를 보여 준다.

큐브릭이 거듭 부정했음에도 불구하고, 스트레인지러브는 칸은 물론이거니와 "제한적인" 핵전쟁에 관한 베스트셀러[18]의 작가인 헨리 키신저와 핵물리학자 에드워드 텔러를 모델로 한 게 분명해 보인다. 이들은 모두 유대인이지만 스트레인지러브는 속속들이 나치이고 인종 청소를 위한 대량 학살에 열광적으로 전념한 히틀러의 마음이 남아 있다는 걸 입증하는 단 한 사람이다. "메르크뷔어디히리베[19], 독일 이름이죠." 누군가 터지슨에게 말한다(바보 같고 고지식한 번역이다. 「닥터 스트레인지러브」의 실제 독일어 제목은 덜 기괴하게 들리는 「젤트잠 박사Dr. Seltsam」다).

큐브릭이 그려 낸 스트레인지러브는 거대 규모의 죽음에 대한 유별난 애착을 가지고 있으며, 이전의 나치처럼 파멸을 피해 살아남아 승자가 된다는 사실에 도취되어 있다. 끝없는 죽음의 장관壯觀에 직면하며 그는 불멸을 느낀다. 한껏 들떠서 "총통 각하 만세, 이제 걸을 수 있어"라고 환성을 지르는 스트레인지러브를, 이 섬뜩한 부활 장면을 어느 누가 등골이 오싹하지 않은 채 볼 수 있을까? 20세기에 우리가 무자비하게 신나서 다른 사람들의 대규모 죽음에 법석을 떨었던 모습을 요약해 보여 주는 이 장면은 이제껏 나온 모든 영화를 통틀어 가장 통찰력 있는 순간일지도 모르겠다.

셀러스는 스트레인지러브, 머플리와 맨드레이크와 더불어 B-52 폭격기의 지휘관인 킹 콩 소령 역할도 맡기로 되어 있었다. 콩의 텍사스

---

18 미국의 정치가이자 정치학자인 헨리 키신저가 1957년 출간한 『핵무기와 외교 정책』을 의미한다.
19 Merkwürdigliebe: 'Strangelove'의 독일어.

말투에 어려움을 겪기는 했지만 셀러스는 하루 동안 그 역할을 했다. 이것이 영화에서 그의 네 번째 역이 될 뻔했으나 발목을 삐는(혹은 그가 그렇다고 주장한) 바람에 그는 비행기 사다리를 오를 수가 없었다. 큐브릭은 이전에 브랜도의 「애꾸눈 잭」을 비롯한 여러 서부 영화에 출연했던 로데오 광대[20]이자 말타기의 명수 슬림 피킨스에게 역을 요청했다. 피킨스는 카우보이 모자와 카우보이 부츠를 신고 런던에 도착했다. 서던이 그에게 호텔이 마음에 드냐고 묻자 피킨스는 대답했다. "오클라호마 출신 내 불알친구가 이런 말을 했지. 걍 헐렁한 신발 한 켤레랑 죽이는 여자, 똥 쌀 수 있는 따뜻한 곳만 있음 다 좋다고 말여."

피킨스가 연기하는 콩은 "러시아인들과 정면으로 맞서 싸우는 핵 전투"의 가능성을 즐긴다. 완강하며 영리한 그는 폭격기를 목적지에 이르게 해 급습함으로써 단독으로 세상을 멸망시킨다. 살인자 유인원이 다시 등장한 것이다.

큐브릭은 세계 절멸을 위해 피킨스를 핵미사일에 태운다는 기발한 아이디어를 떠올렸다. 그가 야생마를 길들이듯 올라탄 폭탄이 떨어질 때 콩 소령은 지상 최대의 흥분, 전쟁이 주는 모든 흥분을 종식하는 최고조의 흥분을 맛본다. ('전쟁의 흥분 wargasm'은 칸이 만들어 낸 신조어다. 그는 사람들이 전쟁 계획은 없어도 전쟁으로 인한 흥분을 느낀다는 농담을 한 적이 있다.) 여기서 「닥터 스트레인지러브」는 다시 실제 역사에 근접한다. 에놀라

---

20 로데오 경기에서 황소의 주의를 끌어서 떨어진 선수를 보호하며, 익살을 부려 관객에게 재미를 선사하는 역할을 하는 사람.

게이[21]의 폭탄 중 하나에는 리타 헤이워스[22]의 그림이 그려져 있었다. 즉 궁극적 섹스로서의 대량 살상이었던 것이다.

큐브릭은 「닥터 스트레인지러브」가 원자력 시대에 걸맞은 매끈하고 현대적인 모습을 갖출 필요가 있다는 걸 알고 있었다. 그는 영화의 프로덕션 디자인을 위해 2차 대전 당시 영국 공군 조종사였던 베를린 출신의 독일계 유대인 켄 애덤을 선택했다. 큐브릭은 제임스 본드 영화 「007 살인 번호」(1962)에서 애덤이 한 미래 지향적 작업을 좋아했다. "그에게 완전히 반했던 것 같아요." 애덤이 큐브릭에 대해 말했다. "마치 결혼 생활 같았죠." 애덤은 큐브릭이나 서던, 셀러스처럼 무뚝뚝하고 감정을 드러내지 않으며 빈정대기 좋아하는 사람이었다. 모두가 묘하게 냉소주의자들인 이 네 명은 서로 잘 맞았다.

「닥터 스트레인지러브」에서 애덤은 탁월한 솜씨로 현대적인 군의 모습을 표현해 영화 역사상 가장 독특한 세트를 만들어 냈다. 한가운데에 거대한 원탁이 있는 동굴 같은 삼각형의 전쟁 상황실이 그것이다. 정치인과 장군 들이 세계의 운명을 두고 포커를 치고 있다는 걸 암시하기 위해 테이블은 녹색 모직 천으로 덮었다(정교하고 뚜렷한 흑백으로 촬영된 영화에서 세부 사항은 보이지 않는다). 세트 바닥은 끝없는 구렁텅이를 연상케 하듯 까맣고 광이 난다. 훗날 애덤은 로널드 레이건이 대통령이 됐을 때 「닥터 스트레인지러브」의 세트를 실제 있는 걸로 혼동한 그가 전

---

21 Enola Gay: 2차 세계 대전 당시 히로시마에 원자 폭탄을 투하한 B-29 폭격기의 애칭.
22 「길다」(1946), 「상하이에서 온 여인」(1947) 등의 누아르 영화에서 관능적이고 매혹적인 팜 파탈 연기를 보여 주었던 배우(1918~1987). '사랑의 여신'이라는 별명으로 불리는 등 40년대 할리우드를 대표하는 섹스 심벌이었고 2차 대전 당시 군인들에게 가장 인기 있는 핀업 걸이기도 했다.

쟁 상황실을 보여 달라고 했다는 이야기를 즐겨 했다.

「닥터 스트레인지러브」는 200만 달러가 조금 안 되는 제작비가 들었다. 1963년 11월 22일로 예정되었던 평론가 시사회는 취소되었는데, 바로 그날 케네디 대통령이 저격을 당했기 때문이다. 슬림 피킨스는 승무원의 구급상자(콘돔, 스타킹, 흥분제가 담긴)를 가지고 "사내라면 댈러스에서 꽤 멋진 주말을 보낼 수도 있을" 거라는 말을 한다. 11월 22일 이후 "댈러스"는 "베이거스"가 되었다.[23]

큐브릭은 일반에 공개하기 전 「닥터 스트레인지러브」에 또 다른 중요한 장면을 바꾸었다. 그는 영화의 결말로 예정한, 전쟁 상황실에서 파이를 던지며 싸우는 장면을 찍느라 2주를 보냈다. (파이 던지기 싸움 장면은 영화의 스틸 사진작가 위지가 찍은 스틸 사진 세트에 남아 있지만, 나는 실제 촬영 장면을 보았다는 사람을 본 적이 없다.) 큐브릭은 이 장면이 풍자가 아니라 익살극이며 「닥터 스트레인지러브」의 결말로 적합하지 않다고 결론지었다. 그 대신 스트레인지러브가 휠체어에서 일어난 후, 영화는 일련의 버섯구름과 제2차 세계 대전 때 전선으로 향하는 영국 군인들에게 사랑받았던 노래인 베라 린[24]의 〈위 윌 밋 어게인〉과 함께 끝난다.

컬럼비아 영화사에서 「닥터 스트레인지러브」를 처음 상영했을 때 큐브릭은 스튜디오가 이 영화를 어떻게 홍보할지 아무 생각이 없으며 엉뚱하고 색다른 영화로 대수롭지 않게 취급할 거라는 걱정에 사로잡혀 있었다. "배급이 완전 망할 거 같습니다." 그가 서던에게 침울하게 털

---

23 케네디 대통령이 암살을 당한 곳이 댈러스였기 때문에 후반 작업에서 '베이거스(라스베이거스)'로 새롭게 더빙을 했다.

24 2차 대전 당시 '군부대의 연인'으로 널리 사랑받았던 영국의 팝 가수.

「닥터 스트레인지러브」에서 의기양양한 조지 C. 스콧
(포토페스트/워너브라더스 제공)

어놓았다. 그러나 서던은 다음 날 큐브릭이 활기에 넘쳐서 자랑스럽게 떠들었다고 전한다. "모 로스만이 골프에 완전히 빠져 있다는 걸 알았어요." (로스만은 영화의 제작자 중 한 사람이었다.) 그는 로스만이 다니는 웨스트체스터 컨트리 클럽에 값비싼 전동 골프 카트를 배달했지만, 로스만이 선물을 거절하여 큐브릭은 무척이나 실망했다. "그 개자식이… 이건 '예의에 어긋난다'고 하더군요." 큐브릭이 서던에게 알렸다. "모로스만이 그런 얘길 한다는 게 상상이 갑니까? 그런 표현은 비서한테 배웠을 거예요!"

"이 영화는 어디에서든 말도 안 되게 성공을 거둘 것 같아." 제임스 메이슨은 말리부에서 큐브릭에게 보낸 편지에 「닥터 스트레인지러브」

와 관련하여 이렇게 썼다. "물론 미국에서는 많은 이들이 분노하고 죽어라고 입에 거품을 물 거야." 메이슨이 덧붙였다. 어느 정도는 사실이었다. 「닥터 스트레인지러브」의 홍보를 맡은 회사는 이렇게 논평했다. "할리우드에서 여론을 주도하는 이들 중 영화의 정신이상자 공군 장군을 좋아하는 사람이 적어도 세 명은 있다. 그들은 이 영화가 빨갱이들의 손에 놀아나는 악마의 도구라고 생각한다."

메이슨이 예견했듯 「닥터 스트레인지러브」는 엄청난 성공을 거두었고, 결국 900만 달러 이상의 수익을 올렸다. 엘비스 프레슬리는 그레이스랜드[25]에서 「닥터 스트레인지러브」를 상영할 정도로 열성적인 팬이었다. 이 영화는 아카데미에서 각본상, 감독상, 남우 주연상(셀러스), 그리고 작품상 등 4개 부문에 후보로 올랐지만 수상을 하지는 못했다. 그러나 큐브릭은 뉴욕 비평가협회 시상식에서 최우수 감독상을 받았는데, 그가 뉴욕의 평론가 단체로부터 그런 찬사를 얻은 건 이게 마지막이었다. 당시 큐브릭은 「닥터 스트레인지러브」가 자신의 영화 중 가장 좋아하는 작품이며 「롤리타」와 「영광의 길」이 순서대로 그 뒤를 잇는다고 밝혔다.

로버트 브루스타인은 세계의 종말을 무책임하게 대한다며 영화를 그저 농담처럼 보았던 평론가들에게 화답하는 의미로 「닥터 스트레인지러브」에 대한 최고의 리뷰를 썼다. 브루스타인은 "큐브릭은 좌익을 털끝만큼도 긍정하지 않으며 우익의 입장을 논파論破해 버렸다. 심지어 채플린, 웰스, 그리고 휴스턴의 최고작에까지 배어 있던 30년대 특

---

25 Graceland: 테네시주 멤피스에 있는 엘비스 프레슬리의 저택.

유의 냄새가 마침내 여기에서 소독이 되었다. 소독을 한 대상은 사실 모든 이념적 사고에서 풍기는 악취다… 영화의 유일한 정치적 견해는 악의를 품은 관료주의에 대한 분노뿐이다"라고 했다. "인도주의자들은 영화가 비인간적이라는 걸 알게 될 것이다." 브루스타인은 이렇게 덧붙였지만 그들이 틀렸다고 말한다.「닥터 스트레인지러브」는 "희극적 시정詩情을 통해 우리 모두를 사로잡는 저 무기력감과 좌절감을 표출한다. 그리고 나는 이런 창의적인 작업을 하는 것보다 더 중요한 건 없다고 생각한다." 큐브릭은「닥터 스트레인지러브」에 대한 브루스타인의 리뷰가 "내가 읽어 본 것 중 가장 통찰력 있게 잘 쓴 글"이라고 말했다.

「닥터 스트레인지러브」가 성공을 거둠에 따라 큐브릭에게 많은 연설 요청이 있었지만 그는 거의 매번 사양했다. "TV나 라디오에서는 항상 말문이 막힙니다." 그는 CBS 뉴스의 허버트 미트갱에게 털어놓았다. 그는 1964년 4월 길버트 셀데스[26]에게 이렇게 말했다. "저는 연설을 하거나 기사를 쓰지 않습니다. 겸허한 마음으로 이런 생각을 하는 건 좋아하지만 그건 아마 극도로 자기중심적인 형태일 거예요. 정말이지 저는 평론가나 강사가 되기로 마음먹는 영화 제작자나 작가 들이 뭔가 정상이 아니라는 생각을 항상 합니다." "저는 형편없는 강사입니다. TV 프로그램 등 일체의 연설 약속은 하지 않습니다." 그는 액터스 스튜디오에서 하는 젊은 영화감독들을 위한 워크숍 초대를 거절하며 편지에 이렇게 썼다.

---

26 미국의 작가·문화 비평가.

큐브릭은 또한 SDS[27]의 토드 기틀린이 자신들의 협의회에 나와 달라고 한 요청을 묵살하며 신좌파를 무시하기도 했다. 핵전쟁 반대 단체인 세인SANE은 큐브릭에게 엘리너 루스벨트 평화상을 제안했으나 그는 거절했다. 큐브릭은 그의 말처럼 "분명히 (세인의) 관점과 목표를 대부분 공유"했지만 「닥터 스트레인지러브」에 "평화 단체의 성과"라는 꼬리표가 붙는 걸 원하지 않았다. 큐브릭은 배리 골드워터가 닥터 스트레인지러브처럼 그려진 『토론토 데일리 스타』 신문의 만화를 재미있게 봤고, 어린아이가 데이지 꽃잎을 따는 장면이 담긴 린든 존슨의 골드워터 낙선 운동 광고[28]를 복사해 달라고 요청했다.

60년대 초반부터 큐브릭은 기명記名 기사를 써 달라는 언론의 제안을 거절해 오고 있었다. 1964년 8월 토머스 프라이어에게 쓴 편지에서 그는 이렇게 이유를 댔다. "평론가, 배급업자, 배우 등등에 대해 어떻게 생각하는지를 조금이라도 솔직하게, 우리와 같은 인간의 섬세한 감정을 너무 혐오하는 느낌이 들지 않게 말한다는 건 정말 불가능한 일입니다."

큐브릭이 말한 '느낌'은 '초점과 사운드'라고 일컬었던, 날짜가 기록되지 않은 기사의 초고에 담겨 있다. 거기서 그는 "영화 산업이 여전히 (자신이 앉아 있는 곳에서 초점이 맞지 않는지 알 수 없는) 영사 기사에 휘둘리

---

27 60년대 미국의 신좌파를 대표하던 학생 단체인 '민주 사회를 위한 학생 연합Students for a Democratic Society'.

28 1964년 미국 대통령 선거에서 민주당 후보 린든 B. 존슨은 공화당 후보 배리 골드워터를 압도적으로 꺾고 36대 대통령에 당선되었다. 그를 승리로 이끈 중요한 요인 중 하나는 '데이지' 또는 '데이지 소녀'로 불린 광고였다. 어린 소녀가 데이지 꽃잎을 떼며 숫자를 세는데, 9를 세는 순간 카운트다운이 시작되고 클로즈업한 소녀의 눈동자는 핵폭발 장면으로 전환된다. 섬뜩한 핵의 공포를 표현한 이 광고는 핵무기 사용을 주장해 온 골드워터에게 치명타를 안겼다.

고 있다"고 불평한다. 큐브릭은 영화를 보러 가서 심하게 초점이 안 맞는 영상 때문에 극장 지배인을 보자고 요청하는 상황을 묘사한다. 그가 쓰기를, 지배인은 늘 그렇듯 "일련의 복잡한 버저가 딸린 사무실에 틀어박혀 있다⋯ 숱하게 버저를 누르고 전화 호출을 하고 기다린 후에 작은 문이 열리고 아주 미심쩍은 표정을 한 남자가 서류로 뒤덮인 아주 작은 책상에서 고개를 든다." 지배인은 그러고 나서야 큐브릭에게 "초점이 안 맞을 수가 없어요, 사전에 다 맞춰 놨거든"이라거나 "프린트가 안 좋은 거예요"라고 말한다.

큐브릭이 나중에 극장 지배인들을 상대할 때 했던 주문과 같은 말은, 워너브라더스의 프로듀서 줄리언 시니어의 기억에 의하면 "제대로 하는 게 틀리게 하는 것만큼이나 쉬운" 일이었다. 그는 1.66:1의 화면비 재생에 맞게 조정된 렌즈를 사용해 영사할 것을 강조함으로써 「시계태엽 오렌지」 이후 자신의 영화 상영을 더 성공적으로 통제할 수 있었다. 그의 조수들은 큐브릭의 영화가 상영될 때면 전화를 걸고 극장에 가서 파국을 초래할 수 있는 결함이 없는지 확인하는 일에 익숙해졌다. 시니어는 "스탠리는 (극장들에게) '모르겠어요? 내 영화만을 위한 게 아니라 모든 영화를 위해 이러는 겁니다'라고 말하곤 했어요"라고 회상한다.

1964년 봄, 「닥터 스트레인지러브」가 거둔 성공 덕에 큐브릭 가족은 이스트 84번가에 있는 렉싱턴 애비뉴의 복층 펜트하우스로 거처를 옮겼다. 스탠리는 가정생활을 즐기고 있었다. 1964년 8월 마틴 러스에게 보낸 편지에서 그는 다섯 살짜리 딸 안야가 길 건너 있는 식당에 일곱 살짜리 사내아이와 점심을 먹으러 가게 허락해 달라며 아버지를 졸랐다는 이야기를 했다고 썼다. 큐브릭이 러스에게 밝힌 바, 그는 아이와 45분 동안 언쟁을 벌여야 했으나 결국 그가 이겼다. 이것이 게임의 규칙이라고 큐브릭이 농담으로 덧붙였다. 그가 다섯 살짜리 딸이 점심을 먹으러 가는 걸 막지 않는다면 아이가 아홉 살에 데이트를 할지도 모른다고. 안야는 아버지와 마찬가지로 자신이 원하는 것을 알며 흔들리지 않고 단호하게 자기주장을 하는 아이인 것 같았다.

큐브릭은 「닥터 스트레인지러브」의 뒤를 이을 프로젝트를 찾아 여러 책을 탐독했다. 그가 60년대 초반 수집한 책의 목록에는 레오 실라르드의 『돌고래의 목소리』, 이반 곤차로프의 『오블로모프』, 『카마수트라』, 킹슬리 에이미스의 『지옥의 새 지도』, 제임스 볼드윈의 『단지 흑인이라서, 다른 이유는 없다』, 『고기 요리 책』, 셰퍼드 미드의 『여자들과 성공하는 법』, 시몬 드 보부아르의 『제2의 성』, B. H. 리델 하트의 『억지력 혹은 방어』, J. G. 밸러드의 『물에 잠긴 세계』, 그리고 레슬리 그로브스의 『이제는 말할 수 있다』 등이 포함된다. 그 외에 라블레, 이탈로 스베보, 콜레트, 필립 로스(『자유를 찾아서』), 그리고 물론 허먼 칸의 책도 있다.

큐브릭의 독서 목록에는 로버트 에틴거[29]가 쓴 『냉동 인간』이라는 별난 책이 있었다. 1964년 여름 큐브릭은 에틴거와 기나긴 서신 교환을 시작했다. 8월에 보낸 편지에서 이 책을 이야기하며 인간을 냉동하고 결국 되살려 냄으로써 불멸의 존재로 만든다는 에틴거의 계획에 대

---

29 '인체 냉동 보존술의 아버지'로 알려진 미국의 물리학자.

해 "95퍼센트의 사람들"이 "막힌" 반응을 보였다고 쓰면서부터다. "불멸을 고찰하기 위해서 그들은 먼저 죽음을 인정해야 한다고 생각합니다." 큐브릭의 이야기는 계속되었다. "그리고 이건 보아하니 자주 이루어지는 않는 것 같더군요." 그는 이렇게 덧붙였다. "그런데, 당신은 존 폴 존스[30]가 알코올로 가득 채운 납으로 만든 관에 매장되었다는 걸 알고 계셨는지요? 그가 모종의 계획을 염두에 두고 있던 건지 궁금합니다."

큐브릭은 에틴거의 불멸 계획에 대해 흥미를 느끼긴 했지만 회의적이었다. "당신은 별것 아닌 어려움을 얼버무리는 경향이 있는 것 같습니다. 쇠약해진 상태를 회복하기란 거의 불가능합니다." 그는 에틴거에게 이렇게 썼다. 큐브릭의 불멸에 대한 관심은 「2001 스페이스 오디세이」로 발전하는데, 거기서 남자는 마지막으로 스트레인지러브를 훨씬 넘어서는 힘을 지닌 신과 같은 아기로 변모한다.

1964년 6월, 큐브릭은 영화 두 편을 계약하자는 컬럼비아 영화사의 제안을 거절했다. 그가 계약서에 적은 23페이지에 달하는 메모 중에서 이런 글이 있다. "나는 영화에 대해 완전하고 절대적이며 최종적인 예술적 통제권을 가져야 한다." 스튜디오는 예산 통제권과 두 주연 배우의 선택권만 허용하려 했다. 그는 또 이렇게 썼다. "나는 어떠한 상황에서도 컬럼비아의 지시에 따라 대본, 영화 또는 내가 머리를 빗는 스타일을 바꾸거나 수정하라는 요구에 동의하지 않는다." 그의 다음 영화는 큐브릭이 지금까지 한 것 중 완전한 예술적 통제를 보여 주는 가

---

30 '미 해군의 아버지'로 일컬어지는, 미국 독립 전쟁 당시 해군 사령관.

장 대단한 사례가 될 것이었다. 「닥터 스트레인지러브」에서 그는 세계를 날려 버렸다. 「2001 스페이스 오디세이」에서 그는 이전에 영화에 등장한 어떤 것과도 다른, 영화를 보는 우리의 상상을 넘어서는 장엄하고 짜릿한 우주를 창조하게 된다.

4
바벨탑은 우주 시대의 시작이었다:
「2001 스페이스 오디세이」

헤이트 애시베리에서는 '사랑의 여름'[1]이 펼쳐졌고 맨발에 후줄근한 옷을 입은 새로운 아담과 이브 들은 우주의 평화를 부르짖었다. 그러나 1967년 여름 동안 영국의 보럼우드 스튜디오에서는 스탠리 큐브릭의 유인원들이 선사 시대에 처음 벌어진 유혈 사태 속에서 괴성을 지르고 깩깩거리고 맹렬하게 기뻐 날뛰고 있었다. 큐브릭은 「2001 스페이스 오디세이」의 시작 부분인 '인류의 여명'을 촬영하는 중이었다.

「2001」이 시작되고 몇 분 만에 신비에 싸인 무광의 까만 돌기둥(모놀리스)이 유인원 사이에 내려앉는다. 이 물체는 영적 선율이 담긴 죄르지 리게티[2]의 불안한 음악과 함께 웅웅거리는 소리를 낸다. 발사 준비가

---

1 Summer of Love: 1967년 여름 샌프란시스코의 헤이트 애시베리로 10만 명 이상의 히피가 모여들어 공동체를 이룬, 히피 문화와 반문화의 상징과 같은 현상. 이들은 사랑과 평화라는 슬로건 아래 베트남전을 반대하고 소비 지상주의를 거부하며 자유로운 삶의 방식을 외쳤다. 환각제 복용과 사이키델릭 음악, 명상 등이 이들 문화의 중심에 자리하고 있었다.
2 실험적 전위 음악과 전자 음악으로 잘 알려진 헝가리의 현대 음악 작곡가.

되었다. 이제 인간다움의 문턱에 서 있는 유인원들은 고기를 얻기 위해 동물을 죽이기 시작한다. 그들은 서로를 죽이기도 한다. 일체 말이 없는 선사 시대 장면이 16분간 지속되다가 관객에 대한 도전이자 영화사에 있어 대담한 도약이 이루어진다. 마침내 유인원 문화처가 손에 쥐고 있던 뼈를 공중으로 내던지자, 보라, 어린 학생들도 모두 알고 있듯, 그것은 진공 속을 잔잔히 미끄러지듯 나아가는 우주선으로 바뀐다. 날것 그대로인 선사 시대의 폭력은 우주 시대를 향해 날아오르며 「2001」의 지극히 현대적이고 깔끔한, 컴퓨터가 주도하는 합리성에 미묘하게 영향을 끼친다. '인류의 여명'에서 큐브릭은 치명적 폭력이 우리를 최초로 인간답게 만들었다고 주장한 작가 로버트 아드리의 생각을 담았다. 한 부족이 자신의 공간을 차지하고는 경쟁자들의 머리에 돌을 던지거나 「2001」에 나오는 것처럼 죽은 맥貘의 뼈로 막아 내는 것이 "영토 유지 본능"이다.

모놀리스는 한 평론가가 시사한 것처럼 미스 반 데어 로에[3]가 설계한 모세의 돌판이었을까? 아니면 유인원들이 그 주위를 돌며 춤을 추고 깩깩거리는 금송아지[4]였을까? 모놀리스는 당신이 좋을 대로 생각하면 된다. (『매드』 매거진 만화의 어리둥절한 유인원들에게는 선사 시대의 핸드볼 경기장이었다.) 이 정체불명의 외계인 신–혹은 우상일까?–은 유인원에게 새로운 지식을 깨닫게 한다. 루소의 철학[5]에 격렬하게 반대했던 큐브릭

---

3 "간결한 것이 더 아름답다Less is more", "신은 디테일에 있다God is in the details" 같은 관용구·속담 표현을 유명하게 한 독일 출신의 미국인 건축가.

4 구약 성경의 '출애굽기'에 등장하는, 모세가 십계명을 받으러 시나이산으로 들어가 있을 때 그가 이끌던 이스라엘 백성들이 만들어 숭배한 우상.

5 루소는 인간의 본성이 선하다고 봤다.

에게 모놀리스는 우리의 제1 법칙이 담긴 석판이다. 거기엔 이렇게 새겨져 있다. 살인할지어다.[6]

'인류의 여명'에 나오는 모놀리스는 영화의 수많은 수수께끼 중 첫 번째에 불과하다. 「2001」의 활짝 열린 특성, 관객들이 화면에 보이는 걸 그냥 받아들이기보다는 깊이 생각하게끔 요구하는 방식은 할리우드 영화에서는 새로운 것이었다. 「2001」에는 적은 대화와 더 많은 상상의 여지가 담겨 있다.

「2001」은 둘도 없는 작품이었으며 50년 이상이 지난 지금까지도 놀라울 정도로 새로워 보인다. 유인원 이후에 우리는 어느새 모든 게 슈트라우스의 왈츠 곡에 맞춰 천천히 그리고 장대하게 회전하는 우주 공간으로 들어와 있다. 두 시간 이상이 지나고 마지막에 우리는 평범한 사람이자 빈 석판과 같은 우주 비행사 데이브 보먼(키어 둘레이)과 함께 루이 16세의 침실을 떠돌게 된다. 결국 스타차일드가 우리에게 시선을 돌리는데, 이는 어쩌면 큐브릭의 다음 영화인 「시계태엽 오렌지」에서 강간범이자 살인인 알렉스가 첫 장면에서 보이는 시선이 그렇듯 천진스럽지 않다. 알타몬트가 평화와 사랑에 대한 지난 10년간의 희망에 종말을 고한 것과 같은 표정 말이다.[7] 여기서 우리를 과감한 변신으로 이끄는 니체 철학의 도전인 다른 슈트라우스(리하르트)의 음악[8]이 낭

---

6 Thou shalt kill: 모세의 십계명 중 '살인하지 말지어다Thou shalt not kill'를 반대로 응용한 말.

7 1969년 12월 6일 캘리포니아주 알타몬트에서 30만 명이 모여든 무료 콘서트가 개최되었다. 산타나, 제퍼슨 에어플레인, 크로스비 스틸스 내시 앤드 영 등에 이어 마지막으로 무대에 선 롤링 스톤스의 공연이 펼쳐지던 중, 경호원을 맡은 폭주족이 총을 꺼내 든 흑인 청년을 칼로 찔러 살해하는 사건이 벌어졌다. 무질서와 폭력으로 얼룩진 알타몬트 콘서트는 사랑과 평화로 대표된 60년대 히피 시대의 종말을 상징하는 행사로 여겨진다.

8 리하르트 슈트라우스의 교향시 〈차라투스트라는 이렇게 말했다〉의 팡파르.

랑하게 울려 퍼진다. 그리고 스타게이트 시퀀스는 탁월한 전위 음악으로 넘쳐 나는데, 이 장면에서 보먼은 새로운 발단과 새로운 구조(하트 크레인⁹의 표현)를 보고 느끼며, 초기 관객 중 어떤 사람-물론 극장에 있던 대부분이 그러했듯 환각 상태에 있던-은 스크린으로 돌진하며 "신 神이다!"라고 외쳤다.

"헤로인이나 초자연적 현상조차 이렇게까지 멀리 간 적은 없었다." 평론가 데이비드 톰슨은 영화가 우리에게 안겨 준, 현실을 초월한 마법과 같은 힘에 대해 이렇게 썼다. 어떤 영화도 「2001」처럼 인류 이전과 그 너머까지에 이르며 우리에게 무한한 공간의 고요를 보여 준 적이 없다. 이 작품은 그의 다른 어떤 영화들보다 더 마틴 스코세이지의 논평에 어울린다. "큐브릭의 영화를 보는 건 산꼭대기를 올려다보는 것과 같습니다. 고개를 들고는 궁금해하죠. 어떻게 저렇게 높은 곳까지 올라갈 수 있을까?"

「2001」의 씨앗은 큐브릭이 아서 C. 클라크에 대해 처음 들었던 1964년에 심어졌다. 그해 봄 큐브릭은 1월에 개봉한 「닥터 스트레인지러브」의 고조되어 가는 성공을 즐기며 뉴욕에 있었다. 스탠리와 크리스티안의 친구들 중에는 테리 서던, 아티 쇼와 그들의 아내가 있었다. 여러 해 동안 클라리넷을 연주하지 않은 쇼는 소설을 쓰고 영화를 배급하는 일에 손을 대고 있었다. 그는 선수권을 보유하고 있을 정도로 명사수였으며 큐브릭처럼 그도 총을 많이 수집했다. 그와 큐브릭은 재즈, 무기, 그리고 영화를 아주 좋아한다는 공통점으로 친해졌다. 큐브릭이

---

9 장편 서사시 《다리The Bridge》(1930)로 유명한 미국의 시인.

공상 과학 영화를 만들고 싶어 하며 함께 시나리오를 쓸 작가를 찾고 있다는 걸 알고 있었던 쇼는 그에게 아서 C. 클라크의『유년기의 끝』이라는 소설을 보라고 이야기해 줬다. 과학 작가이면서 아마추어 천문학자이기도 했던 클라크는 실론[10]에 살고 있었고, 주로 영화를 만드는 남자 친구의 프로젝트에 자금을 대느라 항상 돈에 쪼들렸다.[11]

큐브릭은 클라크의 소설을 구해 크리스티안과 함께 네 살짜리 딸 비비안의 머리맡에 앉아 열심히 읽었다. 비비안은 심각한 위막성 후두염을 앓고 있었다. 걱정스럽게 비비안의 숨소리를 들으며, 큐브릭은 페이퍼백을 덩어리로 찢어 다 읽은 페이지를 크리스티안에게 건네주었다. "우리는 아서가 정말 끝내준다고 생각했어요." 크리스티안이 회상했다. 큐브릭의 친구 로저 카라스가 실론으로 텔렉스를 보냈고 클라크는 전보로 회신했다. "무서운 아이와 함께 일하는 것에 대단히 관심 있음."

큐브릭은 광대무변한 우주 공간에 인류의 대답을 보낼 수 있는 클라크의 역량을 중요하게 생각했다. 그는 제러미 번스타인에게 클라크가 "절대 이해할 수 없는 것들을 알고자 하는 인간의 절망적이지만 훌륭한 욕망… 비애감, 시간의 흐름에 대한 시적 감각, 세계의 고독을 표현해 냅니다"라고 말했다. 큐브릭은 또 번스타인에게 클라크는 "사람들이 아이들이나 연애에 대해 쓸 때와 같은 가슴 저미는 방식으로 산과 행성과 세계에 대해 글을 씁니다"라고 했다.

---

10 1972년 공화국 출범과 함께 스리랑카로 이름을 바꾼 인도양의 섬.

11 아서 C. 클라크는 동성애자였으며 1956년 동성애 관련 법이 심하지 않은 스리랑카로 이주하여 2008년 세상을 떠날 때까지 그곳에서 살았다.

방대한 규모를 지닌 「2001」은 다른 차원의 공상 과학 영화가 될 것이 분명했다. 큐브릭은 다니엘 헤이만에게 이렇게 말했다. "MGM을 제외한 모든 회사가 거절을 했어요. 그때 그들이 했던 말은 '이봐, 공상 과학 영화는 절대 200만 달러 이상을 벌 수 없어'였죠. 그 시점까지 모든 공상 과학물은 싸구려에 시시한 영화였거든요."

　"그는 야행성 특유의 창백한 얼굴을 하고 있었어요." 클라크는 뉴욕의 레스토랑 트레이더 빅스에서 저녁을 먹으며 큐브릭을 처음 만났을 때를 회상했다. 60년대 중반 큐브릭은 깔끔하게 면도를 하고, 번스타인의 말에 의하면 "보트 위의 도박꾼이나 루마니아 시인 같은 자유분방하게 사는 듯한 모습"을 지니고 있었다. 얼마 후 첼시 호텔에 편안히 자리를 잡은 클라크는 그곳에서 간으로 만든 파테[12]를 크래커에 실컷 발라 먹고, 복도 끝쪽에 거주하던 아일랜드 상선商船 선원과 연애를 하고, 같은 첼시 투숙객들인 윌리엄 버로스[13], 앨런 긴즈버그[14]와 어울렸다. 클라크는 하루에 수천 단어씩 대본을 썼고 끊임없이 큐브릭과 만나며 이후 역사상 가장 혁신적인 공상 과학 영화가 되는 작품의 세부 사항을 논의했다.

　"공상 과학 영화는 항상 괴물, 그리고 섹스를 의미해 왔습니다." 후에 클라크는 이렇게 말했지만, 인류의 운명을 진지하게 들여다보는 그와 큐브릭의 견해는 달라지게 된다. 대본의 초기 버전에는 알베르토 자

12　고기나 생선, 야채를 갈아서 빵 등에 펴 발라 먹는 프랑스 요리.
13　데이비드 크로넨버그의 영화로도 잘 알려진 소설 『벌거벗은 점심』(1959)을 쓴 미국의 비트 세대 작가.
14　비트 세대를 대표하는 미국의 시인.

코메티[15]에게서 영감을 얻은 호리호리한 외계인들이 살아남은 우주 비행사를 맞이한다. 스필버그에 이르기 이전의 일이다.[16] 큐브릭과 클라크는 결국 두려움과 희열을 동시에 일게 하는 스타차일드로 끝을 맺는다는 아이디어를 떠올렸다. 혁명적 전개 속에서 외계인들은 결국 신에 관한 철학자의 관념처럼 모습을 드러내지도 말을 하지도 않는다.

모스크바를 향한 나폴레옹의 행군에 관여하는 것이 「2001」을 만드는 것보다 더 현실적인 도전일 수도 있다. 하지만 반대로 아닐 수도 있다. (마이클 벤슨은 자신의 책 『스페이스 오디세이』에서 제작에 관한 모든 이야기를 훌륭하게 들려준다.) 과학자들이 달에서 발견한 모놀리스 주위에서 사진을 찍으려고 포즈를 취하다가 거기서 나오는 고막을 찢는 듯한 소리에 휘청거리는 장면으로 촬영이 시작되었다. 「닥터 스트레인지러브」에서와 마찬가지로 큐브릭이 직접 이 핸드헬드 숏을 촬영했다. '인류의 여명'으로 제작이 끝났는데, 배우들이 사실적으로 유인원을 연기할 수 있도록 정확한 분장과 몸짓을 고안해 내야 했기 때문에 「2001」에서 가장 어려운 부분이었다.

선사 시대를 담은 서막을 제외하면 「2001」의 실사 촬영 대부분은 1965년 12월부터 1966년 7월까지 8개월 동안 이루어졌다. 그러고 나서 후반 작업에 거의 2년이 소요되었다. 큐브릭은 중독적으로 "한 테이크 더"를 요청했고 촬영팀은 "다시 갑시다"라는 그의 주문과 같은 말에 서서히 익숙해졌다. 「2001」은 당시, 그리고 어쩌면 아직까지도, 역

---

15 가늘고 긴 인체 표현으로 유명한 스위스의 조각가·화가.

16 '호리호리한' 외계인들이 사람들을 맞이하는 스티븐 스필버그의 「미지와의 조우」는 1977년에 개봉했다.

사상 기술적으로 가장 벅찬 영화다. 이 작품은 큐브릭의 끊임없는 관심과 더더욱 끊임없는 창의력을 필요로 했다. 영화에는 200개 이상의 프로세스 숏[17]이 필요했다. 오리지널 네거티브 필름은 "고정된 테이크"로 준비하고, 그런 다음 예를 들면 배우들이나 우주선 창을 통해 보이는 지구 같은 전경과 배경 요소들을 공들여 합친다. 여러 달에 걸친 시행착오 끝에 제대로 된 우주 공간 장면이 나오기 시작했다.

「2001」에서 큐브릭이 한 획기적인 영화적 창의성에는 세심한 의사 결정이 필요했다. 크리스티안은 큐브릭이 영화를 만들 때면 "딱 체스를 두는 사람" 같았다고 말했다. "그는 말했어요. '너무 빨리 긴장을 풀지 마. 그때가 실수하는 순간이거든.'" 큐브릭은 언젠가 이런 언급을 했다. "체스는 당신에게 가르쳐 줘요… 좋아 보이는 뭔가를 보았을 때 당신이 느끼는 첫 흥분을 통제하는 법을 말이죠." 그리고 "당신이 곤경에 처했을 때 객관적으로 생각하는 법을 가르쳐 줍니다."

대본 작업 초창기에 클라크는 일기장에 이렇게 적었다. "스탠리가 약간 게이 같은 로봇이라는 엉뚱한 아이디어를 냈다." 이 로봇들은 결국 할 9000 컴퓨터가 됐다. 큐브릭은 할 역할로 캐나다의 배우 더글러스 레인을 선택했는데, 그가 말하길 레인의 목소리는 "가르치려 들고, 무성無性적인" 특성을 지니고 있었기 때문이다. 할은 묘하게 마음을 달래 줄 뿐만 아니라 악의를 품고 있는데, 이는 당신의 삶으로 들어온 오늘날의 기술적 침투에 딱 맞아 보이는 조합이다. 이제 당신은 할처럼

---

17 배경 장면을 따로 촬영하여 스크린 뒤에서 영사를 하고 그 스크린 앞에서 연기하는 배우를 촬영한 장면.

보이고 들리는 알렉사[18] 단말기에 지시도 할 수 있게 됐지만 누군가 농담처럼 말했듯, 당신은 그에게 차고 문을 여는 통제권을 주고 싶어 하지는 않을 것 같다.

저토록 평온하면서도 불안감을 주는 영화 「2001」의 중심에는 달에서 발견된 모놀리스가 발산하는 신호의 근원을 조사하러 목성으로 파견된 우주 비행사 데이브 보먼과 프랭크 풀(게리 록우드)과 더불어, 영화 중반부의 주인공 컴퓨터가 자아내는 묘한 인간적 연민이 자리한다. 할은 임무를 확실히 성공시키기 위해 우주 비행사들을 제거하기로 하는 영화의 악역일 뿐만 아니라 보먼이 그의 접속을 끊을 때는 희생양이기도 하다. 영화의 시점 숏은 주로 할의 관점이다. 그는 심장처럼 부드럽게 울리며 초조하게 맥동하는 붉은 눈으로 바라본다.

할은 입술의 움직임을 읽을 수 있으며—그는 이렇게 그의 작동을 멈추려는 우주 비행사들의 계획을 알아낸다— 감정도 읽을 수 있다. 또한 다소 철학적이기도 하다. 할은 올바른 삶에 대해 기술 전문가가 쓴 자기계발서에서 뽑아낸 것처럼 냉철하게 정의를 내린다. "나는 스스로를 최대한 활용할 수 있는 상태로 둡니다. 지각을 가진 어떤 존재라도 그렇게 하고 싶어 할 것입니다.""그가 진짜 감정을 가지고 있는지 아닌지에 대해서는 누구도 진실하게 대답할 수 없는 문제라고 생각합니다." 할의 말을 듣는 장면에서 데이브는 BBC 인터뷰어에게 이렇게 말한다.

할의 자부심은 자신이 완전무결하다는 평판에 바탕을 둔다. 그는 미

---

18 Alexa: 아마존에서 개발한 인공 지능 비서.

래의 신神이라는 생각을 지니고 있다. 하지만 그에게는 아주 인간적인 특성도 내장되어 있다. 거짓말을 한 걸 들켰을 때 그는 죄책감을 느낀다. 할은 자신의 인간 동료들을 속인다는 죄의식 혹은 나사NASA의 상관들에게 지켜야 할 의무 중 무엇이 최우선 고려 사항인지 알 수가 없고, 이로 인해 죽음을 맞는다.

여기 할을 실수하게끔 만든 거짓말이 있다. 할이 데이브에게 임무에 의문이 생긴다고 말할 때 「2001」의 결정적 순간이 발생한다. 보먼은 할이 그저 자신의 인간 동료들을 신뢰할 수 있는지 시험하기 위해 의심을 품고 있는 척한다는 걸 정확하게 직감하며 약삭빠르게 대답한다. "승무원의 심리 상태에 대한 보고서를 작성하고 있군." 할은 데이브에게 자신이 사실 승무원의 심리를 살피고 있었으며 알아내게 되어 마음이 놓이는 것 같다고 인정한다. 그러나 할은 곧 안절부절못하며 주제를 바꾸어 사실은 문제없는 장비가 제대로 작동하지 않는다고 보고한다. 이것은 쉽게 오류에 빠지는 인간과 유사한 할 자신의 죄책감을 암시하는 거울 신경 세포[19] 반응이다. 이 컴퓨터는 자신을 만든 이의 모습을 한 바로 그 사람들을 염탐하는 일을 해 왔기 때문에 죄책감을 느끼며, 이 일은 거짓된 말을 필요로 한다. 이 순간 할은 충실한 인공 지능 조수에서 우리처럼 자신의 친구들을 배반할 수 있는 사람으로 탈바꿈하게 된다. 선악과를 따 먹은 그는 이제 눈을 떴다. 당황한 그는 본능적으로 자신의 잘못을 보여 주고 그렇게 해서 자신이 인도하는 인간들과 공감하며 그들과 유사하다는 걸 입증하고 싶기 때문에 장비 결함이라는 보

---

19 직접 행동을 하지 않고 타인의 특정 행동 수행을 관찰할 때에도 활성화되는 신경 세포.

호막을 만들어 낸다.

보먼과 그의 동료 승무원 프랭크 풀은 할의 오류를 알게 되자 그의 접속을 끊기로 결정한다. 그래서 생존을 위해 투쟁하는 할은 프랭크와 우주선이 목성에 가까워졌을 때 깨어나도록 되어 있던 동면 중인 세 우주 비행사를 필두로 승무원들을 죽이기 시작한다. 이 컴퓨터는 자신이 살고 싶기 때문이 아니라 인간들로 인해 위태롭게 되기에는 너무도 중요한 임무를 위해서 동료들을 죽여야 한다고 말한다. 이제 그는 자신을 속이고 있고 그럼으로써 더더욱 우리와 비슷해진다.

「2001」의 플롯에서 이 순간들은, 죽음을 초래하는 원초적 인간다움에 이르는 문와처의 도약과 더욱 진보했지만 똑같이 치명적인 할의 도약이 결정적으로 대조를 이룬다는 점을 분명하게 보여 준다. 큐브릭은 이 두 변화가 숙명적으로 연결되어 있지만 그 차이는 그들이 지니는 유사점보다 더 중요하다는 사실을 암시한다. 문와처가 경쟁자의 두개골을 으스러뜨릴 때 이 행위는 합리화를 부추기거나 거부감을 들게 하지 않지만, 할은 이 두 가지를 모두 드러낸다.

큐브릭의 컴퓨터는 알게 됨으로써 사람처럼 되고, 그러고 나서는 자신이 인간에 가까워졌다는 사실에 격렬한 반응을 보인다. 유인원들에게 살인은 자유이자 힘찬 새 시대를 열어 주는 열쇠였다. 그러나 21세기의 이성을 지닌 최첨단의 할은 처음엔 프랭크를 우주 공간에서 표류하게 하고 그다음에는 포드 베이[20] 문을 열기를 거부하여 데이브를 우

---

20 pod bay: 우주선 외부 활동을 위해 우주 비행사가 타는 EVAExtravehicular activity 포드의 격실隔室을 의미한다.

주선 바깥에 버려두며 약삭빠르고 비열한 방식으로 살인을 한다.

「2001」에서 살의를 품은 할과 맞서는 데이브는 체스를 두는 사람이다. 이것은 키어 둘레이가 가장 작은 몸짓과 가장 알아보기 어려운 얼굴 표정으로 이룬 뛰어난 장면이다.

"포드 베이 문을 열어, 할. 내 말 들리나, 할?"

할이 데이브에게 대답할 때 그의 목소리에는 뭔가 새로운 게 담겨 있다. 그는 20세기의 모든 배후 살인자[21], 사람을 죽음으로 내모는 온갖 관료주의가 채택한 혼란스러운 인간의 방식으로 자신에게서 모든 연민을 지웠다. "그렇습니다, 데이브. 듣고 있습니다." 할이 말한다. 그런 다음 말한다. "미안합니다, 데이브. 그럴 수 없을 것 같습니다." 컴퓨터의 목소리는 꿈꾸는 듯 아득하게 들린다.

우리는 데이브의 마음을 알 수 있다. 이제 그에게서 갖가지 감정이 교차한다. 할이 포드 베이 문을 열기를 거부하자, 분노, 결의, 좌절, 공포, 망설임이 평소에는 무표정한 둘레이의 온 얼굴에 잔물결을 일으킨다. 그러나 용감하고 영리한 이 남자는 컴퓨터를 뚫고 미래의 오디세우스가 되어 비상 에어로크를 통해 나아간다.

큐브릭은 우리에게 아주 중요한 질문을 하게 만든다. 모놀리스의 배후에 있는 보이지 않는 외계인들은 할과 같은 문제 있는 혼합 창조물을 선택하고 싶어 할까, 아니면 순수한 인간인 보먼을 택할까? 「2001」은 호메로스가 신과 반신牛神 경쟁자들보다 오디세우스를 더 좋아하는

---

21 Schreibtischmörder: '책상 살인자desk murderer'로 직역할 수 있는 이 말은 원래 유대인 학살을 계획하고 실무를 총괄한 나치 친위대 장교 아돌프 아이히만에 대한 묘사로, 직접 살인을 행하지 않아도 결과적으로 사람을 죽게 만드는 의사 결정이나 정책 입안 등을 일컫는 말이다.

것처럼 큐브릭과 클라크가 그들의 『오디세이아』에서 결국 스타차일드로 거듭난 보먼을 선호한다는 사실을 암시한다.

호메로스의 영웅과 달리 큐브릭의 주인공 보먼은, 무표정하게 반응하는 그 자신이 반쯤은 외계인인 것 같다. 데이브는 혼란에 빠진 할이 일리노이주 어배너에 있는 연구실에서 태어난 때를 떠올리며 흐느적 흐느적 〈데이지 벨〉[22]을 노래할 때 목소리가 갈라지고 격한 동정심을 느끼긴 하지만, 그는 계속해서 컴퓨터 회로를 차단해 나간다. 「영광의 길」에서 크리스티안이 프랑스 부대 앞에서 부른 〈충직한 경기병〉과 마찬가지로 눈물짓게 하는 노래지만 데이브는 주의를 흩트리지 않는다. 편집을 하며 큐브릭은 데이브의 대화를 줄여 나간다. 결국 이 장면을 통틀어 그가 하는 말은 다음과 같은 짧은 문장 두 마디뿐이다. "그래, 듣고 싶어, 할. 노래 불러 줘."

모놀리스의 배후에는 기계 같은 존재가 아닌 데이브와 같은 우월한 지능이 존재할 거라 가정하는 게 타당하다. 인간적 연민을 불러일으키는 스필버그의 외계인들은 인정받기를 원하고 이를 드러내 보이지만 큐브릭의 모놀리스는 영원히 우리와 동떨어져 있다.

호메로스보다는 구약 성경에 큐브릭의 외계인과 가장 가까운 유사 존재, 손 닿을 수 없는 신이 있다. 큐브릭은 가지고 있던 카프카의 책 『우화와 역설』에 이렇게 썼다. "바벨탑은 우주 시대의 시작이었다." 「2001」은 새로운 형태의 바벨탑, 신에게 가는 문을 보여 준다. 인간을

---

22 영국의 작곡가 해리 데이커가 1892년 작곡한 노래. 1961년 노키아 벨 연구소에서는 진공관 컴퓨터 IBM 704를 이용해 음성 합성 노래를 프로그램했는데, 그때 사용된 노래가 〈Daisy Bell (Bicycle Built For Two)〉이다.

넘어선 곳, 말이 없는 세련되고 숭고한 미래로 자신들을 데려가기 위해 인간이 만든 문이다.

「닥터 스트레인지러브」와 「2001」은 성경에 나오는 바벨탑이라는 주제를 공유한다. 인간의 오류를 제거함으로써 잘못될 염려가 없는, 인간을 신과 같이 만들어 줄 촘촘한 그물망 같은 시스템, 바로 「닥터 스트레인지러브」의 둠스데이 머신과 「2001」의 첨단 컴퓨터 석학이다. 그런 오만함은 대가를 치른다. 랍비들은 바벨탑의 일꾼 하나가 떨어져 죽으면 그의 시신은 아무도 거들떠보지 않을 거라 말한다. 바벨탑의 건설은 혼란스러운 지껄임으로 끝나고 점차 더 많은 전쟁으로 빠져든다.

큐브릭은 이런 오만함이라는 주제를 좋아한다. 「닥터 스트레인지러브」는 핵전쟁에 대해 이성적이 되는 것이 미친 짓이나 다름없는 일이기 때문에 인간의 실수로 가득 차 있다. 그에 반해 「2001」에서 이성은 정상적인 우리 존재 아래에서 웅웅거리는, 흐리멍덩하게 단조로운 기초 저음이 되었다. (미래에 온 걸 환영하는 영화의 첫 대사는 당신이 기대할 수 있는 만큼 진부한, 우주 정거장의 스튜어디스가 안내 방송하는 "도착했습니다, 본관입니다"이다.) 인간의 오류를 제거한다는 건 인간들 자체를 없애는 거라 주장하는 할은 「2001」에서 오만함의 상징이다.

할이 「2001」에서 가장 인간적인 캐릭터라는 상투적 농담에도 불구하고 인간다움을 일깨워 주는 건 컴퓨터가 아니라 사람들이다. 보통은 공감을 불러일으키는 몸짓 혹은 데이브가 할에게 포드 베이 문을 열라고 명령하는 경우처럼 미묘한 얼굴을 통해서 말이다. 느릿하고 평범하게 나아가는 「2001」의 우주여행을 통해 죽을 수밖에 없는 우리의 본질에 대한 암시를 엿볼 수 있다. 큐브릭은 문와처의 무기인 뼈로부터 지구에서 우주 정거장으로 향하는 우주선에 탑승해 졸고 있는 헤이우드 플로이드(리처드 실베스터)의 둥둥 떠 있는 펜까지 곧바로 나아간다. 스튜어디스가 무중력 실내화를 신은 채 어색하게 우아한 걸음을 옮기며 펜을 잡을 때 플로이드의 손은 로댕의 〈아담〉처럼 비틀려 있다. 뛰어난 미술 평론가 레오 스타인버그는 로댕에게 이 손은 에덴 동산에서 추방된 후 구부러지고 고통받는 아담이 지게 된 비통한 무게인 '죽을 수밖에 없는 운명'을 의미한다고 주장했다. 저 오그라든 손은, 「2001」의 결말에서 죽어 가는 데이브 보먼이 모놀리스를 향해 손을 뻗은 다음 경이롭고 불길한 스타차일드로 다시 태어나는 장면에 반영될, 미켈란젤로의 시스티나 예배당 천장화에서 하나님을 향해 뻗고 있는 아담의 손가락과는 정반대다. 「2001」의 또 다른 미술사 반영은 미묘하지만 강렬하다. 큐브릭은 EVA 포드가 금속 집게발로 프랭크 풀의 시신을 어설프게 잡는 장면에서 미켈란젤로의 〈피에타〉를 소환한다. 그의 동료 우주 비행사인 데이브는 디스커버리호로 돌아오기 위해 그 시신을 포기할 수밖에 없다. 프랭크의 시신은 우주 공간 속으로 소용돌이치며 떨어져 나가 진공 속의 여느 물체처럼 둔하고 여유롭게 천천히 회전한다. 역사가 없는 유인원들은 죽은 이를 묻지 않았는데, 우주 시대의 인간도 마찬가지다. 그러나 프랭크의 시신을 되찾기 위한 데이브의 탐색은 가능성이 희박한 우주 공간에서도 인도적 태도가 지속될 수 있다는 사실을 보여 준다.

극도로 통제되는 우주 비행사들, 정장과 우주복을 입은 사람들은 분노와 두려움으로 소리를 지르며 원초적 감정을 행동으로 옮기는 미개한 유인원들에 대한 해결책을 제시해 준다. "저희 모두는 플로이드 박사님께 최대한 협조해 드리겠습니다." 우주 정거장에서 플로이드의 동료가 싹싹하게 말한다. 같은 영장류를 때려죽이는 세상과는 완전히 다르다. 그러나 선사 시대와 미래를 잇는 치명적인 연관성 또한 존재한다. 우주 공간에서의 살인도 벌어질 테지만, 이를 위해서는 할과 데이브 모두에게 통제와 계산이 필요할 것이다.

그보다 앞서 국제 우주 정거장에서는, 무서울 정도로 정확해서 "손"이라 불렸던 러시아의 체스 챔피언 바실리 스미슬로프의 이름을 딴 러시아인 과학자 스미슬로프(레너드 로시터)에게 플로이드가 빈틈없이 대응하는 장면에서 소소한 계산이 이루어진다. 플로이드는 미국의 달 기지인 클라비우스에 유행병이 돌고 있다는 말을 부인하고, 그래서 스미슬로프는 뭔가 있다고 믿게 된다. 물론 클라비우스의 과학자들은 전염병 대신 수백만 년 전 외계인들이 남긴 파묻힌 모놀리스라는 놀라운 수수께끼와 씨름을 하고 있다.

「2001」은 디자인의 개가凱歌라 할 수 있는 여러 요소들이 특징을 이룬다. 큐브릭은 우주에서 사람들이 거주하는 하얗고 빛나는 세계를 스타일과 기능이 어우러지는 곳으로 만들었다. 프랭크 풀이 관처럼 생긴 동료 우주 비행사들의 동면 장치를 지나며 바퀴 모양의 통로에서 조깅을 하고 섀도복싱을 할 때, 큐브릭은 관객들에게 벤슨이 언급한 것처럼 "기막히게 탁월한… 뫼비우스의 띠"를 통해 무중력 환경의 느낌을 훌륭하게 전해 준다. 운동을 하느라 허공에 부드럽게 펀치를 날리는 프랭크는 살의를 품은 유인원들과 달리 누군가에게 타격을 가하지 않는다. 미래에는 공격성이라는 것이 본질이 아니라 그저 형식인 것처럼 보인다. 여기서도 디자인이 지배한다.

「2001」의 스타게이트 시퀀스에 사용된 혁명적인 슬릿 스크린 기법[23]은 주로 더글러스 트럼불이 고안해 냈다. 아카데미 특수효과상은 트럼불이 아닌 큐브릭이 가져가게 되지만. 최근에 나도 봤지만, 「2001」의 그 장면을 아이맥스 화면으로 보면 소름이 돋고 황홀해진다. 먼저 미끄러져 질주하며 지나치는 찬란한 빛과 더불어 시간이 초고속으로 흐르는 모습이 보이고 그런 다음 전자 현미경으로 바라보는 듯한 미세한 장엄함이 펼쳐진다. 갑자기 프랜시스 베이컨[24]의 그림에서 나온 것 같은 떡 벌어진 입이 등장한 후 반짝이는 핏빛 태아의 형체, 폭발하는 빛의 화산과 폭포처럼 쏟아지는 빛의 용암, 사막의 협곡과 산이 이어지는데, 모두가 열을 내뿜고 과포화된 색을 띠고 있다. 우리는 진정 인간을 넘어서 있다. 스타게이트 장면에서 데이브의 얼굴 위로 깜박거리는 빛은 그가 할과 결투를 벌이는 동안 우리가 보고 느꼈던 다양한 감정을 대신해 준다. 데이브는 이후 「시계태엽 오렌지」에서의 알렉스처럼 활짝 열린 시신경을 가동한다. 우리도 마찬가지다. 우리의 시각을 침범하는 큐브릭의 전위 예술은 60년대의 실험적인 영화에서 흔히 볼 수 있는 단순한 표현이 아니다. 대신 그건 보는 이를 휘어잡는다. 우리는 이

---

23 피사체와 카메라 사이에 세로로 좁고 기다란 구멍이 난 스크린을 설치하고, 움직이는 카메라로 구멍을 통해 움직이는 피사체를 장노출로 촬영해 왜곡된 이미지를 얻는 촬영 기법. 일반적으로 '슬릿 스캔 촬영술slit-scan photography'로 불린다.

24 일그러진 신체, 절규하는 입 등 공포와 폭력, 불안감을 그로테스크하게 표현한 아일랜드 출신의 영국인 화가.

새로운 영화적 신성함에 빨려 들고 정복당한다.

나는 「2001」이 개봉하고 몇 년이 지난 후, 열두 살 무렵에 처음 이 영화를 봤다. 영화는 처음부터 나를 완전히 사로잡았다. 나는 진기한 것들로 가득한 제롬 에이절의 책 『2001 제작 과정』을 탐독했다(무중력 화장실 사용 설명서, 죽음을 눈앞에 둔 할의 독백이 빠짐없이 실려 있었다). 12세였던 나는 또한 영화사상 가장 유명한 이 영화 사운드트랙의 8트랙 녹음테이프를 닳도록 들었다.

큐브릭은 기존에 있는 클래식 음악을 사용하기로 결정하기 전에, 「스파르타쿠스」의 음악 작업을 했던 알렉스 노스에게 전체 사운드트랙을 의뢰했다. 가장 과감한 선택은 요한 슈트라우스의 왈츠 곡 〈아름답고 푸른 도나우〉였다(우주에서는 모든 것이 회전하기 때문이라고 크리스티안이 언급했다). 큐브릭이 사용한, 카라얀이 지휘한 베를린 필하모닉 오케스트라 버전에서 이 작품은 장엄하고 대단히 평온하며 가슴 저미는 여운을 남긴다. 무도회장의 우아한 몸짓을 떠올리게 하는 이 음악은 우주여행에 딱 어울린다. 큐브릭의 입장에서는 아주 대담한 은유다.

그리고 크리스티안이 라디오에서 듣고 남편에게 알려 주었던 헝가리의 유대인 전위 음악가 죄르지 리게티의 작품이 있다. 리게티의 귀신이 나올 듯한 찬송가풍 합창은 모놀리스 주위를 팔짝팔짝 뛰는 유인원들의 장면에 함께하며, 아람 하차투리안[25]의 구슬픈 〈아다지오〉는 목성 임무가 시작될 때 프랭크가 디스커버리호에서 조깅하는 장면에 흐른다. 영화의 끝에서 스타차일드의 출현을 알리는 리하르트 슈트라우스

---

25 러시아의 작곡가·지휘자.

의 팀파니가 둥둥 울릴 때, 이 소리는 우리를 유인원들이 뼈를 들고 내려치는 시대로 데려가서 우리 머릿속으로 불쑥 밀려들어와 낯선 미래를 열어 준다.

큐브릭은 「2001」에서 다채로운 개성을 지닌 사람들 몇을 고용했다. 애스킷[26]의 남성용 승마 모자를 바탕으로 한 매끈한 스페이스 헬멧은 앨라배마주 헌츠빌에 있는 나사 기지에서 베르너 폰 브라운[27]과 함께 일했던 독일의 과학자 해리 랭이 만들었다. 랭은 자신의 사무실에 남부 연합기와 V-2 로켓 모델을 두고 있었는데, 영국인 스태프들이 파업을 하겠다고 위협해서 큐브릭은 랭에게 그 깃발과 로켓을 치우도록 했다.[28]

또 한 명의 잊을 수 없는 인물은 댄 리히터다. 큐브릭은 이 영화 제작의 절정이라 할 수 있는 대담한 계획을 위해 전문 무언극 배우인 리히터를 고용하여, 배우들을 어떻게 석기 시대의 유인원들로 탈바꿈할지를 생각했다. 리히터가 한 것 중 가장 인기를 끌었던 건 핀볼 기계로, 그는 양 무릎을 가슴으로 끌어올린 채 종종걸음을 치고 데굴데굴 구르며 각기 뚜렷한 개성을 지닌 네 개의 구슬을 연기했다. 리히터와 그의 애인은 영국에서 법적 관리를 받고 있는 마약 중독자였는데, 그들에게 헤로인을 투약해 주었던 의사의 회상에 의하면 그녀는 "트위드 정장을

---

26 경마장으로 유명한 영국 버크셔주의 마을.

27 독일 출신의 항공 우주 공학자. 2차 대전 후 미국으로 건너가 장거리 로켓을 연구했고 나사에서 아폴로 계획을 비롯한 다양한 프로그램에 참여했다.

28 남북 전쟁 당시 남부 연합의 공식 기였던 남부 연합기는 백인 우월주의와 인종 차별의 상징이며, 2차 대전 당시 독일에서 개발한 최초의 장거리 미사일이자 현대 로켓의 원형인 V-2는 런던에 발사되어 수천 명을 살상했던 무기다.

입고 손잡이가 달린 금테 안경을 지닌 귀부인"이었다.

큐브릭과 마찬가지로 리히터도 모든 게 똑바로 되어 있어야 직성이 풀리는 사람이었다. 그가 어렸을 때 한번은 오후 내내 뒷마당에 있는 커다란 상자를 뛰어넘으려고 애썼던 적이 있다. 몇 시간 동안 노력한 끝에 결국 그는 그날 터득한 모든 걸 종합해 본 후 상자를 뛰어넘었다. 큐브릭은 이 일에 딱 맞는 사람을 찾아낸 것이다.

리히터는 자신의 집단을 살인과 육식으로 몰고 가는 유인원인 문와처가 되는 방법을 알아내기까지 몇 주 동안 동물원에서 영장류를 연구하며 시간을 보냈다. 유인원 의상을 고안한 스튜어트 프리본은 리히터처럼 지칠 줄 모르는 사람이었다. 유인원들이 진짜처럼 보이려면 이빨을 드러내며 으르렁거리고 얼굴을 찡그리는 게 필요했고, 이는 고무로 만든 가면을 쓰고 있으면 할 수 없는 일이었다. 긴 시행착오 끝에 프리본은 자신의 딜레마에 대한 해답을 찾았다. 코일이 안 보이게 가린 아주 작은 장자석場磁石 7개를 배우들의 이빨 뒤에 강력한 고무줄로 묶어 설치함으로써 유인원들은 다양한 표정을 지을 수 있게 되었다.

문와처를 연기한 리히터는 대단히 훌륭한 배우다. 그는 뜨거운 난로를 건드리듯 조심스럽게 모놀리스에 손을 댄다. 이것은 그의 섬세하고 짜릿한 입문의 순간이다. 얼마 후 그는 맥의 뼈를 만지작거리며 동물의 뼈대를 탁 치고 툭 튕긴다. 그러고는 세계사적으로 중요한 깨달음이 생기고, 뼈를 쥔 손을 들어 올리는 장면에 이어 맥이 쓰러지는 장면의 몽타주가 거행된다(큐브릭은 세르게이 예이젠시테인[29]의 「파업」 중 소를 도축하는

---

29   소련의 영화감독(1898~1948). 「파업」(1925), 「전함 포템킨」(1925), 「10월」(1927) 등으로 소련 무

유명한 장면을 흉내 낸다).

문와처가 문제를 해결하는 결정적인 순간에 대해 리히터는 이렇게
말한다.

나는 문와처가 뼈를 만지작거리도록 했다. 그는 손에 든 뼈에 익숙해진다.
그는 전에 한 번도 뼈를 손에 잡아 본 적이 없으며 무기로 사용해 본 적도 없다.
이것은 그에게 처음일 뿐만 아니라 어떤 생명체가 무기를 든 최초의 순간이기
도 하다. 그는 뼈를 만져 보고 냄새를 맡고 다른 뼈 위로 내려친다. 그는 자신의
손에 들린 무게와 힘, 오랜 두려움과 먹이를 찾기 위해 땅바닥에 엎드려 기는
삶으로부터 해방되었다는 걸 느끼기 시작한다.
"액션."
나는 영화의 역사를 향해 나아가기라도 하듯 내가 가진 모든 걸 쏟아붓는다.

문제는 문와처가 폭력을 창조라고 의기양양하게 주장한 다음에는
무엇이 올까, 새로운 인류의 모습은 어떠할까 하는 점이다.

인간은 처음에 유인원들이나 스파르타쿠스처럼 자신의 종족을 위해
싸웠다. 그 후에는 우리를 압축해 보여 주는 역할인 여행자가 된다고
큐브릭은 암시한다. 현대의 도시에서는 어디를 둘러보든 여행자를 볼
수 있다. 「2001」은 플로이드부터 보먼까지 여행자들로 가득한데, 보먼
은 결국 존재를 거쳐 상징적인 스타차일드로 변화한다.

성 영화의 황금기를 이끌었으며 '정반합正反合'으로 정의되는 헤겔의 변증법을 활용한 '몽타주 이
론'의 틀을 정립했다.

데이브는 여행자 상태에서 그다음 신이 되기 위해 이동한다. 스타차일드가 무엇을 할지는 아무도 모른다. ("그렇지만 그는 뭔가를 생각할 것이다." 큐브릭과 클라크가 「2001」을 소설화한 작품의 마지막 행에는 꽤나 불길한 이 말이 쓰여 있다.) 우스꽝스럽고 화려해 보이는 스타차일드는 우리에게 말할 수 없는 고통일지도 모른다. 큐브릭은 우리에게, 문와처에게, 스타차일드에게 폭력과 창의력이 양면성을 지니고 있으며 어쩌면 치명적인 방식으로 쌍을 이루고 있음을 시사한다.

「2001」은 낙관주의가 아니라 전작의 허무주의적 성향을 능가하는 짙은 모호함으로 「닥터 스트레인지러브」에 응답한다. 인류의 운명은 이제 니체 철학이 고찰한 바[30]에 따르며, 영화의 결말은 「닥터 스트레인지러브」의 칠흑같이 어두운 황홀함보다는 놀라움을 불러일으킨다.

큐브릭이 그린 화려한 미래의 모습에는 많은 비용이 들었다. 촬영이 완료되었을 때 그는 「2001」에 계획되었던 예산인 500만 달러의 두 배 이상을 썼다. MGM은 60년대 초반 거액의 제작비를 들인 작품들이 연달아 실패해 아직도 타격에서 벗어나지 못했기 때문에 스튜디오의 미래는 「2001」의 운에 달려 있었다. 큐브릭이 그의 걸작을 공개했을 때 영화를 몹시 지루해한 스튜디오의 경영진은 자신들이 망했다고 확신했다. 1968년 4월 뉴욕에서 첫 상영이 되고 있는 동안 MGM 옷을 입은 무리는 극장을 나가 버렸다.

몹시 마음이 상한 스탠리는 크리스티안과 함께 한 호텔 방에 틀어박

---

30 신은 죽었으며, 삶을 지배하기 위해 의지를 갖춘 강자 즉 '초인'이 되어야 한다.

혔고, 그녀의 기억에 의하면 그는 "잠을 잘 수도 말을 할 수도, 아무것도 할 수가 없었"다. 그녀는 그에게 비록 할리우드의 중년 집단은 이해하지 못했다 해도 이 영화를 좋아하는 관객이 있을 거라고 말했다.

크리스티안이 옳았다. 다음 날 오후부터 30세 이하의 관객들이 「2001」을 보러 모여든다는 보고가 들어오기 시작했다. 입소문이 열병처럼 퍼졌고 광고팀은 곧 "궁극의 여행"[31]이라는 새로운 슬로건을 만들었다. 사람들은 「2001」을 반복해서 보았으며, 항상 달라진 상태에서 보는 것 같았다. 얼마 후 존 레넌이 말했다. "「2001」을 매주 보고 있습니다."

「2001」은 70밀리 슈퍼 파나비전[32]으로 2.21:1의 화면비를 구현하여 특별한 곡선 형태의 스크린과 그 뒤에 스테레오 스피커 5개를 갖춘 극장들에서 개봉했다. 이 영화를 제대로 경험할 수 있는 최적의 상태는 아이맥스로 보는 것이다. 당신은 표류하는 프랭크 풀과 함께 우주의 끝에서 떨어지고 있는 것처럼 느낄 것이다. 크리스토퍼 놀란이 복원한 「2001」을 아이맥스로 보면, 그 전이나 후의 어떤 영화와도 다른 큐브릭의 우주 공간 풍경이 어떻게 조화와 유기遺棄라는 발상을 결합했는지를 우리에게 다시 한번 알려 준다. 웅장하면서도 섬뜩하게 회전하는 행성들의 움직임은 정교한 시계 톱니바퀴처럼 정확하게 계산되어 있다.

「2001」은 표준 70밀리로, 나중에는 35밀리로도 공개되었다. 이 작품

---

31 The Ultimate Trip: 당시 많은 젊은이들은 마리화나를 피우며 혹은 LSD를 복용한 상태에서 「2001」을 관람했고 이 새로운 이미지의 향연―특히 '스타게이트 시퀀스'―에 빠져들며 말 그대로 '궁극의 환각 체험'을 했다.

32 Super Panavision 70: 카메라와 렌즈 등 영화 촬영 장비 제작사인 파나비전이 개발한 촬영 및 영사 시스템.

은 「닥터 지바고」, 「아라비아의 로렌스」, 「바람과 함께 사라지다」, 「오
즈의 마법사」와 함께 MGM의 최고 흥행작 5편 중 하나가 되었다. 개
봉 후 4년이 지난 후에도 이 영화는 전국 각지에서 매일 상영되며 여전
히 개봉 중이었다. 70년대에 MGM은 「2001」을 다섯 번 재개봉했다.

「2001」로 인해 큐브릭은 상당히 조심스럽고 회의적인 사람임에도
불구하고 자신의 의지와 무관하게 60년대 청년 문화의 대변자가 되었
다. 늘 그렇듯 그는 TV 출연, 연설 혹은 그게 아니어도 시대 정신에 대
한 의견 표명 등을 거절했다.

뉴욕의 평론가들은 「2001」을 몇 번이고 반복해서 본 젊은 관객들만
큼 이 영화에 깊은 감명을 받지는 않았다. 폴린 케일은 영화를 무자비
하게 맹렬히 비난했고 앤드루 새리스 역시, 영화를 두 번째로 보고 나
서 "연기가 나는 물질[33]의 영향으로" 큐브릭의 비전을 인식하기 시작했
다고 쓰긴 했지만, 「2001」의 가치에 대해 확신하지 못했다.

그가 「2001」을 일컬었던 말인 스탠리 큐브릭의 "신화적 다큐멘터
리"는 아마도 영화가 만들어지고 사람들이 그걸 보는 한 영원할 것이
다. 그것은 아드리가 『아프리카 창세기』[34] 중 큐브릭이 가장 좋아하는
구절에서 이야기한 업적들 중 하나다.

우리는 타락한 천사가 아니라 일어선 유인원에게서 태어났으며, 게다가 그

---

33 관객들이 피운 마리화나를 의미한다.
34 1961년 출간된 로버트 아드리의 논픽션. 원제는 『아프리카 창세기: 동물의 기원과 인간의 본성에
대한 개인적 연구』로, 무기를 사용함으로써 유인원과 구분된 아프리카의 포식성 조상들로부터 인
류가 진화했다는 가설에 바탕을 둔 내용을 담고 있다.

유인원들은 무장한 살인자들이었다. 그럼 우리는 무엇에 놀라야 할까? 우리가 저지르는 살인과 대학살과 미사일과 양립할 수 없는 조직에? 아니면 그게 어떤 가치를 지니든 우리가 맺은 조약, 좀처럼 연주되는 일이 없는 우리의 교향곡, 빈번하게 싸움터로 바뀌는 우리의 평화로운 토지, 거의 이루어지지 않는 우리의 꿈일 수도 있다. 인간의 기적은 어디까지 타락했느냐가 아니라 얼마나 장대하게 우뚝 솟아올랐느냐에 있다.

「2001 스페이스 오디세이」는 저 간결하고 초월적인 승격에 대한 증거다.

5
시실리안 디펜스[1]로 시작합시다:
「시계태엽 오렌지」

1968년 9월, 큐브릭 가족은 런던 외곽 보럼우드 스튜디오 근처에 있는 애버츠 미드에 살고 있었다. 큐브릭은 유럽 역사상 가장 유명한 영웅 이야기를 작업하기로 결정했다. 그는 나폴레옹에 관한 영화를 만들고 싶었다. 「영광의 길」과 「스파르타쿠스」는 대규모 전투 장면이 담긴 역사물이었다. 이제 큐브릭은 또 다른 엄청난 주제인 나폴레옹의 전쟁 경력으로 옮겨가고 있었다. 그는 몇 년 동안 군대의 역사를 탐독해 왔으며 특히 나폴레옹에 심취했다.

큐브릭은 영화에서 전쟁을 어떻게 보여 줄지를 어느 때보다도 더 깊이 생각했다. 몇 년 전인 1964년 8월, 그는 MGM의 론 루빈에게 스튜디오가 그에게 원했던 시몬 볼리바르[2]에 관한 영화 제작을 거절하는

---

1   체스 게임 초반부의 수手 중 하나. 백이 1.e4로 첫수를 시작할 때 대응하는 흑의 수.
2   19세기 초반 스페인의 식민 지배로부터 현 베네수엘라, 볼리비아, 콜롬비아, 에콰도르, 페루, 파나마를 독립시킨 베네수엘라 출신의 정치·군 지도자.

편지를 썼다(그는 "저의 유일한 문제는 제가 그 남자에게 정말 관심이 없다는 겁니다"라고 썼다). 큐브릭은 루빈에게 "역사의 폭넓은 전경全景을 보여 주는 건 늘 영화 제작자들을 파멸로 이끈 원인이라고 판명되었죠"라고 했다. 그는 누가 감독을 하든 영화에 보이스오버로 흐르는 내레이션과 너무 많지 않은 대화, 그리고 "다큐멘터리 스타일의 영상"을 담을 것을 권했다. 큐브릭은 이렇게 덧붙였다. "전쟁 장면의 복장은 아주 많은 엑스트라들이 아름다운 언덕에서 아무 생각 없이 옷을 입은 것처럼 보이는 경향이 있습니다… 지형이 무의미하다는 생각이 대개 영화의 전투를 바보같이 만듭니다. 대부분의 전투는 지형 자체에 따라 형태가 만들어지고 결국 승부가 정해집니다."

자신의 대작 영화 「나폴레옹」을 계획하는 동안 큐브릭은 영화에 쓸 만한 지형을 곰곰 생각했다. 나폴레옹이 실제로 싸운 곳은 대부분 주택지나 공업 단지가 된 탓에 큐브릭은 루마니아와 유고슬라비아까지 다른 곳을 찾았다. 그는 이 영화에 엄청나게 큰 꿈을 품고 있었다. 그는 루마니아 군대로부터 "5만 명의 엑스트라"를 제공받을 계획을 세웠다. 그는 지도와 보이스오버 내레이션으로 나폴레옹이 아우스터리츠에서 어떻게 오스트리아의 병력을 두 동강 냈는지[3]를 보여 주며 전투를 영화적 도표로 표현하고 싶었다. 큐브릭에게는 전투에 담긴 "순수하게 시각적이고 유기적으로 조직된 아름다움"이 중요했지만, 그가 인터뷰어인 조지프 젤미스에게 말한 것처럼 이 이성적 패턴과 전쟁의 음울한

---

3   1805년 12월 2일 나폴레옹이 이끈 프랑스 제국이 오스트리아와 러시아 연합군에게 대승리를 거둔 아우스터리츠 전투.

인간적 현실 간의 충돌 또한 중요했다. 큐브릭은 다시 한번 자신의 기본 주제 중 하나인, 이성이 모든 걸 통제하는 계획과 현실의 삶을 특징짓는 실수와 혼란 간의 분열을 보여 주고자 했다.

큐브릭은 나폴레옹 프로젝트에 대해 학구적으로 이야기를 나눌 수 있는 옥스퍼드 대학의 역사학자인 펠릭스 마컴을 만났다. 작은 산더미처럼 쌓인 나폴레옹에 관한 책을 읽는 일 외에 큐브릭은 수많은 추가 자료에 주석을 달아 줄 마컴의 대학원생들을 고용했다.

큐브릭이 나폴레옹에 관해 마컴과 한 인터뷰는 아주 흥미로운 읽을 거리다. 어느 시점에서 그는 마컴에게 체스를 둘 때 쓰이는 "사잇수"[4]에 대해 이야기를 하고는 그런 수를 두지 못한 나폴레옹의 무능이 그의 아킬레스건이었는지를 묻는다. 나폴레옹은 수월한 공격과 방어를 했지만 양쪽 다 할 수 없게 되었을 때는 어쩔 줄 몰라 했다. (사잇수에 대한 큐브릭의 설명은 다소 오해의 소지가 있다. 체스에서 이는 전략적 진행의 일부지 질질 끌기 위한 술책이 아니다.) 마컴은 나폴레옹이 진군을 멈추고 서 있느라 어려움을 겪었다며 큐브릭의 말에 동의했다.

큐브릭의 대본은 소외감을 느끼는 아이에서 갑자기 성장하여 바로 행동에 들어가는 나폴레옹으로 시작한다. (「타 버린 비밀」부터 「롤리타」와 「샤이닝」에 이르는 큐브릭의 여러 영화와 영화화되지 않은 시나리오는 공통적으로 이런 패턴을 지닌다.) 큐브릭은 네 살 먹은 나폴레옹이 "꿈을 꾸듯 자신의 엄지손가락을 빠는" 장면으로 시작한다. 그런 다음 프랑스의 기숙 학

---

4 Zwischenzug: 상대가 예상치 못한 수를 둠으로써 상대에게 위협을 가하고 심리적 부담을 주는 체스의 전술.

교에 간 나폴레옹이 누가 자신의 물 주전자에 유리를 넣었다고 우기는 모습이 보인다. 코르시카섬에서 온 이 소년은 한 번도 얼음을 본 적이 없다. 몇 장면이 빠르게 지나가고 바스티유 습격[5]이 일어난 후, 나폴레옹은 태연하게 반란 지도자인 "시민 발락"의 머리에 총을 쏜다. 이는 철저하게 허구적인 사건이다.

큐브릭이 다시 만든 이야기에서 나폴레옹은 힘들이지 않고 정상을 향해 나아가며, 이내 알렉산드르 황제[6]와 함께 사우나에 벌거벗고 앉아 그에게 군대에 대한 조언을 해 준다. 이 대본은 나폴레옹의 죽음, 그리고 아들이 어린 시절 가지고 놀던 나무 병정들과 테디 베어에 둘러싸여 비통해하는 어머니의 감상적인 장면으로 끝을 맺는다. 그에 앞서 큐브릭이 묘사했던, 혼자 앉아서 장난감 병사들과 놀고 있는 네 살짜리 로마 왕, 나폴레옹의 아들은 두 번 다시 아버지를 만나지 못한다. 「나폴레옹」의 시나리오는 어린 시절에 사로잡혀 있으며, 나폴레옹의 유럽 정복이 어쩌면 소년 시절의 환상이 실현된 것일지도 모른다는 암시를 준다. 큐브릭은 나폴레옹이 자신의 제국을 잃은 후 권력을 빼앗기고 또다시 한낱 소년이 되었다고 넌지시 이야기한다. 그는 신과 같은 스타차일드가 아니라 웅대한 삶을 펼친 후 다시 본래의 보잘것없는 수준으로 움츠러든 너무도 인간적인 인물이라는 사실이 드러났다.

큐브릭은 나폴레옹의 "성생활은 아르투어 슈니츨러가 할 법한 것이었습니다"라고 젤미스에게 말했다. (슈니츨러는 자신의 성적인 만남 하나하

---

5   1789년 7월 14일 파리 시민들이 바스티유 감옥을 습격해 정치범들을 석방한 사건으로, 프랑스 혁명의 시발점이 되었다.
6   1801년 즉위한 러시아의 황제 알렉산드르 1세.

나를 기록한 수천 페이지의 글을 썼다.) 큐브릭이 노골적인 성행위 묘사를 자제하긴 했지만, 시나리오에는 나폴레옹이 조제핀을 난교 파티에서 만나는 걸로 나온다. 큐브릭은 그런 일이 역사적으로 일어날 수도 있었다는 점을 마컴에게 확인했다. 난봉꾼 정치인 폴 바라스의 정부情婦였던 조제핀은 여러 방탕한 모임의 일원이었기 때문이다.

그러나 조제핀을 향한 나폴레옹의 황홀한 욕망은 큐브릭의 대본에서 전혀 실감 나 보이지 않는데, 그는 그들의 부정을 서투른 색욕으로 취급한다. 거울이 붙은 침실에서 벌어지는 몇몇 섹스 장면에도 불구하고 여기서 흥분을 일으키는 건 없다. 대신 큐브릭의 마음은 '영화감독 스탠리 큐브릭' 같은 존재로서, 찬란하게 혁신적인 장군 나폴레옹과 함께한다. "여기에 모호한 건 없습니다. 전부 상식이에요." 이 코르시카섬 사람이 전술에 대해 말한다. "이론이 개입되는 게 아니에요. 가장 단순한 움직임이 늘 가장 좋은 겁니다." 이 나폴레옹은 품위 있고 냉혹하게 계산하는 사람이다. 그의 재앙과도 같은 러시아 원정은 짤막하게 묘사되긴 하지만 설명되지는 않는다. 나폴레옹이 정말 천재였다면 그는 어떻게 저런 대단한 잘못을 저지를 수 있었을까?

큐브릭은 1969년 9월 「나폴레옹」의 대본을 완성했다. 그다음 달에, 그는 영화가 루마니아에서 촬영된다면 제작 예산이 450만 달러가 들 것이라고 추정했다.

크리스티안은 「나폴레옹」의 협상이 이루어지던 때를 기억했다. "스튜디오는 스탠리에게 미국인들은 사람들이 깃털[7]로 글을 쓰던 때의 영

---

7 큰 새의 깃털을 깎아 만든 깃펜을 의미한다.

화를 좋아하지 않는다고 했어요." 원래 30년대 중반 유럽의 고전 소설을 원작으로 한 잇따른 시대극의 부담을 떠안은 영화 흥행주들의 불평이었던 이 말은 할리우드에서 수십 년간 돌고 있었다.

다소 교활해 보이는 로드 스타이거가 주연을 맡은 세르게이 본다르추크의 영화 「워털루」(1970)가 흥행에 참패했기 때문에, MGM은 나폴레옹 프로젝트를 경계했다. (「워털루」가 제작되는 동안 루마니아인들은 큐브릭과 일하지 말라는 경고를 받았지만 그들은 어쨌든 그대로 진행을 했다.) 유나이티드 아티스츠가 잠시 관심을 가졌지만 1969년 11월 협상은 종료되었다. 이 시점 이후에도 큐브릭은 이 영화를 제작하고 싶었다. 그는 조제핀 역에 오드리 헵번을 꿈꾸고 있었고, 주인공으로는 역시 나폴레옹광인 잭 니콜슨을 염두에 두고 있었다. 니콜슨이 거절한다면 데이비드 헤밍스[8]나 오스카 베르너[9]가 맡게 될 거라고 큐브릭은 생각했다.

"나폴레옹은 햄릿처럼 미완성의 캐릭터다. 그리고 햄릿과 마찬가지로 숭고함과 저속함이라는 모순으로 가득한 수수께끼 같은 인물이다." 나폴레옹의 전기 작가인 스티븐 잉글런드는 이렇게 썼다. 큐브릭의 관점에서 보면 모순적인 나폴레옹에게는 제임스 네어모어가 말한 것처럼 스타차일드뿐만 아니라 유인원 같은 구석이 있다. 잉글런드는 나폴레옹의 삶이 우리에게 "희망과는 다른, 경외심을 불러일으키는 인간의 가능성에 대한 감각"을 전해 준다고 평가한다.

나폴레옹이 세상을 극단으로 몰고 간 것처럼, 큐브릭은 그렇게 영화

---

8 미켈란젤로 안토니오니의 「욕망」(1966)으로 잘 알려진 영국의 배우(1941~2003).
9 「쥘 앤 짐」(1962), 「추운 나라에서 온 스파이」(1965) 등에 출연한 오스트리아의 배우(1922~1984).

예술의 범위를 확장했다. 큐브릭은 「2001」에서 보여 주었듯 거대한 수수께끼에 어떻게 접근해야 할지를 알고 있었기 때문에, 그의 영화는 나폴레옹에 관한 이전의 어떤 영화보다도 그 대상을 더 잘 감당할 수 있었을 것이다. 그렇지만 모스크바 퇴각이라는 파국의 양상을 얼버무리는 그의 대본은 신뢰를 주지 않는다. 추위에 떨고 굶주리는 사람들의 무리는 큐브릭의 마음속에 있는 나폴레옹의 영웅적 이미지와 조화를 이룰 수 없었다.

「나폴레옹」의 제작 가능성이 희박해지자 큐브릭은 새로운 프로젝트의 필요성을 깨달았다. 「나폴레옹」과 관련해 루마니아인들을 상대하던 큐브릭의 두 오른팔, 테리 서던과 밥 개프니는 큐브릭에게 앤서니 버지스의 소설에 관심을 갖게 해 주었다. 버지스의 『시계태엽 오렌지』를 읽었을 때 큐브릭은 단번에 이 작품이야말로 자신의 다음 영화라는 걸 알았다.

『시계태엽 오렌지』는 1962년에 출간되었다. "이 책을 쓸 때 많이 취해 있었습니다." 버지스가 말했다. "그게 제가 폭력에 대처할 수 있는 유일한 길이었어요." 버지스가 덧붙였다. "제 첫 아내가 2차 대전 중에 런던에서 네 명의 미군 탈영병에게 야만스럽게 폭행을 당한 적이 있어요. 저는 그 기억을 지우려고 애썼죠… 이제는 저 빌어먹을 책이 지독하게 싫습니다."

큐브릭은 영화에서 버지스의 플롯을 면밀하게 따랐다. 버지스의 반反영웅 주인공인 10대 불량배 알렉스는 자신의 패거리와 함께 런던의 밤을 공포에 떨게 하고 살인죄로 수감된다. 그 후 과학자들은 이전에 그를 전율하게 했던 폭력을 보면 구역질이 나게끔 반응을 조종하는 혁신적인 루도비코 요법으로 그를 치료한다. 이제 알렉스는 누구도 해치지 않는 사람이 되었지만, 버지스는 루도비코 요법이 인간의 정신을 무시하고 그 대신 엄격한 사회 통제를 선택하며 선과 악의 문제를 회피했다고 본다.

버지스는 『시계태엽 오렌지』에서 새로운 말 나드샛Nadsat을 만들어 냈다. 다수의 변형된 러시아어 단어는 물론 18세기 억양으로 능청스럽게 비튼 구문構文이 혼합된 말이다. 알렉스는 노골적이고 자극적인 스타일로 이야기를 진행한다. 그는 클래식 음악을 들으며 한바탕 황홀한 폭력을 생각해 낸다.

> 나는 음악을 들으며 눈을 감고 더없는 행복에 빠졌어. 그건 어떤 환각제느님이나 신보다 훨씬 더 죽여줬지. 그런 사랑스러운 그림을 알고 있었어. 거기엔 어리고 반짝반짝 빛나는 남자들과 여자들이 땅바닥에 누워 자비를 구하며 소리치고 있었는데, 나는 입에 온통 웃음을 머금은 채 그것들의 얼굴을 부츠로 밟아 으깨 주었어. 그리고 약에 취해 벽에 기대서 악을 쓰고 있는 계집애들이 있었는데, 난 그것들에게 곤봉처럼 뛰어들었지.[10]

큐브릭은 알렉스가 침실에서 애완용 뱀을 만지작거리며 그가 가장 좋아하는 베토벤의 9번 교향곡을 들을 때 이 페이지를 반영한다. 책과

---

10 이 문단에서 'slooshy(듣다)', 'glazzy(눈)', 'Bog(하느님)', 'veck(남자)', 'ptitsa(여자)', 'smeck(웃다)', 'rot(입)', 'litso(얼굴)', 'devotchka(소녀)', 'creech(비명을 지르다)', 'shlaga(곤봉)' 등 다채로운 나드샛 단어가 사용되었다.

영화에서 이 장면은 우리의 주인공이 자위행위로 오르가슴에 이르며 끝난다. 여기서 스트레인지러브가 휠체어에서 일어나며, 콩 소령이 미사일에 올라타며, 문화처가 격앙되어 자신의 무기인 뼈로 시체를 마구치며 홀로 느끼는 도취가 다시 한번 등장한다. 이 모든 캐릭터들의 마음은 자폐적 황홀감으로 둘러싸인 소년과 같다. 큐브릭은 이런 격렬한 돌진을 좋아한다. 우리처럼 두려워하는 그는 그런 잔인한 남성적 환희의 대가를 분명히 보여 주지만, 그는 항상 그것에 매력을 느낀다.

큐브릭은 버지스의 알렉스에게 끌렸다. 그는 "마치 리처드 3세처럼, 지적이고 재치 있으며 완전히 솔직하기 때문에 사악함에도 불구하고 어떻게든 당신을 자기편으로 끌어들입니다"라고 큐브릭은 말했다. 큐브릭의 알렉스는 또한 악랄하고 순진하게 자신의 길을 나아가는 70년대의 캉디드[11]다. 「시계태엽 오렌지」는 인간의 본성을 개조하기 위해 과학을 이용하는 것에 대한 고찰이 담긴 전형적인 계몽주의 영화다.

딱 맞는 알렉스를 찾아내는 건 「시계태엽 오렌지」의 성공에 절대적으로 중요한 일이었다. 큐브릭은 린지 앤더슨의 「만약」(1968)에서 주인공을 맡았던 스물여덟 살의 말콤 맥도웰을 선택했다. 나중에 큐브릭은 정말 그럴 수밖에 없었다고 했다. 맥도웰은 오만하게 비죽거리는 입술을 지녔으며 영국 귀족의 말씨(큐브릭의 전기를 쓴 존 백스터는 이를 "항상 너무 빠르고 너무 시끄러운" 말투라고 묘사한다)를 흉내 낼 준비가 되어 있었다. 그는 부하들의 코를 납작하게 만들 수 있었고 윗사람에게는 나긋나긋

---

11 1759년 출간된 프랑스의 계몽주의 철학자 볼테르의 풍자 소설 『캉디드 혹은 낙관주의』에 등장하는 주인공.

하게 알랑거릴 수도 있었다.

"자동차가 필요하면 나무에서 열매 따듯이 구할 수 있어." 알렉스가 자기 패거리에게 말한다. "쩐이 필요하면 빼앗으면 돼." 알렉스는 편안한 삶을 즐기는 덩치만 큰 아이다. 그는 무엇을 원하든 그냥 차지한다. 부모와 함께 살며 늦잠을 자는 그는 하품을 하며 일어나 엉덩이를 긁적이고, 맛있는 아침 식사를 준비한 후 음반을 쇼핑하고 마약을 하고 여느 때와 같은 초특급 폭력으로 하루를 보낸다.

「시계태엽 오렌지」는 청소년 범죄에 관한 영화로, 이는 말런 브랜도가 출연한 「와일드 원」(1953), 제임스 딘이 출연한 「이유 없는 반항」(1955), 그리고 「웨스트 사이드 스토리」(1961) 같은 유명한 작품들로 특징지을 수 있는 할리우드의 중요한 장르다. 브랜도와 딘은 메소드 연기 훈련을 받았으며 둘 다 리 스트라스버그와 스텔라 애들러[12]가 문하생들에게 길러 준 부드러운 내면을 지니고 있었다. 브랜도는 자신의 연약함을 전달하기 위해 섬세하고 산만한 몸짓을 썼다. 딘은 가끔씩 알 수 없는 이유로 울먹거리는 것처럼 보였다. 이 반항아들은 난폭한 녀석들이 아니라 여리고 혼란스러운 10대였다. 프랑스의 실존주의자들처럼 그들은 세상의 무게를 짊어지고 있었다. 왜 세상이 그렇게도 참을 수 없는지 아주 분명하진 않지만 그들의 아름다운 영혼은 분명 그 때문에 고통받고 있었다. 「이유 없는 반항」은 교외의 생활을 고요한 지옥으로 그려 낸다. "어머니와 아버지는 제 마음을 찢어 놓고 있어요!" 딘이 혼

---

12 미국의 배우이자 연기 교사. 1949년 뉴욕에 스텔라 애들러 연기 스튜디오를 설립해 배우를 양성했으며 말런 브랜도, 로버트 드 니로, 워런 비티 등이 그녀의 학생이었다.

란스러운 부모에게 소리를 지를 때 니컬러스 레이의 카메라는 그를 마치 그리스도상처럼 캔티드 앵글로 잡는다. 「이유 없는 반항」과 마찬가지로 10대의 비극을 다루는 「웨스트 사이드 스토리」에는 사춘기의 반항을 진단하고자 하는 정신의학자와 사회학자 들을 향한 즐거운 경멸이 더해진다. 그러나 「웨스트 사이드 스토리」에는 분열된 의식이 있다. 자유분방한 댄스 루틴 속에서 "우린 그냥 재미로 하는 거라고요. 어쩔 건데요, 크럽케 경관님"이라는 말이 나온다. 하지만 이 영화는 폭력으로 스러지는 젊은이들에 눈물을 흘리는 전형적인 할리우드 스타일의 감동도 취급한다.

큐브릭은 청소년 범죄를 다룬 이전의 이런 고전 영화들로부터 획기적 전환을 선언한다. 말콤 맥도웰이 연기한 알렉스에게 다정하거나 눈물을 자아내는 모습은 없다. 그는 타고난 깡패이며 60년대에는 상상할 수도 없었던 캐릭터다. 그 10년은 혁명과 의식 확장에 빠져 있었던 시대지만 두 가지 모두 알렉스와는 전혀 무관하다. 맥도웰의 기막힌 연기는 폭력으로 가득 차 있지만 이는 그저 사실의 문제이기도 하다. 그는 살인자의 스타일을 하고 있다. 채플린 모자를 쓴 채 으스대는 교활한 그는, 자신이 얼마나 어리석은지 절대 깨닫지 못하는 쾌활한 사내아이다. 『매드』 매거진이 ('시계태엽 레몬'에서) 앨프리드 E. 뉴먼[13]을 알렉스로 묘사했을 때 거기엔 알렉스의 특성이 담겨 있었다. "뭐, 어쩌라고"가 뉴먼의 모토다. 맥도웰은 매력을 발산하지만 이를 위해 애쓰지는 않

---

13 Alfred E. Neuman: 『매드』 매거진의 마스코트로, 빨강 머리와 주근깨, 벌어진 앞니와 능글맞게 웃는 모습을 한 만화 캐릭터다. 1973년 6월호 『매드』에는 「시계태엽 오렌지」를 패러디한 만화 '시계태엽 레몬'이 실렸다.

는다. 우리는 그가 결국 잘될 거라는 걸 어떻게든 알아챘다. 알렉스는 「롤리타」의 험버트와 같이 빛나는 언어의 재능을 지니고 있지만 그처럼 자포자기한 영혼이 아니다. (나보코프의 험버트는 "살인자는 항상 화려하고 장황한 글을 남긴다"고 말한다.) 대신 알렉스는 우리의 수상쩍은 친구 역할을 한다. "오 나의 형제들이여." 그는 우리에게 이렇게 말한다.

「2001 스페이스 오디세이」의 문와처와 마찬가지로 알렉스에게 유혈 流血은 신선한 발견이다. 「시계태엽 오렌지」의 배경 중 한 곳인 공동 주택 단지 강변 산책로 장면에서, "영감靈感 같은 것"에 끌린 알렉스는 문와처처럼 입을 일그러뜨린 채 공중으로 떠오르고 무리 중 가장 우둔한 딤의 손을 칼로 그으며 자신의 패거리들에게 본때를 보이고자 한다.

「시계태엽 오렌지」에서 큐브릭은 크게 인기를 끌던 행동주의 심리학자 B. F. 스키너[14]에 반론을 제기한다. 큐브릭은 『롤링 스톤』 매거진에 자신은 스키너가 틀렸다고 생각하며 자신의 영화는 사회 통제를 위한 스키너의 행동주의적 계획을 분명하게 고발하는 작품이라고 말했다. 영화에 등장하는 두 박사, 닥터 브로드스키와 닥터 브래넘은 스키너와 같은 행동주의자를 풍자적으로 그린 인물들이다.

큐브릭이 가리키는 게 단지 스키너만은 아니었다. 행동주의는 몇 단계 강화된 영화계에 해당할 수도 있다. 둘 다 강한 자극을 조금씩 제공함으로써 우리의 반응을 조종한다. 의미심장하게도, 알렉스는 「시계태엽 오렌지」만큼이나 명쾌하게 폭력적인 영화를 강제로 관람함으로써

---

14 실험용 쥐에게 자극에 대한 동작을 학습시켜 행동을 연구하고 분석하는 '스키너 상자'로 잘 알려진 미국의 심리학자. 인간의 행동을 자극과 반응의 관계로 설명했다.

갱생할 수 있게 된다.

큐브릭이 『시계태엽 오렌지』를 읽었을 때 그는 브로드스키가 루도비코 치료를 받고 있는 알렉스에게 한 말에 매료되었음에 틀림없다. 브로드스키는 베토벤의 음악에 맞춰 나치의 잔혹 행위를 담은 영화를 알렉스에게 보여 주고 있었다. "가장 기분 좋고 가장 아름다운 행동이 어느 정도 폭력의 성격을 띠고 있지." 브로드스키가 알렉스에게 이야기한다. "예를 들면 사랑의 행위, 예를 들면 음악 같은." 그는 초특급 폭력의 기쁨을 떠올리게 하는 절묘한 음악이 흐르는 장면에서 소설 전체에 흐르는 알렉스의 통찰을 반복한다. 큐브릭은 자신의 여러 영화에서 한데 뒤섞인 환희와 파멸을 보여 준다. 브로드스키는 보잘것없는 지배력으로 알렉스의 열의를 억누르며 이 위험한 조합을 통제하고자 한다.

"자네는 2주도 안 돼서 자유의 몸이 될 거야." 브로드스키가 알렉스의 어깨를 토닥거리며 기운을 북돋워 준다. 브로드스키에게 자유란 행동의 법칙, 화학 물질을 주입함으로써 몸에 새겨지는 숙달된 반응에 종속되어 있다. 조지 오웰의 『1984』에서처럼, 자유는 곧 예속이다.

1970년에서 1971년으로 넘어가는 겨울 동안 촬영된 「시계태엽 오렌지」는 비용이 겨우 200만 달러밖에 안 들었다. 몇몇 중요한 장면을 제외하면 평상시 큐브릭 영화에서보다 더 적은 테이크가 소요되었다. 당시 소년 같은 뛰어난 연기를 펼친 또 한 명의 스타 톰 커트니[15]가 말했

---

15 「닥터 지바고」의 파샤 역으로 잘 알려진 영국의 배우. 그는 1963년 존 슐레진저가 연출한 「거짓말쟁이 빌리」에서 게으르고 무기력하며 당장의 위기를 모면하고자 거짓말을 일삼는, 상상 속에서 영웅을 꿈꾸는 청년 빌리를 연기하여 평단의 극찬을 받았다.

듯, 이는 부분적으로 "말콤이 자신이 해야 할 일을 잘 알고 있었기" 때문이기도 했지만 또 한편으로는 「시계태엽 오렌지」가 큐브릭에게는 흔치 않은 즉흥적인 분위기를 지니고 있었기 때문이다. 여기서 그는 슬로 모션과 70년대 초반 영화계에서 쓰이던 조잡한 패스트 모션을 활용한다.

이 영화는 천재적인 디자인을 필요로 했다. 「2001 스페이스 오디세이」에서처럼 큐브릭은 잊을 수 없는 스타일을 지닌 미래 세계를 상상했다. 그는 스타차일드를 만들었던 조각가 리즈 존스에게 코로바 밀크 바에서 테이블로 쓰이는 벌거벗은 여성 마네킹의 디자인을 의뢰했다. 마네킹의 젖꼭지에서는 마약이 가미된 밀크 플러스가 분출된다("루시 안녕, 오늘 밤 바빴떠?" 마네킹이 액상 마약을 뿜어낼 때 딤은 이렇게 묻는다). 큐브릭은 그의 패거리에게 흰색 바지와 셔츠를 입히고 핏발 선 눈알이 달린 소맷부리, 낙하산병이 신는 부츠, 중산모, 그리고 코드피스[16]로 꾸몄다. 「시계태엽 오렌지」는 몇 년 후에 닥치게 될 펑크 무브먼트에 큰 영향을 주었다. 이 영화는 데이비드 보위나 니컬러스 로그의 「퍼포먼스」[17]처럼 성性을 비트는 글램 록 색채를 피하고 더욱 거친 유사 밀리터리 스타일을 취한다.

「시계태엽 오렌지」는 큐브릭의 묘미를 가장 많이 느낄 수 있는 영화로, 가짜 속눈썹을 붙인 채 노려보는 알렉스의 시선과 기운차고 능글맞은 웃음에서 점차 줌 아웃되는 시작 장면에서부터 강한 흥미를 준다.

---

16 codpiece: 중세 유럽에서 남성의 성기 보호 혹은 남성성 과시의 목적으로 착용하던 주머니 혹은 덮개.
17 영국의 영화감독 니컬러스 로그(1928~2018)와 도널드 캐멀이 연출하여 1970년에 개봉한 범죄 영화. 롤링 스톤스의 리드 싱어 믹 재거가 주연으로 출연했다.

알렉스의 패거리가 라이벌 깡패 무리와 난투극을 벌일 때 희가극이 돼 버리는 것처럼, 영화의 많은 장면들은 지극히 신선하다.

「시계태엽 오렌지」의 찬란하고 위험한 활기는 두 어린 불량배 무리가 벌이는 「웨스트 사이드 스토리」풍의 패싸움에서 가장 잘 드러난다. 알렉스는 버려진 극장 무대 위에서 몸부림치는 반나체의 여자를 강간하려고 하는 빌리 보이와 그 일당을 방해한다. 버지스가 표현한 것처럼 "질질 짜는 어린 계집애에게 무슨 짓을 막 하려던 참에" 말이다. 알렉스가 나타나자 그 여자는 자기 옷을 움켜쥐고 달아나는데 아무도 거기 신경 쓰지 않는다. 강간은 수컷 대 수컷의 대결 다음 이야기다. 여기서 큐브릭은 남자들이 섹스보다 권력과 영토를 더 원한다는 아드리의 핵심적 개념 중 하나를 따른다.

"재미 좋으신가?" 사운드트랙으로 로시니의 오페라 「도둑 까치」의 서곡이 흐르기 시작하자 알렉스는 마치 할 왕자가 폴스타프[18]에게 말을 걸듯 빌리 보이에게 빈정거린다. 그리고 두 불량배 무리가 서로를 율동적으로 던지고 강타하는 발레와 같은 대결이 이어진다.

그다음 자동차를 타고 전속력으로 달리는 패거리의 모습이 등장한다. 그들의 머리는 바람에 휘날리고 길은 싸구려 티가 나게 배면 영사[19]되고 있다. 여기에선 「우리에게 내일은 없다」가 연상된다. 갑자기 그들은 '집HOME'이라고 쓰인 표지판을 발견하고 알렉스는 "내 배 속을 온통 뒤흔드는 느낌"이 온다고 전한다. (알렉스의 나드샛은 귀에 착 감긴다. 내

---

18 셰익스피어의 『헨리 4세 1부』(1597)와 『헨리 4세 2부』(1599)에 등장하는 인물들. 할 왕자는 젊은 시절의 헨리 5세이며, 허구의 인물인 존 폴스타프는 호색한에 허풍쟁이인 희극적 캐릭터다.

19 미리 촬영한 배경을 영사막에 투사하고 그 앞에서 연기하는 배우를 촬영하는 기법.

가 아는 어떤 화가는 대화를 포함한「시계태엽 오렌지」의 사운드트랙을 들으며 작업을 한다.)

뒤이어 집에 침입해 강간을 하는 악명 높은 장면은 카메라도 돌아가지 않은 상태로 촬영장에 둘러앉아 이리저리 따지느라 사흘이 걸렸다. 심사숙고 끝에 큐브릭이 맥도웰에게 물었다. "노래할 수 있나?" 맥도웰은 〈싱잉 인 더 레인〉 한 곡밖에 모른다고 대답했다. 그래서 알렉스는 붉은색 점프 수트를 입은 아드리엔 코리가 연기한, 작가 알렉산더 씨의 속수무책인 아내를 강간하려고 준비하는 동안 그 유명한 동작을 펼친다. 알렉스가 쾌활하게 부르는 노래, 이 상황에 툭 던져진 선율, 자신의 아내를 폭행하는 모습을 강제로 봐야 하는 알렉산더 씨를 담은 일그러진 어안 렌즈, 이 모든 건 우리의 평정심을 잃게 한다. 콜커의 말처럼 "시퀀스 전체가 소름 끼칠 뿐 아니라 조금은 어이가 없기도 하다." 우리는 영화 속 폭력이 보통 전해 주는 흥분보다는 "혐오와 경악"을 느낀다. 영화 후반부에 패트릭 마기가 연기한 알렉산더는 앙심을 품고 기쁨에 넘치는 복수를 하는데, 우리는 또다시 당황스럽다. 우리는 얼빠지게 웃으며 씰룩거리는 벌게진 얼굴을 한 이 미치광이가 알렉스에게, 그가 루도비코 치료를 받은 후 자살 충동이 일 만큼 절망적인 반응을 보이는 베토벤 9번 교향곡을 쾅쾅 울려 대는 걸 어떻게 받아들여야 할지 모른다. 우리의 웃음은 불안하다. 느긋하게 즐길 수가 없다.

맥도웰의 엉성한 듯 탁월한 〈싱잉 인 더 레인〉 강간 장면은 알렉스에게 누아르 영화의 악당이 보이는 그럴싸한 무자비함이 아니라 열한 살 소년의 자기만족을 안겨 준다. 예상대로 이 장면의 촬영은 힘들었다. 코리는 이렇게 말했다. "나흘 동안 말콤에게 세게 맞았어요. 그는 진짜로 때렸죠. 어떤 장면은 말콤이 '더 이상은 못 때리겠어요!'라고 할 때까지 39번이나 찍었고요."

알렉스는 '캣 레이디'를 살해한 후 결국 감옥에 들어간다. 레오타드 차림의 비쩍 마른 중년 여성인 그녀는 그에게 "그건 아주 중요한 예술품이야!"라고 날카롭게 소리치며 성기-엉덩이 조형물을 내려놓으라고 명령한다. 우리가 고상한 척하는 캣 레이디보다 딜도 모양의 코를 하고 코드피스를 착용한 알렉스를 응원하게 되는 건 어쩔 수가 없다. 여기서 그 자신보다 훨씬 더 천박한 취향을 지닌 오만한 부르주아와 겨루는 알렉스의 타고난 기지가 보인다. 알렉스는 원초적이며 모든 원시인과 마찬가지로 진실성을 지니고 있다. 반면 캣 레이디는 저속함에 가깝다. 그녀의 방 벽에는 과감하게 외설스러운 자세를 취하고 있는 여러 여인의 그림이 걸려 있다. 알렉스가 조형물로 캣 레이디의 얼굴을 잔인하게 내려칠 때 큐브릭은 로이 리히텐슈타인[20]풍으로 입을 그린 만화 장면으로 전환하는데, 이는 「사이코」의 샤워 신에서 점프 컷을 활용한 재닛 리의 극단적 클로즈업을 연상케 한다.

「시계태엽 오렌지」는 물리적 폭력의 교묘한 동작에 찰리 채플린과 버스터 키튼[21]을 끌어온다. ("아름답게 미끄러지듯 천천히 움직이는 모습을 원

---

20 전통적 예술 개념을 버리고 광고나 영화, 만화, 공산품 등 다양한 대중문화의 이미지를 이용한 풍자와 패러디, 그리고 추상적 표현주의를 내세운 미술 운동인 팝 아트의 선구자. 앤디 워홀, 재스퍼 존스 등과 더불어 미국 팝 아트를 대표하는 인물이다. 만화의 컷을 활용하여 두꺼운 윤곽선과 점을 특징으로 한 독창적 작품 세계를 선보였다.

21 무성 영화 시대에 웃음기 없는 진지한 얼굴로 곡예에 가까운 탁월한 슬랩스틱과 스턴트 연기를 펼치며 '위대한 무표정The Great Stone Face'이라는 별명으로 불린 미국의 코미디 배우이자 감독(1895~1966).

했습니다." 큐브릭은 젤미스에게 알렉스가 자신의 패거리와 싸우는 강변 산책로 장면에 대해 이렇게 말했다.) 이 영화는 또한 거의 모든 할리우드 뮤지컬처럼 행복한 기분에 부치는 송가頌歌이기도 하다. 알렉스의 머리를 둘러싸고 두 눈을 비집어 여는 가시 면류관 같은 장치가 그를 프랑켄슈타인의 괴물과 같은 형태로 변화시키는 동안, 루도비코 요법은 그를 구역질의 구렁텅이로 떨어뜨린다. 하지만 결국 그는 다시 한번 의기양양해진다. 「시계태엽 오렌지」의 결말에는 환희가 다시 나타난다.

네어모어는 「시계태엽 오렌지」가 「닥터 스트레인지러브」처럼 "불구가 된 악당의 몸이 정력 넘치는 삶을 되찾으며" 끝난다고 언급한다. 핵폭탄으로 전 세계가 멸망하는 것은 스트레인지러브의 환상이었지만 이것은 알렉스의 환상이다. 그는 눈 덮인 땅바닥에 누워 거의 다 벗은 아름다운 여인과 섹스를 한다. 그의 위에서 몸을 흔들고 있는 그녀는 분명 자신도 크게 즐기고 있다. 그러는 동안 에드워드 7세 시대의 복장을 한 신사 숙녀 무리가 커플에게 열렬히 박수를 치고, 베토벤 9번 교향곡의 선율이 울려 퍼지는 가운데 모든 게 결말로 향한다. 알렉스는 쏟아지는 베토벤의 탐욕스러운 장엄함, 충만한 활기, 건강함과 폭력을 또다시 숭배하게 된다. 알렉스는 "나는 완전히 치유되었다"라는 유명한 마지막 대사를 보이스오버로 이야기하고, 진 켈리의 〈싱잉 인 더 레인〉과 함께 크레디트가 흐른다.

맥도웰은 「시계태엽 오렌지」가 개봉한 후 언젠가 한 파티에서 진 켈리를 우연히 만났을 때 그가 악수도 하지 않고 떠나 버렸다는 얘기를 했다. 그건 상관없지만, 맥도웰과 큐브릭은 위대한 예술이 하는 방식으

로 그 곡의 용도를 변경한 것이다. 얼마나 즐거우면서 또 불편한 기분인지.[22]

"하지만 형제들이여, 놈들이 발톱을 물어뜯으며 악의 원인이 뭔지를 연구한다는 건 참 웃긴 얘기야." 버지스의 소설에서 알렉스는 말한다. "나는 내가 하고 싶어서 뭔가를 하는 거야." 그는 우리에게 설교를 한다. "악은 혼자로서의 너 또는 나의 유일한 본질에 관한 문제야. 그리고 그 본질은 우리의 하느님 또는 신이 만들지… 정부와 판사와 학교놈들은 본질을 용납할 수 없기 때문에 악을 용납할 수가 없어."

"우리의 하느님 또는 신"은 『시계태엽 오렌지』에 계속 등장한다. 행동주의자 의사들은 당신의 가련한 죄악을 앎으로써 그리스도에게로 향하는 길에 들어설 수 있다며 바울 신학[23]을 패러디해 읊어 댄다. 닥터 브래넘은 알렉스에게 "좋아지고 있어"라고 말하며 그래서 구역질이 나는 거라고 설명한다. 의사들은 알렉스의 범죄가 잘못되었다는 걸 알게 해 주는 대신 그의 신체 반응만을 조종할 뿐이다. 알렉스가 있는 감옥에서 장관 역시 비슷하게 요점을 벗어난다. 알렉스는 그저 구원의 길에서 잘하고 있다고 생각되게끔 경건함과 복종의 역할에 적절하게 대응하기만 하면 된다. 그러나 알렉스가 성경에서 정말로 음미하는 건 거기 담긴 도덕심이 아니라 "그 옛날 유대인들"이 행한 섹스와 폭력이다. 교도소의 목사는 알렉스의 예의 바른 태도가 진심 어린 참회를 의미하는

---

22 〈Singin' In The Rain〉의 유명한 가사인 "얼마나 즐거운지 몰라요What a glorious feeling"를 인용한 문장이다.

23 신약 성경 중 '로마서'부터 '히브리서'까지 14편을 썼다고 알려진 사도 바울(바울로)의 서신에 나타난 신학 사상.

거라는 순진한 생각을 하지만, 루도비코 치료가 자동적인 반응을 심어 주기 때문에 우리는 누군가의 진실성에 대해 더 이상 걱정할 필요가 없다. 갱생은 표면적 행동만의 문제가 된다. 버지스의 소설에서 말하듯 "범죄적 반사 작용을 없애는 게 전부"다.

큐브릭은 영화의 결말에서 알렉스의 통제 불가인 성욕이 터져 나올 때 루도비코 요법이 어떻게 실패하는지 보여 준다. 그러나 그는 이 해방을 그렇게까지 축하하지는 않으며 이게 왜 그리 신나는 일이라고 생각하는지를 우리에게 묻는다. 행동주의적 억압과 격렬한 욕망 사이에서 선택을 한다는 게 너무 깔끔한 이분법이라는 걸 큐브릭은 알고 있다. 자신이 자유인이라고 생각하지만, 알렉스가 누리는 기쁨의 만찬은 행동주의자들의 구토를 유발하는 프로그램만큼이나 예측 가능하다. 성욕 역시 속박의 한 형태일 수 있다. 그리고 나치와 같은 어떤 체제는 대중의 행동 조작과 폭력적인 욕구의 촉발을 결합하기도 했다.

버지스의 『시계태엽 오렌지』에서 알렉스는 갱생 치료 도중 나치의 유대인 살해를 포함한 전시戰時의 잔혹 행위를 본다. 큐브릭은 그저 뉴스 영화의 탱크와 비행기 장면과 더불어 「의지의 승리」[24]에서 발췌한 장면만을 보여 주는데, 무그 신시사이저로 연주된 〈환희의 송가〉가 배경 음악으로 흐른다. 큐브릭은 한 인터뷰어에게 "베토벤을 듣고 수백만 명을 가스실로 보낸 나치의 수수께끼"라고 언급했다. 그러나 그는 죽음의 수용소와 베토벤을 나란히 배치하지 않기로 했다. 대신 그는 리

---

24 1934년 독일 뉘른베르크에서 개최된 나치 전당 대회의 모습을 담은 선전 영화. 나치의 전폭적 지원을 받은 여성 감독 레니 리펜슈탈(1902~2003)이 연출했으며 기술적 혁신을 이룬 작품이라는 평가를 받았다.

펜슈탈의 진부한 선전 영화에서 나치 몇 명이 문을 차고 들어오는 장면을 따왔다. 그럼에도 우리는 히틀러의 독일에서 베토벤 9번 교향곡이 중심을 이루었음을 상기하게 된다. 〈환희의 송가〉 노랫말은 평화와 인류애를 찬양하지만, 승리로 물결치는 화음은 성공을 거둔 침략을 암시하기 때문이다.

루소 철학에 반대한 큐브릭의 적대감은 「시계태엽 오렌지」에서 아주 분명하게 드러나는데, 평화와 사랑을 꿈꾼 60년대의 이상과 뜻을 달리한 「2001 스페이스 오디세이」의 '인류의 여명'에서 이미 전조를 보였다. 1972년 2월 27일자 『뉴욕 타임스』에 쓴 편지에서 그는 "인간이 사회를 부패하게 만드는 게 아니라 사회가 인간을 타락시킨다는 루소의 낭만적 오류"를 비난하며 이것은 "자체로 팽창하여 절망으로 이끄는 환상"이라고 덧붙였다.

「시계태엽 오렌지」에서 루소파는 패한다. 영화 후반에 알렉스가 비틀거리며 '집'으로 돌아올 때 루소와 비슷한 알렉산더 씨는 "현대 사회의 희생자"인 그를 맞이한다. 알렉스와 이름이 같은 알렉산더는 정부의 억압을 증오하며, 루소처럼 인간의 충동은 온화한 것이라는 확신을 가지고 있다. 농담 같은 상황이 그에게 닥친다. 알렉스가 자신의 아내를 강간하고 자신을 불구로 만든 남자라는 걸 알게 된 그는 앙심을 품은 채 기쁨에 넘쳐서 베토벤을 틀며 알렉스를 고문한다. 알렉산더는 더 이상 착한 마음씨를 지닌 인간애 신봉자가 아니다.

「시계태엽 오렌지」는 제인 구달[25]이 침팬지들은 자신의 동족을 살해

---

25 영국의 영장류 동물학자·인류학자·환경 운동가. 침팬지의 사냥과 육식, 도구 사용, 동족 살해 등을

하고 고문하기를 즐긴다는 사실을 발견하기 몇 년 전에 개봉했다. 무의식 속에서 우리는 모두가 강간범이고 살인자라는 프로이트의 선언을 이보다 더 잘 보여 준 영화는 없었다. 오랜 세월이 흘렀지만 이 영화는 아직까지도 물의를 빚는다. 멜 깁슨의 「패션 오브 크라이스트」[26]와 더불어 이 영화는 역사상 가장 많은 논란을 불러일으킨 작품이다. 이 영화는 처음에 미국에서 최신 등급제를 도입한 미국영화협회에 의해 X등급을 받았다(검열관들은 알렉스가 두 10대 소녀들과 스리섬을 가지는, 빠른 속도로 재생되는 장면을 더 우려했다). 큐브릭은 R등급을 확보하기 위해 1분이 넘지 않도록 잘라 냈다.

영국 언론은 큐브릭의 영화가 모방 범죄의 급증을 초래했다고 떠들어 댔다. 기자들은 영국의 젊은 불량배들이 알렉스에게 고무되었으며 심지어 그의 중산모, 긴 속옷, 가짜 속눈썹과 코드피스를 착용하며 그처럼 옷을 입는다고 전했다. 큐브릭은 그들에게 초특급 폭력의 맛을 보여 주었고 그들은 그 이상을 원했다. 그런 식으로 영화가 강간과 살인을 재미있어 보이게 했다는 비난이 이어졌다. 「시계태엽 오렌지」에서 영감을 얻은 모방 범죄의 증거는 사실 경미했지만 신문이 큐브릭을 겨냥해 표출한 광기는 효과가 있었다. 영화를 두고 그와 그의 가족에게 가해진 협박 때문에 큐브릭은 영국 내 배급망에서 「시계태엽 오렌지」의 상영을 중단했다.

발견하여 세상을 놀라게 했다.
26 최후의 만찬부터 무덤에서 부활하기까지 그리스도의 고난을 담은 2004년 영화. 고문을 당하고 십자가에 못 박히는 예수가 겪은 폭력을 극단적으로 잔혹하게 묘사했다는 점, 반유대주의 의혹, 역사적 고증 등과 관련하여 많은 논란을 불러일으켰다.

영국의 타블로이드 신문뿐만 아니라 뉴욕의 영화 평론가들도 「시계 태엽 오렌지」에 대해 분노가 치미는 걸 느꼈다. 「2001 스페이스 오디세이」를 싫어했던 폴린 케일은 이 영화에 넌더리를 내며 혹평을 퍼부었다. 그녀는 『뉴요커』에 "음흉한 시선과 거들먹거리는 스타일"을 지닌 "혐오스러운 관람 경험"이었다고 썼다. 그녀는 큐브릭이 "관객석에 있는 폭력배들에게 알랑거리고" 있다고 말하며 "영화의 잔혹성에 누적 효과를 끼칠 가능성"을 염려했다.

케일이 「시계태엽 오렌지」의 리뷰에서 말하지 않은 불평은, 이 영화가 그렇게 교활하고 부자연스러우며 "섹스와 잔혹함은 무미건조하고 유머는 튜턴식"이 아니었다면, 우리가 이 못된 행동을 조금은 즐겼을지도 모른다는 것이다. 케일이 「시계태엽 오렌지」를 혹평했던 바로 그 달인 1972년 1월, 그녀는 큐브릭이 한 것보다 훨씬 더 노골적으로 초특급 폭력에 기뻐 날뛰는 영화인 샘 페킨파의 「어둠의 표적」에 열광했다. 이 두 영화는 같은 주에 개봉하여 도덕가들을 다소 당황스럽게 했다.

앤드루 새리스도 케일처럼 부정적이었다. "「시계태엽 오렌지」를 보라… 그리고 지루함의 천벌로 고통받으라." 그는 『빌리지 보이스』에 이렇게 썼다. "우리가 보는 건 그저 허세로 가득한 속임수일 뿐이다." 미국은 물론 유럽에서도 관객들의 생각은 달랐다. 그들은 큐브릭의 악명 높은 충격적 영화를 보러 몰려들었다.

버지스는 큐브릭이 오기 전에 불행히도 『시계태엽 오렌지』의 영화화 판권을 몇백 달러에 팔았기 때문에 영화의 성공에서 직접 수익을 얻을 수가 없었다. 그러나 그의 소설 판매량이 치솟았고 버지스는 잇따른 신문과 TV 인터뷰에서 자신의 작품을 원작으로 한 큐브릭의 영화를 옹호했다. 버지스는 이 영화가 깡패를 동경하는 10대를 위한 롤러코스터가 아니라 인간의 자유에 관한 진지한 서술이라고 주장했다.

「시계태엽 오렌지」는 반대 개념 즉 알렉스의 즐거움과 행동주의자들의 프로그램 학습 쌍방이 지니는 강박적 특성을 묘사함으로써 자유를 다룬다. 큐브릭은 또한 대부분의 할리우드 영화에 담긴 카타르시스의 표출에 자유가 결여되어 있다는 숨겨진 비판을 가한다. 영화가 개봉된 후 『할리우드 리포터』는 이매뉴얼 슈워츠라는 이름의 정신과 의사에게 「시계태엽 오렌지」에 대한 논평을 요청했다. "태엽 장치, 기계적 방식으로 이루어지는 신비 체험의 재현은 이 특별한 영화를 교훈적으로 만들어 준다." 슈워츠는 말했다. "신비 체험을 추구하는 건 전능함을 열광적으로 탐구하는 것과 같다."

할리우드 영화는 모두 관객의 판타지를 충족시키기 위한 신비 체험의 반복에 관한 것이다. 큐브릭은 그 판타지를 어지럽히는 데 전념했다. 그는 『롤링 스톤』에 이렇게 말했다. "우리는 영화 중심부의 역할이 그저 주인공이 피에 굶주린 듯 자신의 적들을 살육하는 마지막 장면에 동기를 부여하기 위한 구실, 그리고 동시에 이 파괴 행위를 즐긴다는 관객의 죄책감을 없애 주는 것에 불과한 그런 작품을 숱하게 봤습니다."「시계태엽 오렌지」는 대부분의 할리우드 작품과 달리 그걸 즐기는 일에 대해 관객이 가책을 느끼게 한다. 케일이 짚어 내지 못한 요점이 이것이다. 죄책감은 쾌감과 뒤섞여서 어느 감정도 우리의 관람 경험을 통제하지 못한다. 장악에 실패한 다음에는 우리가 근본적으로 얼마나 불완전한 존재인지를 일깨워 준다.

그렇지만 영화 상영에 있어서 큐브릭은 자신의 통제력을 모두 발휘했다. 큐브릭은 「시계태엽 오렌지」와 더불어 자신의 영화가 제대로 영사되는지를 어느 때보다 더 관여하게 되었다. 줄리언 시니어는 「시계태엽 오렌지」의 최초 프린트가 언론 시사회를 위해 맨해튼에 있는 시네마 파이브 극장으로 나간 후에 큐브릭이 스크린 주위의 벽이 윤이나는 흰색이라는 걸 알아차린 일을 기억하고 있다. "형편없어질 겁니다. 반사가 생길 거니까요." 큐브릭이 말했다. "극장을 다시 칠해야 돼요." 그러고 나서 큐브릭은 벽을 무광 검은색으로 다시 칠할 수 있는 페인트공을 찾느라 맨해튼 전화번호부를 두 시간 동안 들여다봤다.

큐브릭은 「시계태엽 오렌지」의 유럽 배급에도 직접 관여했다. "지배인들에게 어떤 렌즈를 사용하고 있는지 아느냐고 물어보세요." 큐브릭이 시니어에게 말했다. "전부 1.66:1 화면비로 영사돼야 합니다." 많은 극장들은 1.66:1용 렌즈가 없었다. "그럼 우리가 렌즈를 좀 구해 주죠." 큐브릭이 말했다. "그는 렌즈 283개를 샀습니다." 시니어가 떠올렸다. "그걸 자기 조수인 안드로스 에파미논다스에게 주고는 벤츠 한 대와 지도 한 장을 줬어요." 큐브릭은 목적을 이루었다. 「시계태엽 오렌지」는 유럽에서 1.66:1용 렌즈로 상영되었다.

"시실리안 디펜스로 시작하죠." 큐브릭은 시니어에게 이렇게 말하곤 했는데, 그는 체스를 둘 줄 몰랐기 때문에 올바른 배급과 홍보를 확실하게 하자는 캠페인을 시작하기 전에 그 말의 요점(공격적으로 하자는)을 놓쳤다. "프랑크푸르트의 신문에 낸 광고를 따져 보니 그자들이 우릴 등쳐먹고 있더군요." 시니어가 말했다. 상영과 마찬가지로 홍보에 있어서도 모든 게 제대로 되어야 했다. 이것은 큐브릭이 그의 관객과 그 자신뿐만 아니라 그 이후에 등장한 영화 제작자들에게 준 선물이었다.

「시계태엽 오렌지」는 항상 잘 팔리는 영화였고 큐브릭의 모든 작품 중에서도 꼭 봐야 하는 악명 높은 작품으로 남아 있다. 크리스티안의 그림이 알렉산더 씨의 집에 등장하지만, 그녀는 폭력적이라는 이유로 이 영화를 몹시 싫어했다. 「시계태엽 오렌지」의 피투성이 아수라장에 이어 큐브릭은 알렉스와 그의 패거리로부터 상상할 수 있는 한 가장 멀리 떨어진, 사람들이 깃털로 글을 쓰던 때인 18세기의 웅장하게 균형을 이룬 세트와 함께 「2001 스페이스 오디세이」의 느리고 관조적인 태도로 다시 돌아왔다. 바로 「배리 린든」이다.

6
스탠리하고는 그거 하나로
몇 시간이라도 이야기할 수 있어요:
「배리 린든」

애버츠 미드에서 큐브릭의 운전기사이자 급사인 에밀리오 달레산드로는 날마다 감독의 딸들을 학교에 데려다 주었다. 1971년에 안야는 열두 살, 그리고 제멋대로인 비비안은 열한 살이었다. "비비안은 거친 성격 때문에 끊임없이 주의를 기울여야 했어요." 달레산드로가 회고했다. "그 아이가 해를 끼치려 한 건 절대 아니었지만 참 힘들었죠." 반면 안야는 "아주 차분하고 사색적"이었다. 큐브릭의 의붓딸인 카타리나는 열여덟 살이었는데, 비비안이 피아노를 배우고 안야가 노래 교습을 받는 동안 그녀는 승마에 열심이었다. 달레산드로는 그들을 어디든 태우고 다녔다. "스탠리의 아이들은 아버지보다 저와 함께하는 시간이 더 많았고 저는 제 아이들보다 그의 아이들과 더 많은 시간을 보냈습니다." 달레산드로가 말했다.

큐브릭 가족은 만찬회를 자주 열었다. "사교적으로 그는 딱 유럽의 미국인이었고 사람의 마음을 확 끄는 깜짝 놀랄 만한 일을 했어요." 크리스티안이 말했다. 스탠리는 요리사 역할을 하는 걸 좋아했다. 크리스티안이 떠올렸다. "스탠리는 즉석요리 전문 요리사가 된다는 비밀스러운 판타지를 갖고 있었어요. 아주 잘했고요. 부엌은 푸른 연기와 더러운 냄비들로 가득했지만 그는 그런 거에 아주 능숙했어요. 그가 햄버거 같은 미국 음식을 하면 유럽인들이 정말 깜짝 놀라죠. 그리고 나중에 그는 샌드위치의 왕이 됐어요. 음식물을 높이 쌓아 놓곤 했거든요. 그는 훌륭한 주최자였는데, 심할 정도로 모든 걸 깔끔하게 정리하려 해서 사람들이 우리보고 엉성하다는 말은 하지 못했어요."

큐브릭은 「시계태엽 오렌지」의 뒤를 이을 다른 프로젝트를 찾고 있었다. 그는 「2001 스페이스 오디세이」와 「시계태엽 오렌지」의 미래적 미장센과는 철저하게 다른 나폴레옹 시대 혹은 18세기로부터의 무언가를 원했다. 윌리엄 메이크피스 새커리의 『허영의 시장』(1848)은 워털루 전투 전날 밤의 멋진 파티 장면이 담긴, 큐브릭이 아주 좋아하는 소설 중 하나였다. 그러나 소설의 주인공 베키 샤프의 이야기는 이미 몇 차례 영화화가 되어 있었다. 큐브릭은 대신 새커리의 쾌활하고 흥미로운 피카레스크 소설[1] 『배리 린든의 행운』[2]을 하기로 결정했다.

「시계태엽 오렌지」의 지저분한 공영 임대 주택에서 벗어난 큐브릭은 「배리 린든」에서 18세기로 도피한다. 그렇지만 새커리의 소설은 버지스의 작품과 유사한 구석이 있다. 새커리의 배리는 알렉스와 비슷한 타

---

1 악당이 주인공인 소설. 주로 하층 계급 출신인 주인공은 매력적인 인물로 그려지며, 부패한 사회를 배경으로 희극적이고 풍자적인 내용을 담는다.
2 1844년에 출간된 이 책은 1856년 『신사 배리 린든의 회고록』이라는 제목으로 다시 간행되었다.

입으로, 천박한 매력을 지닌 야만적인 인물이다. 배리는 알렉스처럼 자신의 이야기를 들려준다. 그는 난폭하고 거만하며 유쾌한 데다 강한 폭력적 성향을 지니고 있다. 큐브릭의 대본에서 주인공은 근본적으로 달라진다. 큐브릭은 새커리 소설의 난잡한 허풍쟁이를 순진한, 그것도 냉소적으로 순진한 인물로 변화시킨다. 그는 대담하게 세상을 속이며 능글능글한 웃음을 짓는 주인공을 데려와서는 그를 가장 자신만만한 순간마저 혼란스럽게 만드는 듯한 사람으로 바꿔 버린다.

큐브릭은 「배리 린든」을 토니 리처드슨의 「톰 존스의 화려한 모험」 (1963)처럼 기쁨으로 가득한 떠들썩한 영화로 만들 수도 있었지만, 그는 반대 방향으로 향하여 대단히 잘 갖추어진 아름다움을 담은 작품으로 만들어 냈다. 「배리 린든」은 토머스 게인즈버러[3], 존 컨스터블[4], 조지 스터브스[5]의 강한 영향이 담긴 멋들어진 회화풍 영화다. 몇몇 장면에서의 빛은 마치 요하네스 페르메이르[6]의 작품 같다. 이러한 효과들은 레온 비탈리의 감수로 필름을 복원한 블루레이에서 특히 기막히게 아름다운데, 그는 불링던을 연기하고 이후 큐브릭의 잡역부가 되어 아주 열심히 일했던 인물이다. (토니 지라의 다큐멘터리 「필름워커」(2017)는 큐브릭과 함께한 비탈리의 경력을 아주 인상적으로 묘사한다.)

영화는 배리의 흥망에 대한 이야기를 담고 있다. 아일랜드의 시골에

---

3 풍경 묘사의 선구적 역할을 했던 18세기 영국의 풍경화가·초상화가.

4 영국의 낭만주의 풍경화가.

5 말 그림으로 잘 알려진 영국의 화가.

6 〈진주 귀걸이를 한 소녀〉(1665)로 잘 알려진, 조화롭고 탁월한 빛의 사용으로 유명한 17세기 네덜란드의 화가.

서 자란 소년은 여러 주인들의 충실한 종복이 되고 이후 부유한 여인과의 결혼과 작위를 목표로 한다. 상류 사회는 그의 새로운 주인이다. 그는 부를 달성하고(그리고 탕진하고) 귀족과 친하게 어울리며 어느 정도 성공을 거둔다. 그러나 어딘가에 속하지 못하는 도망자의 의식이 배리를 항상 따라다닌다. 그는 대리자로서 살아가게 되고 「롤리타」의 험버트처럼 사랑하는 사람-배리의 경우 그의 어린 아들 브라이언-을 잃고 이를 극복하지 못한다.

라이언 오닐이 연기한 배리는 건장한 신체임에도 좀 병약해 보인다. 그는 새커리의 활발하고 거만한 주인공과 공통점이 거의 없다. 잭 니콜슨이 유쾌한 새커리식 배리를 만들어 낼 수도 있었지만 큐브릭의 영화에서는 절망적인 미스캐스트가 되었을 것이다. 마리사 베렌슨이 맡은 린든 부인은 그녀가 비스콘티의 영화[7]에서 연기했던 불만족스럽고 우울한 미인을 거의 활기 없이 반복한 것과 같다. "그녀에게는 일종의 비극적 느낌 같은 게 있어요." 큐브릭은 베렌슨에 대해 이렇게 말했다.

큐브릭은 둔감하고 평범한 오닐과 무기력한 베렌슨을 원했는데, 이는 그들이 둘 다 일체의 화려함과 동떨어져 있기 때문에 대조를 이루게 하기 위해서만이 아니라 비슷하다는 걸 보이기 위함이었다. 「2001 스페이스 오디세이」의 우주 비행사들처럼, 오닐과 베렌슨은 배리와 린든 부인으로서 별로 연기를 하는 것 같지 않다. 그럼에도 특히 오닐은 단단하고 한결같으며 배역에 더할 나위 없이 딱 맞는다.

---

7 이탈리아 네오리얼리즘의 선구자 루키노 비스콘티(1906~1976)의 1971년작 「베니스에서의 죽음」을 의미한다.

「러브 스토리」(1970)와 「페이퍼 문」(1973)에서 막 성공을 거둔 오닐은 흥행 보증 수표였다. 촬영장에서 큐브릭과 전직 권투 선수인 오닐은 스포츠를 좋아한다는 공통점으로 친해져서 함께 헤비급 경기를 담은 영상을 봤다. 패션 디자이너 엘사 스키아파렐리의 외손녀인 베렌슨은 오닐에게 도도하고 쌀쌀맞게 구는 것 같았지만 큐브릭은 그녀의 연기에 만족했다.

우리가 배리를 확신할 수 없기 때문에 그는 큐브릭의 주인공 중 은근히 애를 먹이는 인물이다. 더 나은 판단을 할 수 있음에도 불구하고, 우리는 가장 이기적이고 천박한 모습일 때조차 그를 나쁜 일을 묵인하는 어른이 아니라 순진해 빠진 몽상적 젊은이로 보는 경향이 있다. 배리가 테이블 너머 린든 부인을 처음 볼 때 그는 이전에 첫사랑인 노라를 바라보았을 때와 같이 꼭 사랑에 우는 것처럼 보인다. 우리는 그가 린든 부인의 사랑이 아니라 그녀의 돈을 얻고 싶어 한다는 걸 알지만 그의 우수에 찬 표정, 그리고 그가 교활하거나 빈틈없을 것 같지 않다는 사실에 동요된다.

배리가 목표로 하는 지위는 여전히 부자연스럽고 비현실적이다. 그는 자신이 동경하는 신사다운 위상을 진정으로 갖출 수가 없으며, 그래서 그의 열망에는 비극적인 기운이 서린다. "내 평생 자네처럼 투지만만한 사내를 본 적이 없어." 그의 기운찬 친구 그로건이 배리에게 말하지만 큐브릭의 주인공은 전혀 활기 넘치는 인물이 아니다. 새커리의 배리가 즐겁게 술을 마시고 오입을 하고 유럽을 다니며 사기를 치는 데 반해 큐브릭의 배리는 실현될 수 없는 희망의 어중간한 상태에 머무른다.

「배리 린든」을 연출 중인 큐브릭
(포토페스트/워너브라더스 제공)

제프리 오브라이언의 언급처럼 큐브릭의 「배리 린든」은 새커리의 소
설보다 훨씬 풍요로우며 더 모호하다. 오브라이언이 논평하길, 큐브릭
의 영화는 "그 모든 다채로움과 숨 막힐 듯한 한계와 더불어 인생 경험
에 대한 거의 모범적인 목록이라 할 만하다." 그렇지만 영화 전편에 걸

쳐 보이는 세계는 여전히 배리가 목표로 정한 귀족 계급에서 크게 벗어나 있는 것 같다. 오브라이언은 "(「배리 린든」의) 현실이 더 상세하게 묘사될수록 사람들은 더욱 덧없고 희미해지는 것 같다. 과거는 과거에 머무르는 데 그치지 않는다. 이미지들은 고정되고 우리 손이 미치지 않는 틀 속으로 멀어져 간다"고 말하고 있다. 카메라는 우리에게 우리가 보는 것에서 초연하도록 강요하는 느릿한 줌 아웃을 특징으로 한다. 한편 마이클 호던의 훌륭하게 절제된 보이스오버 내레이션은 배리가 겪는 끊임없는 아이러니를 이야기하며, 그럼으로써 주인공과 거리를 두게 한다.

큐브릭은 「배리 린든」의 제작에 들어가기 전 세심하게 계획을 세웠다. 그는 영화의 정교한 세트를 위해 그가 업계에서 최고의 미술 감독으로 인정한 사람, 켄 애덤이 필요하다고 생각했다. 1972년 어느 날, 「닥터 스트레인지러브」에서 큐브릭과 마지막으로 일했던 애덤은 감독으로부터 「배리 린든」의 세트 디자인을 부탁한다는 전화를 받았다.

스탠리가 이 영화를 제가 맡아야 하는데 돈을 줄 수 있는 형편이 안 된다고 하더군요. 그래서 전 말했어요. "스탠리, 알다시피 나한테 그렇게 얘기를 꺼내는 건 좋지 않아." 그래서 우린 말다툼을 했어요… 5주 후에 그가 다시 전화를 걸어서는… 돈은 문제없는데 이 영화 할 거냐고 물었어요. 우리 관계는 어떤 면에서는 거의 결혼 생활 같습니다. 애증의 관계요. 다른 영화를 살펴볼까 하는 생각도 들었어요. 인생은 너무 짧잖아요. 하지만 꼼짝할 수가 없었죠.

그래서 1973년 초에 켄 애덤은 「배리 린든」의 작업에 들어갔다. 그는 영화 전체를 로케이션 촬영하기로 마음먹은 큐브릭과 함께 18세기의 주택을 찾아다녔다. 애덤은 대신에 아주 합리적으로 세트를 활용하길 원했다. 그는 큐브릭이 영화에 쓰고 싶어 했던 많은 양초의 연기가 집들에 손상을 끼칠 수도 있지 않을까 우려했다. 하지만 큐브릭은 고집을 꺾지 않았고 늘 그렇듯 이겼다.

큐브릭은 「배리 린든」 촬영을 수많은 양초들에 의존한다는 생각에 광적으로 집착했다. 자이스[8]에서 만든 촛불 촬영이 가능한 획기적인 렌즈를 찾아냈기 때문이다. 미술 감독인 애덤에게 곤란했던 점은 반복되는 테이크에서 양초들이 매번 완전히 똑같은 높이로 타고 있어야 한다는 사실이었다.

"결국 저는 심하게 병이 났습니다." 애덤이 떠올렸다. "완전히 기진맥진했죠. 그가 날마다 저와 함께 밤늦도록 작업을 했으니까요. 스탠리는 정말로 네 시간만 자고 해낼 수 있었어요. 물론 저는 그럴 수 없었습니다. 그래서 저는 런던으로 돌아왔는데 믿기 어렵게도 그가 걱정을 하는 거예요. 그 당시 그가 제게 보낸 편지들을 보면 정말 아주 감동적이에요." 로이 워커가 애덤을 대신했다. 그는 줄리언 시니어의 말처럼 "흰 가운을 입은 자들에게 끌려 촬영장을 떠나는" 사람이었다.

제작 준비 기간에 큐브릭은 18세기의 그림이 담긴 책 한 무더기를 오려 내고 이미지를 연구하며 걸레로 만들었다. 의상을 만드는 데만 1년 반이 걸렸다. 오닐의 옷이 38벌, 베렌슨의 옷이 20벌이었다. 큐브릭

---

8   Zeiss: 카메라 및 안경 렌즈로 유명한 독일의 광학 회사.

은 두 편의 스웨덴 영화, 얀 트로엘이 연출한 「이민자」(1971)와 「새로운 땅」(1972)을 좋아했는데, 이 작품들의 의상은 의상 팀에서 갓 보내온 것처럼 보이는 게 아니라 적당히 낡아서 실제 옷처럼 보였다. 그래서 그는 트로엘의 의상 디자이너 울라브릿 쇠딜룬드를 고용했다. 그녀는 「시계태엽 오렌지」의 의상 디자이너였던 밀레나 카노네로와 함께 「배리 린든」의 의상 작업을 했다.

의상과 관련한 큐브릭의 완벽주의는 영화 미장센의 다른 모든 측면으로 확장되었다. 세공품과 실내 장식으로 가득하지만 왠지 풍경의 산뜻함에 한층 더 열려 있는 「배리 린든」의 스타일은 독특하다. 짙은 화장을 하고 있음에도 배우들의 피부는 빛을 발하며 그들의 표정에서 사악함을 볼 수가 있다. 귀족들이 처음에는 배리의 부를 빨아먹다가 그런 다음 재앙과도 같은 불링던과의 난투극 이후 잽싸게 그를 버리듯, 이 탐욕스러운 집단의 허영심 강한 귀족들에게 계급에 기반을 둔 잔인성은 자연스러운 일이다.

「배리 린든」의 촬영은 거의 9개월 동안 진행되었다. 매 작품마다 큐브릭은 자신이 영화에서 원하는 걸 얻기 위해 더 오랜 시간을 들였다. 1973년, 큐브릭과 제작진은 7개월 동안 주로 아일랜드에서 촬영을 했는데, 이후 1974년 1월 IRA의 폭파 협박 때문에 갑작스레 제작을 중단했다. 그다음 달에 런던에서 남서쪽으로 약 160킬로미터 떨어진 잉글랜드의 윌트셔에서 제작이 재개되었다. 큐브릭은 윌턴 하우스, 그다음 바스⁹ 근처에 있는 롱릿 하우스와 펫워스 하우스에서 촬영을 했다.

---

9 잉글랜드 서머셋 주에 있는 온천 도시.

달레산드로가 기억하길, 펫워스 하우스에서 큐브릭은 오닐과 슈발리에 드 발리바리 역을 맡은 패트릭 마기에게 카드 게임에서 속임수를 쓰는 법을 가르치기 위해 마술사 데이비드 버글라스를 고용했다. 큐브릭은 버글라스의 카드 마술에 매료되었고 그 비밀을 풀려고 애썼다. 그는 버글라스에게 거듭 속임수를 쓰게 하고는 상세하게 질문을 했다. 달레산드로가 버글라스에게 말했다. "뭔가 새로운 게 나오면 먼저 (스탠리는) 그게 잘 돌아가는지 알고 싶어 해요. 잘 돌아가면 그게 어떻게 돌아가는 건지 알고 싶어 하죠. 그리고 그가 돌아가는 방식을 알면 언제 잘 돌아가지 않을지 알고 싶어 하고요. 스탠리하고는 그거 하나로 몇 시간이라도 이야기할 수 있어요."

일이 어떻게 돌아가는지 볼 수 있는 결정적 무대는 늘 그렇듯 카메라 앞이다. 「배리 린든」의 촬영장에서 큐브릭은 배우들에게 자신이 원하는 걸 말하는 대신 언제나처럼 "다시 갑시다" 같은 말을 하며 여러 테이크를 요구했다. 영화에서 자그마한 체구에 무척 고분고분한 런트 목사 역을 맡은 머레이 멜빈은 그저 반복 테이크를 요청하기만 하는 큐브릭의 짓궂은 습관을 이렇게 설명했다. "누가 당신에게 꽤 잘했다고 말하면," 그가 리처드 시켈에게 이야기했다. "잘 아시겠지만 당신은 그 말을 괄호 안에 넣고 지워 버려야 합니다."

큐브릭은 테이크가 점점 더 많아지면 배우들이 어디에 이르게 될지를 기다리며 그들을 가지고 실험을 하고 있었다. "스탠리는 아마도 배우들에게 다른 무언가가 드러나길 기대했기 때문에 그들이 좀 망가지는 모습을 보고 싶어 했어요. 기분이 묘했죠." 스티븐 버코프(러드 경)가 회상했다. "저는 중얼거렸어요. '나는 무너지지 않을 거야, 절대!'… 그리고 매 테이크를 즐기기 시작했죠. 거의 25테이크를 찍고 나서 스탠리가 말하더군요. '좋아, 됐어.' 제가 말했어요. '아, 이게 다예요?'"

「배리 린든」은 정교하고 신중하게 진행되는 영화인데, 처음에는 박스 오피스에서 열광적 반응을 일으키지 못했다. 『타임』지의 기자 로렌스 말킨은 동료들인 마사 더피와 리처드 시켈과 함께, 자신이 『타임』의 커버 스토리로 싣자고 했던 「배리 린든」의 시사회를 보러 눈보라가 사납게 몰아치는 가운데 비행기를 타고 영국으로 날아간 일을 기억했다. "영화가 시작되고 30분쯤 됐을 때," 말킨이 떠올렸다. "우린 서로 마주 보고 말했죠. 이건 멋지긴 한데 통상적으로 『타임』 커버에 실리는 그런 영화가 아니라고." 1975년 12월 15일자 『타임』지 커버에는 잊을 수 없는 눈길로 바라보고 있는 마리사 베렌슨의 모습이 실렸고 이 잡지의 가장 덜 팔린 호 중 하나가 되었다.

「배리 린든」은 1975년 12월 18일 뉴욕에서 개봉했다. 제작비로 1,100만 달러가 들었는데, 미국의 박스 오피스에서는 손해를 봤지만 결국 세계적으로는 손익 분기를 넘겼다. 영화는 느릿하지만 확실하게 유럽 시장에서 잘되어 가기 시작했다. 이 작품은 아카데미에서 음악상과 의상상은 물론 켄 애덤의 프로덕션 디자인과 존 올컷의 촬영까지 4개 부문을 수상했다. 유럽 상영이 미국에서의 적자를 만회하며 영화는 워너브라더스에게 이익을 안겨 주었다. 하지만 『매드』 매거진이 패러디한 "따분한 린든Boring Lyndon"은 아픈 곳을 건드렸다. 큐브릭의 영화는 일종의 참을성 있는 주의력을 필요로 했지만 미국의 대중은 그럴 준비가 전혀 되어 있지 않았다. 「배리 린든」에는 「2001 스페이스 오디세이」의 시대를 앞서는 파격적인 매력이 부족했다. 대신 이 작품은 예술 영화의 분위기와 더불어 18세기 유럽으로 떠나는 화려한 여행이었으며, 달 밝은 밤에 린든 부인이 파반[10]을 추듯 천천히 배리 앞으로 돌아서는 장면은 레네의 「지난해 마리앙바드에서」[11]를 암시해 주기도 한다.

「배리 린든」의 절대적으로 느릿한 평온함, 그 잔잔한 속도, 너무 까다롭지는 않은 장면 하나하나의 완벽함은 거칠고 충동적인 활기를 지닌 70년대의 영화 제작 스타일과 정반대임을 뚜렷이 보여 준다. 이 작품은 계급을 갈망하던 18세기를 들먹이는, 시대정신에 반反하는 영화다. 큐브릭은 완전히 불합리하지만 역사적으로 사실인 접전 장면에서 세심하게 구상한 전장을 강조한다. 여기서 배리가 포함된 영국군은 고적대의 연주에 맞춰 꿇어앉아 있는 프랑스 병사들의 무리를 향해 척척 행진을 하는데, 행진하는 동안에는 머스킷 총을 재장전할 수 없기 때문에 그들은 그저 끊임없이 살육을 당하고 있다. 큐브릭의 많은 전쟁 시나리오에서처럼 철저한 부조리는 엄격한 통제와 하나가 된다.

큐브릭은 「배리 린든」을 차분하고 호화롭게 만들었지만, 「2001 스페이스 오디세이」가 우주 비행의 안정성과 선사 시대 문화처의 살인적 공격성을 결합한 것처럼 이 영화에는 갑작스러운 폭력 장면들이 숨어

---

10 이탈리아에서 16세기 초에 발생해 17세기 중반까지 유행했던 장중하고 위엄 있는 분위기의 궁정 무곡.

11 프랑스 영화감독 알랭 레네(1922~2014)의 1961년작. 기존 서사 영화의 전통적 요소에서 벗어난 수수께끼 같은 이야기 구성과 편집, 무의식에 대한 탐구 등 파격적인 실험성으로 극찬을 받았다.

있다. 한결같은 예의범절은 배리와 그의 의붓아들 불링던 경 간의 싸움처럼 갑자기 벌어진 소동으로 산산조각이 난다. 큐브릭 연구가 미셸 시멍이 언급한 대로, 큐브릭이 직접 핸드헬드 카메라를 들고 찍어 거칠게 흔들리는 이 시퀀스에서 이들은 마치 「2001 스페이스 오디세이」의 유인원들처럼 싸운다. 「배리 린든」의 극적인 장면 뒤에는 거친 에너지가 도사리고 있다.

「배리 린든」의 그림과 같은 모든 장면에는 대부분의 영화들보다 더 많은 것이 담겨 있다. 큐브릭은 자주 그 시대의 화가들에 고개를 끄덕인다. 윌리엄 호가스[12]처럼 그는 한 무리의 등장인물을 배열함으로써 그들이 이야기를 하게 한다. 측근들에 둘러싸인 채 술에 취해 잠들어 있는 배리가 나오는 한 장면은 〈난봉꾼의 행각〉[13]을 멋지게 인용한다. 마리사 베렌슨이 연기한 린든 부인은 조슈아 레이놀즈[14]가 그린 나른한 미인들을 떠올리게 한다. 배리와 그의 어린 아들 브라이언은, 배리가 린든 부인과 결혼하며 얻게 된 집, 핵턴 성의 무대인 윌턴 하우스에서 앤서니 반 다이크[15]의 거대한 가족 초상화 아래 앉아 있다. 미술사가 애덤 이커는 반 다이크의 그림이 배리와 그의 아들을 작아 보이게 한다고 언급한다. 벼락출세한 외로운 아일랜드인 배리는 여전히 이 어마어마한 귀족의 집에 어울리지 않는다.

「배리 린든」에서 큐브릭이 엮어 넣은 세부적인 양식은 이야기를 되

---

12 사실적 표현으로 18세기 영국 사회의 병폐를 꼬집은 영국의 풍자화가.
13 윌리엄 호가스가 1732년부터 1735년 사이에 완성한 8편의 회화·판화 연작.
14 색채와 명암의 아름다운 대비로 특유의 우아한 스타일을 확립한 18세기 영국의 초상화가.
15 루벤스와 더불어 17세기 바로크 회화를 대표하는 플랑드르의 화가.

짚어가며 차근차근 살펴보는 것이 가장 좋다. 영화의 이야기는 낭만적인 청년 배리가 사촌 노라와 사랑에 빠지며 시작된다. 그러나 노라의 가족은 그녀를 부유하고 소심한 영국인 대위 퀸과 짝을 지어 준다. 레너드 로시터가 으스대길 좋아하는 이 매력적인 인물을 연기했다. 퀸과 결투를 벌인 후 불명예스럽게 아일랜드를 떠날 수밖에 없었던 배리는 어쩔 수 없이 프러시아 군대(7년 전쟁이 진행 중이다)에 잠시 들어갔다가 귀족을 등쳐먹는 도박사이자 사기꾼인 교활한 슈발리에 드 발리바리를 후원자로 삼게 된다. 발리바리를 도와 카드 게임에서 속임수를 쓰고 그를 위해 결투를 하며 그의 오른팔이 된 배리는 여느 때처럼 순진해 보이지만, 또 다른 소년 같은 매력을 지닌 「시계태엽 오렌지」의 알렉스와 마찬가지로 목적을 위해 수단과 방법을 가리지 않는다.

　「시계태엽 오렌지」의 전반부에서 자기만족에 빠진 알렉스처럼, 배리는 엄청난 부자인 린든 부인과 결혼하며 자신이 원하는 걸 얻는 것처럼 보인다. 그녀의 노쇠한 남편은 배리에게 맹렬한 조롱을 퍼붓다가 소란스러운 큰 웃음이 질식성 발작으로 바뀌면서 세상을 떠났다. (최대한 짙은 희극적 감각으로 연기한 이 장면은 영화의 느린 속도를 우스꽝스럽게 깨뜨리는 부분 중 하나다.) 그러나 귀족이 되고자 하는 배리의 계획을 망칠 준비가 된 강적이 있어서, 큐브릭의 영화에서 늘 그러하듯 주인공의 책략은 실패로 끝난다. 배리는 린든 부인의 돈뿐만 아니라 그녀의 다루기 힘든 속물적 아들 불링던 경까지 물려받는다. 레온 비탈리가 그를 아주 훌륭하게 연기했다. 배리는 불운한 불링던을 매질하는데, 불링던은 숨이 차 울먹이며 배리가 자신을 다시는 때리지 못하게 하겠다고 맹세한다. 배리와 그의 의붓아들 간의 다툼은 배리와 린든 부인의 꽤나 맥빠진 관계 이상으로 영화의 중심에 자리한다.

연주회 도중 배리가 의붓아들의 목을 조르고 거칠게 때려눕히며 가차 없이 벌이는 몸싸움 장면에서 큐브릭은 배리와 불링던 간 불화의 극적인 절정을 보여 준다. 다수의 구경꾼들이 럭비를 하듯 그들 위로 몸을 포갤 때 큐브릭은 직접 흔들리는 핸드헬드 카메라를 작동한다. "그가 다칠 거라는 걸 알고 있었어요. 그를 다치게 하고 싶지는 않았지만 결국 상처를 입혔죠." 라이언 오닐은 싸움 장면에 대해 이렇게 기억했다.

큐브릭은 그의 작품에서 단연코 가장 감상적인 장면으로 배리와 불링던의 싸움이 일으킨 소란스러운 혼돈에서 벗어난다. 아버지의 눈에 넣어도 아프지 않을 어린 브라이언의 죽음이다(응석받이인 어린 소년은 말에서 떨어진다). 큐브릭은 「배리 린든」의 대부분에 걸쳐 나타나는 아이러니에 대한 반박으로서 이런 디킨스식 슬픔을 원했을 것임에 틀림없지만 나는 그걸 도저히 받아들일 수가 없었다. 큐브릭은 여기서 그가 자신의 다른 모든 작품에서 경멸했던, 눈물을 자아내는 할리우드의 방식에 완전히 굴복한다. 나는 여기에 어울리지 않아 보이는 불운하며 천진난만한 브라이언보다는, 머레이 멜빈이 완전히 혐오스러운 고결한 인물로 완벽하게 연기한 교활하고 무성無性적인 런트 목사가 훨씬 더 좋다. 자신의 부모에게 나중에 천국에서 만나자는 마지막 말을 남기는 브라이언의 죽음은 너무 노골적이어서 영화에 딱 들어맞지 않으며, 결국 그는 큐브릭의 캐릭터라기보다는 스필버그의 아이에 더 가깝다(물론 스필버그는 긴장감 넘치게 아이를 되살리겠지만 말이다). 나는 접전 후 숨을 거두는 배리의 다정한 아저씨 잭 그로건을 더 좋아한다. 그는 배리에게 말한다. "키스해 다오, 얘야. 우린 다시 볼 수 없을 테니."

아들의 죽음은 배리가 절대 회복할 수 없는 파멸과 같은 충격이다. 살아 있는 동안 브라이언은 배리에게 영화에서 단 하나뿐인 진정한 기쁨을 전해 주었다. 아이에게 펜싱을 가르치며 그는 전에 알지 못했던 가벼운 경쟁심이 담긴 장난기를 드러낸다. 아버지와 아들의 유대는 이 완고한 귀족 세계에서 너무 쉽게 얻어졌다. 그래서 브라이언은 죽을 수밖에 없으며 그는 배리의 비극적 외로움을 강화하기 위한 큐브릭의 희생물이다.

브라이언이 죽은 후 완전히 자포자기한 배리는 린든 부인의 재산에 대한 자식으로서의 권리를 확고히 하기 위해 돌아온 비열한 불링던과의 결투에 응한다. 그러고 나서 큐브릭의 명장면 중 하나가 이어진다. 완벽한 속도로 더디게 진행되는, 게인즈버러의 푸른 옷을 입은 소년 같은 복장을 한 배리와 겁이 많을 뿐만 아니라 비열하게 복수를 하는 인간임을 보여 준 불링던 간의 대결이다.

이 결투는 배리의 가장 멋진 순간으로, 그 훌륭함은 그가 무엇을 하느냐가 아니라 무엇을 하지 않느냐에 있다. 동전 던지기로 첫 발을 넘겨준 그는 불링던을 쏘지 않음으로써 결투를 받아들였음을 선언한다.

깊은 슬픔으로 인한 무감각 덕분에 배리는 결투에서 유리해진다. 사랑하는 아들 브라이언이 죽었는데 그가 살아남아야 할 이유가 있을까? 그래서 그는 불링던을 겨냥하는 대신 자신의 발사 기회를 내던지며 당당하게 행동한다. 자신이 배리의 총을 맞아야 한다는 두려움에 구토까지 한 지독한 불링던은 이제 의붓아버지를 단단히 겨냥한다. 배리가 쓰러지자 그의 표정은 어린애처럼 기뻐하며 소리라도 지를 것만 같다. (비탈리를 토하게 하려고 큐브릭은 처음에 반쯤 익히지 않은 치킨을, 그다음엔-이건 효과가 있었다- 날계란을 썼다.)

큐브릭은 막스 오퓔스의 걸작 「마담D」의 마지막 장면을 아주 멋지게 모방하여, 배리의 아버지가 결투에서 목숨을 잃는 익스트림 롱 숏으로 영화를 시작했다. 이 오프닝은 희극적이다. 지극히 아름다운 게인즈버러풍 풍경 속에서 그의 아버지가 갑자기 털썩 쓰러지는 모습이 보이는데, 호던의 대단히 우아하고 세련된 내레이션은 저 먼 곳의 죽음에 애정을 표출한다. 그에 반해 절망이 배리에게서 끌어낸 고결한 영혼을 가지고 불링던의 옹졸한 복수에 맞서는, 배리와 불링던 간의 클라이맥스 결투는 더없이 진지하기만 하다.

이 결투는 단호하게 관습적인 표현인 '결투 받기'[16]를 중심으로 다룬다. 배리는 결투를 받아들인 적이 없다. 진실하게 살아가는 대신 그는 가짜 귀족으로서 남의 삶을 살아왔다. 「시계태엽 오렌지」의 알렉스처럼 배리는 성적 쾌락을 추구하는 인물이며 돈을 물 쓰듯 쓰지만, 이제는 영영 볼 수 없는 브라이언과 놀 때를 제외하면 실제 즐거움은 그가 닿을 수 없는 곳에 있다. 배리는 「킬링」의 불운한 조니 클레이는 할 수 없었던 출세를 한다. 조니와 달리 그에게는 소속감이 있다. 하지만 그

---

16 to receive satisfaction: 배리에게는 '결투를 받아들이다', 불링던에게는 '사죄를 받다' 혹은 '명예 회복을 하다'라는 의미.

건 그저 생각에 그칠 뿐이고, 결국 파탄에 이른 그는 결투에서 다리를 잃은 후 자신을 도와주는 어머니에게만 소속되고 만다. 그는 험버트처럼 저주받은 가련한 모습으로 끝을 맞이한다.

큐브릭은 결투를 하는 동안 의식 절차에 따른 정체 상태뿐만 아니라 긴장감도 빈틈없이 만들어 낸다. 「배리 린든」에서 자주 들을 수 있는 헨델의 〈사라방드〉가 여기에서는 마치 엔니오 모리코네의 음악처럼 들린다. 배리와 불링턴이 대결할 준비를 하는 교회 회중석에서 새들은 날개를 치며 동요하지만, 결투 장면은 장엄하게 천천히 진행된다. 어른거리는 빛과 그림자는 바스락거리는 새들처럼 보는 이의 시선을 빼앗으며, 디지털 테크놀로지가 아직은 큐브릭이 카메라로 할 수 있었던 뛰어난 명암 표현을 따라갈 수 없다는 사실을 우리에게 상기시켜 준다. 애덤 이커의 언급처럼 한 줄기 빛에는 같은 색상을 띤 다채로운 색조와 각기 다른 수준의 음영이 담겨 있는데, 큐브릭은 이 다양함을 이용한다. 비탈리가 감수한 「배리 린든」의 4K 복원판은 화질을 개선하고 바흐가 하프시코드 대신 피아노를 원했을 거라는[17] 가정처럼 큐브릭이 틀림없이 바랐을 거라 생각되는 5.1 서라운드 사운드를 특별히 추가해 수록했다. (「시계태엽 오렌지」에서부터 큐브릭은 자신의 영화에 모노 사운드를 고집했다. 스테레오보다 더 안전했기 때문인데, 영화관에서는 스피커가 자주 고장 났다.)

「배리 린든」을 편집한 토니 로슨은 결투 장면을 편집하는 데만 6주가 걸렸다고 회상했다. 큐브릭은 마치 글렌 굴드가 말년에 각기 다른

---

17 피아노는 1700년대 초반에 발명되었지만 피아노가 하프시코드를 대체하기 시작한 때는 바흐가 세상을 떠난 후인 1700년대 후반부터였다.

연주에서 녹음한 짧은 부분들을 이어 맞춘 것처럼 다양한 테이크로부터 공들여 숏을 연결했다.

결투 후 불구가 된 배리가 내레이터의 말처럼 "완전히 좌절하고 지쳐서" 침대에 누워 어머니와 카드를 치고 있는 모습이 보인다. 「배리 린든」에서 가장 그림 같지 않은 장면은 그를 마지막으로 보는 순간이다. 가장 빈틈없고 충실한 그의 동반자인 어머니와 함께 몸을 굽혀 마차에 올라탈 때 누벨바그 영화 스타일로 화면이 정지된다.

큐브릭은 배리의 퇴장에 이어 훌륭하지만 감흥 없는 그림 같은 장면, 불링던과 린든 부인의 말 없는 숏과 리버스 숏으로 영화를 끝낸다. 그녀가 자신의 전남편 레드먼드 배리의 생활비 지급에 사인을 할 때 그녀의 서명 위에 쓰인 1789년이라는 연대가 눈에 띈다. 영화에서는 득의양양한 썩은 지배층을 쓸어 버릴 혁명이 다가오고 있다. 하지만 불링던과 린든 부인 모자母子는 이제 배리 없이 재회하여 이 순간 속에 영원히 남는다. (큐브릭이 자신의 마지막 영화로 계획한 「에이 아이」를 스필버그가 실현했을 때, 그는 이와 비슷하게 엄마와 아들의 완벽한 결합으로 끝맺었다.) 배리와 브라이언 부자간의 짧았던 친밀함은 운명에 의해 산산이 부서졌지만 모자간에는 깨지지 않는 유대가 있다. 이 차이에는 큐브릭과 그의 부모와의 관계가 반영되어 있다. 어머니는 아들을 무제한으로 인정했지만, 의사가 되기를 바란 아버지의 야망은 고등학교에서 간신히 낙제를 면한 아들에 의해 좌절되었다. 큐브릭이 10대 시절 그러했듯 갈등과 실망은 「배리 린든」의 부자 관계에 생기를 불어넣어 준다.

1974년 말 「배리 린든」의 후반 작업이 진행되는 동안 큐브릭의 부모님이 그를 찾아왔다. 큐브릭이 다시는 비행기를 타지 않겠다고 오래전에 결심했고 「2001 스페이스 오디세이」의 개봉을 위해 배를 타고 미국에 간 것이 그의 마지막 귀국이었기 때문에, 잭과 거트 큐브릭은 애버츠 미드에 있는 아들을 만나러 로스앤젤레스에서 건너왔다. (큐브릭은 젊은 시절 경비행기 조종을 배웠는데, 그의 말에 의하면 항공 교통 신호의 불확실성에 충격을 받았다. 큐브릭은 평생 자신의 통제를 벗어난 요소들에 대한 두려움을 가지고 있었다.)

큐브릭의 마음속에는 가족의 모양을 이루는 틀이 있었다. 「배리 린든」은 그 뒤를 잇는 「샤이닝」과 마찬가지로 명백한 오이디푸스 콤플렉스적 영화다. 평론가 줄리언 라이스는 배리가 초창기 여행 도중 그를 재워 준 젊은 아기 엄마 리셴과 배리의 러브 신을 이렇게 묘사한다. "그들이 포옹할 때 아이는 크고 진지한 눈으로 그들을 쳐다본다." 나중에 린든 부인이 불링던에게 "불링던 경, 너는 아버지를 모욕했어"라고 말할 때 그는 햄릿처럼 대답한다. "어머니, 어머니는 내 아버지를 모욕했어요."

발리바리는 배리에게 아버지 같은 존재지만 더 강한 힘을 지닌 아버지 조지 3세는 그가 갈망하는 귀족 신분을 부여하지 않는다. 그는 레드먼드 배리 씨로 머무르며 절대 린든 경이 되지 못한다. 브라이언이 잠들기 전 전투에서 적들의 머리를 벴다고 자랑하는 이야기를 들려주며 배리는 자신이 벤 머리를 갖지 않았다고 인정한다. "머리는 항상 왕의 소유물이 된단다."

배리는 아버지로서의 권위를 행사하지 못한다. 「시계태엽 오렌지」의 알렉스처럼 그는 결국 덩치만 큰 아이지만 저 천하태평인 악당과 달리 자신보다 훨씬 큰 세상에서 위축되어 있음을 자각하고 있다. 마침내 그는 있을 수 있는 모든 면에서 좌절된, 저 멀리 떨어진 장면에 담긴 보잘 것없는 존재로 남게 된다. 큐브릭의 다음 주인공인 「샤이닝」의 잭 토랜스는 그러한 또 다른 사례가 될 것이다.

7
인간성에는 본질적으로 문제가 있습니다:
「샤이닝」

1977년 초에 워너브라더스의 간부 존 캘리는 한 젊은 공포 소설 작가가 쓴 새로운 작품의 교정쇄를 큐브릭에게 보냈다. 그 소설은 『샤이닝』이었고 작가 스티븐 킹은 이미 『캐리』(1974)와 『살렘스 롯』(1975)으로 많이 알려져 있었다. 큐브릭은 공포 영화를 만들겠다는 생각을 해왔지만 이 장르에 있는 대부분의 책들은 그에게 아무런 감흥을 주지 못했다. 킹의 책은 달랐다. 늘어진 스타일이라는 결함에도 불구하고 여기엔 기막힌 한 방이 있었다. 이 책은 정신이 붕괴되어 가며 아내와 아들을 공포에 떨게 하는 아버지에 관한 이야기다. 『시계태엽 오렌지』와 『배리 린든』에는 성난 에너지로 구세대에 승리를 거두는 두 아들 알렉스와 불링던이 등장했다. 『샤이닝』의 아들 대니는 여섯 살쯤 되는 어린 소년이며 그와 아버지 간의 경쟁은 생사가 걸린 문제다. 살기등등한 책은 도끼를 들고 대니를 뒤쫓는다.

『샤이닝』은 버몬트의 교사이자 작가를 꿈꾸는 잭 토랜스의 이야기다. 글을 쓸 만한 외딴곳을 찾고 있는 그는 콜로라도 산악 지대의 비어있는 거대한 호텔 오버룩에서 겨울 동안 관리인 일을 맡는다. 호텔은 잭을 아내와 아이를 살해하고 싶어 못 견디는 괴물과 같은 "존재"로 만들어 버린다. 킹의 책은 킹 자신과 마찬가지로 알코올 중독에서 벗어나고자 애쓰는 작가에 관한 내용이다. 큐브릭은 잭의 어린 시절과 버몬트에서의 삶을 회상하는, 소설에서 자세히 설명되는 배경 이야기를 잘라내고 「샤이닝」을 킹이 절대 할 수 없었던 방식으로 알쏭달쏭한 수수께끼처럼 만든다.

킹의 소설은 큐브릭에게 있어 중요한 두 가지 주제, 즉 통제 불능과 텅 빈 내면을 지닌 대리적 존재를 다루었다. 자신의 아내와 아들을 통제 혹은 "바로잡기(죽이기)"위한 잭의 폭력적인 노력은 목적을 이루지 못하며, 큐브릭의 영화에서 그는 눈 덮인 산울타리 미로 속에서 얼어 죽고 만다. 가정 폭력과 「배리 린든」보다 더 직접적인 남성의 분노에 맞서는 「샤이닝」은 이제까지 만들어진 큐브릭의 가장 개인적인 영화가 될 것이었다.

1977년 6월 큐브릭은 함께 대본을 쓸 파트너로 소설가이자 버클리 대학의 교수인 다이앤 존슨을 선택했다. 큐브릭은 독자가 완전히 신뢰할 수 없는 한 여인의 겁먹은 목소리로 전개되는 존슨의 교묘하고 섬뜩한 1974년 소설 『그림자는 알고 있다』를 읽은 바 있다. 존슨은 큐브릭에게 전화를 받고 런던으로 갔다. 이들 둘은 큐브릭의 집에서 작업을 하며 「샤이닝」의 시나리오 초안을 쓰고 또 써 내려 갔다. 이들은 프로이트, 공포 소설, 동화를 연구한 브루노 베텔하임[1]에 관한 이야기를 나누었다.

시나리오에서 존슨보다는 큐브릭이 가장 소름 끼치고 잊을 수 없는 장면을 생각해 냈다. 237호실의 욕조에서 알몸의 여인이 썩어 가는 노파로 변하고-클루조의 「디아볼릭」[2]에 담긴 충격적인 순간을 연상케 하는- 한 쌍의 엘리베이터에서 세차게 피가 쏟아져 나오는 장면이 그 예다. 후자의 장면은 이 영화의 예고편에 쓰여 1979년 크리스마스 시즌 동안 영화관 곳곳마다 등장했다. 평소와 다름없이 큐브릭은 정확하게 맞아떨어지는 장면을 필요로 했다. 그가 엘리베이터 장면의 수많은 테이크에 엄청난 양의 가짜 피를 사용해서 보럼우드 스튜디오의 하류 쪽에 사는 마을 사람들은 대학살이 일어났다고 생각했다.

큐브릭은 무시무시한 잭에게 뜻밖의 친근감을 느꼈다. 존슨은 말했다. "잭 토랜스는 영리하고 무례하고 독설적이며 빈정대는, 말의 조합이 특별히 까다로운 인물이었어요. 제가 놀란 건 스탠리가 잭에 대해 너무 잘 썼다는 점이었죠. 제가 할 수 있던 것보다 훨씬 더 좋았어요. 스탠리가 힘들이지 않고 잭에 대해 쓴 걸 감안하면 상냥하고 다정한 남편이자 아버지인 스탠리의 모습을 상상할 수조차 없을 겁니다." 잭은 사실 큐브릭의 도플갱어다. 그의 광기는 감독 자신의 직업의식을 반영하고 있다. 작가로서의 잭은 몰두하는 정도가 아니라 꼭 영화감독으

---

1   오스트리아 출신의 미국인 심리학자. 자폐증과 아동 정신 의학 분야에서 명성을 떨쳤지만, 사후에 학위 사기, 경력 위조, 대학 내 폭력, 표절, 실험 결과 조작 등 거짓으로 점철된 행적이 드러나며 논란이 되었다.
2   걸작 스릴러 「공포의 보수」(1953)로 잘 알려진 프랑스의 영화감독 앙리조르주 클루조(1907~1977)가 연출한 1955년작 심리 공포 스릴러.

로서의 큐브릭처럼 강박적이다. 그렇지만 큐브릭과 달리 그는 창의적인 일을 함에 있어 파트너도 자발적 협동심도 없으며 그저 통제하고자 하는 의지만 있을 뿐이다. 그리고 큐브릭과 다르게 그는 분노에 찬 욕구 불만의 반응을 보인다. 통제력 상실은 그를 괴물로 만든다.

잭은 미국인 남성에게 밀려드는 분노로 채워지게 되는 빈 그릇과 같은 타입이다. 그러한 분노를 잭 니콜슨보다 더 잘 뿜내며 구체화할 수 있는 사람은 없었다. 위협적인 웃음을 띠고 민첩하게 움직이는 따옴표 같은 눈썹을 한 흥분한 니콜슨은 미친 듯한 격정을 매력적으로 보이게 했다.

큐브릭은 처음부터 잭 토랜스 역을 니콜슨에게 맡기기로 결정했다. 니콜슨은 반항적인 부적응자 랜들 맥머피를 연기한 「뻐꾸기 둥지 위로 날아간 새」[3]로 막 아카데미상을 수상한 참이었다. 당시 니콜슨의 삶은 혼란에 빠져 있었다. 그는 안젤리카 휴스턴과 결별 중이었고, 자신이 어머니라 생각했던 여인이 사실은 그의 할머니였으며 누나로 여겼던 사람이 진짜 어머니였다는 사실을 알게 되었다. 니콜슨은 코카인에 찌들어 살던 LA를 피해 떠나왔지만 런던에도 마약은 있었다. 그는 미치광이 잭의 연기를 위해 부분적으로 찰스 맨슨을 모델로 삼았는데, 맨슨은 패거리를 시켜 니콜슨과 친한 친구 로만 폴란스키의 아내인 여배우 샤론 테이트를 살해한 인물이다. 니콜슨은 자신의 연기를 "일종의

---

3 켄 키지의 1962년작 동명 소설을 원작으로 한 체코 출신 미국 감독 밀로스 포만(1932~2018)의 1975년 작품. 프랭크 카프라의 「어느 날 밤에 생긴 일」(1934), 조너선 드미의 「양들의 침묵」(1991)과 더불어 작품상·감독상·남우 주연상·여우 주연상·각본상 등 소위 '아카데미 빅 파이브'로 일컬어지는 주요 5개 부문을 수상한 3편 중 하나다.

발레와 같다"고 했다. 맞는 말이었다. 주먹으로 허공에 잽을 날리고 마초처럼 쿵쿵 걷고 소리를 지를 때에도 그는 우아하게 움직인다.

큐브릭은 웬디 역으로 셸리 듀발을 원했다. 그와 존슨은 초기에 웬디가 강하고 도전적인 캐릭터이며 아마도 제인 폰다나 리 레믹이 그 역을 맡아야 한다고 생각했다. 그러나 큐브릭은 거의 비현실적으로 보일 만큼 잔뜩 긴장한, 호리호리하고 안절부절못하는 듀발과 함께 그 반대 방향으로 갔다. 로버트 올트먼[4]의 영화에 단골로 출연했던 그녀는 올트먼의 「세 여인」(1977)으로 칸에서 여우 주연상을 수상한 상태였다. 영화에서 듀발은 가끔 히스테리라고 할 수 있을 정도로 겁에 질리는 역할을 맡았다. 이를 위해 큐브릭은 촬영장에서 실수에 대해 고함을 치며 그녀를 비참하게 만들었고 스태프들에게 절대 그녀를 동정하지 말라고 주의를 주었다. 듀발은 큐브릭이 왜 자신을 괴롭히는지 알고 있었는데, 나중에 그녀는 올트먼에게서보다 그에게서 연기에 대해 더 많은 걸 배웠음을 인정했다. 그러나 그녀에게 촬영은 즐거운 일이 아니었다.

비비안 큐브릭은 「샤이닝」의 제작 과정을 담은 단편 다큐멘터리에서 자기 아버지가 듀발을 조롱하는 모습을 담아낸다. (그녀는 필름 10만 피트가 넘는 분량을 찍었지만 30분 정도 길이의 영화만 남아 있다.[5]) 고든 스테인포스는 큐브릭이 "그가 아주 다정하고 친절한" 장면을 잘라 내길 원해서 "남은 건 그가 눈 속에서 셸리에게 소리를 지르는 장면들"이라고 언급

---

4 '뉴 할리우드(아메리칸 뉴웨이브)'를 대표하는 작가주의 감독(1925~2006). 「매시」(1970), 「맥케이브와 밀러 부인」(1971), 「내쉬빌」(1975), 「플레이어」(1992) 등과 같은 작품을 남겼다.

5 영화 필름 1통(릴)의 길이는 35밀리의 경우 1,000피트(305미터), 16밀리는 400피트(122미터)이며 상영 시간은 약 11분이다.

했다. 그는 자신이 다정한 아빠 곰이 아니라 무서운 도깨비가 되어 미친 듯 격분한 잭과 보조를 같이하고 싶어 했다.

「샤이닝」 출연진의 마지막 두 구성원은 둘 다 탁월한 선택이었다. 니콜슨은 딕 할로런 역으로 가수이자 TV 및 영화배우인 자신의 친구 스캣맨 크로더스를 추천했다. 당시 일흔 살이던 크로더스는 밭장다리를 한 온화하고 상냥한 사람이었다. 그가 연기한 할로런은 본능적으로 신중하며 속으로는 엄격함을 지닌 좋은 사람이다. 큐브릭이 늘 하는 반복되는 테이크-배우들에게 그들이 뭘 잘못했는지 말해 주기보다는 변함없이 하는 "다시 갑시다" 같은 말-는 크로더스에게 큰 타격을 주었다. 니콜슨이 그를 도끼로 살해할 때 크로더스는 서른 번을 쓰러져야 했다. 큐브릭은 할로런이 아이스크림을 먹는 대니와 대화를 나누는 초반의 7분짜리 장면 하나를 100테이크가 넘게 찍었다.

크로더스는 가끔 자신의 대사를 기억하느라 애를 먹었지만 그건 대니 역을 맡은 사내아이에게는 해당되지 않는 일이었다. 레온 비탈리는 스태프를 이끌고 4,000명이 넘는 미국 남자아이들을 인터뷰하여 열차기관사의 아들인 다섯 살배기 대니 로이드를 선발했다. 비탈리는 대니의 억양을 지도했으며 촬영장에서 시종일관 함께했다. 로이드는 자신이 공포 영화를 찍고 있다는 걸 전혀 몰랐다. 그는 오버룩 호텔의 온몸을 얼어붙게 하는 무서운 사람도 피도 유령도 보지 못했다.

「샤이닝」은 대니 로이드의 안정되고 자신감 있는 연기에 의존하고 있다. 웅크려 숨어 있는 곳에서 아버지의 미친 듯한 고함 소리를 들을 때 몸이 굳어 움직일 수 없는 그는 그림 형제의 동화에 등장하는 아이와 같다. 우리는 대니가 로드 러너[6] 만화를 보고 있다는 걸 안다. 척 존스의 기민한 주인공처럼 그는 적[7]의 허를 찌른다. 대니는 결국 미로에서 자기 발자국을 되짚어감으로써 자신을 죽이려 하는 괴물 같은 아버지를 속이고 승리한다.

배우들과 더불어 「샤이닝」의 주역은 스테디캠[8]이다. 큐브릭의 카메라맨 개릿 브라운은 레일이나 돌리 없이 트래킹 숏을 만들 수 있는 장치를 발명했다. (브라운은 그걸 존 아빌드슨의 「록키」(1976)에서 처음 사용했다.) "이건 마치 마법의 양탄자 같아요." 큐브릭이 말했다. 카메라맨의 몸에 부착된, 용수철 마디가 있는 대*는 손에 들고 찍을 때 수반되는 부딪침과 덜컹거림을 제거해 주었다. 스테디캠은 잔물결 하나 없이 미끄러지듯 앞으로 나아가는 카메라와 함께 더할 나위 없이 매끄러운 숏을 만들어 냈다.

큐브릭은 대니가 빅 휠[9]의 페달을 밟으며 오버룩의 홀을 달릴 때 스테디캠을 동반하고 싶었다. 그래서 그는 속도계가 장착된 휠체어에 브라운을 앉히고 그의 카메라를 바닥에서 약 38센티미터 높이에 맞췄다. 웬디가 남편에게 늦은 아침을 주려고 호텔 룸서비스용 카트를 밀고 갈 때 큐브릭은 오버룩의 복도를 따라 정신없이 빅 휠을 몰고 있는 대니

---

6 1930년부터 1969년까지 워너브라더스가 제작한 단편 애니메이션 시리즈 「루니 툰즈」에 등장하는 캐릭터. 자동차 경적 소리 같은 특유의 울음소리를 내며 늘 그를 잡아먹으려는 와일 E. 코요테를 피해 빠른 속도로 달아난다. 1948년 애니메이터이자 시리즈의 주요 작품을 연출한 척 존스(1912~2002)가 만들어 냈다.

7 자신의 아버지 잭 토랜스를 의미한다.

8 Steadicam: 카메라를 손으로 들고 찍을 때 흔들림을 방지하기 위해 진동을 흡수하고 수평을 유지하는 기능이 담긴 장치.

9 Big Wheel: 70년대 미국에서 큰 인기를 누린, 차대가 낮은 세발자전거 브랜드.

의 모습을 번갈아 보여 준다. 자전거를 몰고 앞으로 나아가는, 놀이 속에 일의 해결책을 지니는 대니는 이 영화의 주인공임이 밝혀지게 될 것이다. 나중에 잭이 미쳐 갈 때 영화를 가득 채우는 맥동하는 심장 박동처럼, 대니의 자전거가 끊임없이 굴러가며 내는 우르릉 소리가 리듬을 이룬다. 호텔 카펫 위를 달릴 때는 둔탁하게 약해지고 단단한 나무 바닥을 가로지를 때는 시끄럽다. (큐브릭은 소리에 바탕을 둔 템포 유지를 좋아한다. 「2001 스페이스 오디세이」에서 할의 접속을 끊기 위해 우주선을 가로지르는 데이브의 거친 숨소리를 생각해 보라.)

"우리는 영화 속으로 빠져들고 있다." 데이비드 톰슨은 이렇게 쓰고 있다. 그건 "끝내주게 미리 계획된" 뛰어들기다. 「샤이닝」은 록키 산맥 서부의 풍경을 따라 내려오며 헬리콥터에서 찍은 빈틈없이 균형 잡힌 첫 장면부터 매끈하고 아찔하게 앞으로 나아가는 동작으로 가득 차 있다. 이 숏에 등장하는 푸른 빛깔의 물로 둘러싸인 섬은 오버룩 호텔이라 불리는 쓸쓸한 요새에 고립된다는 영화의 내용에 잘 어울리는 상징이다. 그 섬은 관객을 향해 움직이는 것만 같은데, 큐브릭의 거침없어 보이는 트래킹 숏에서 빈번하게 나타나는 효과다(「2001 스페이스 오디세이」의 스타게이트 시퀀스에서도 볼 수 있다). 큐브릭의 강요로 두 카메라맨 그렉 맥길리브레이와 짐 프리먼은 헬리콥터 숏을 찍는 새로운 방식을 개발했고, 헬리콥터의 옆문이 아닌 전방을 찍음으로써 스테디캠과 비슷하게 앞으로 미끄러지듯 움직이는 효과를 낼 수 있었다.

「샤이닝」의 매끈함은 보는 이의 혼을 살짝 빼놓는다. 우리는 잭처럼 멍해진 채 넘어갈 준비가 되어 있다. 우리는 큐브릭의 빛나는 모놀리스 같은 이 영화 앞에서 열리고 텅 비어 있다는 기분을 느낀다. 교묘하게 우리 눈을 속이는 영화의 유일한 장면에서 평상시처럼 아이디어가 고갈된 잭은 호텔의 콜로라도 라운지에서 미로의 모형을 내려다보며 그 사이를 달리는 아주 작은 웬디와 대니를 본다. 그다음 우리가 보는 건 입을 약간 벌리고 두 눈은 위로 치켜 올린 채 보이지 않는 힘에 굴복할 준비가 된, 위협적이고 이성을 잃은 잭의 모습이 담긴 미디엄 숏이다. 작가로서 실패한 가련한 잭은 악령에 홀리기를 기다린다.

「샤이닝」을 생각할 때 우리는 덜덜 떠는 듀발에게 세상을 태워 버릴 듯한 분노를 표출하는 니콜슨을 떠올린다. 그러나 영화는 또한 마찬가지로 친숙한 남성의 전략과 억압에도 의존한다. 영화 초반에 호텔 지배인 울먼(배리 넬슨)과 면접을 하게 된 잭은 지극히 따분한 대답을 예의 바르게 이어 간다. 그의 아내와 아들은 겨울에 아무도 없는 거대한 호텔의 고립감을 어떻게 받아들일까? 잠시 후 잭은 더없이 고분고분한 표정을 짓고는 말한다. "식구들도 좋아할 겁니다." 울먼이 걱정스러운 웃음을 지으며 잭에게 몇 해 전 관리인이었던 찰스 그레이디가 미쳐서 "도끼로 자신의 가족을 죽였"다는 이야기를 들려줄 때 잭은 무겁고 냉담한 표정을 짓는다. 잭의 반응을 담은 이 장면은 기막히게도 몇 초간 길게 지속되며 우리를 충분히 불편하게 만든다. 그러고 나서 잭은 공손하고 신중하게 웃으며 말한다. "음, 아주 흥미로운 이야기네요."

영화 초반에 잭은 구직자의 한결같은 무미건조함, 출세를 위해 필요한 거짓된 모습을 보인다. 이 밋밋함은 아동 심리학자(앤 잭슨)와 면담하는 대니의 경우도 마찬가지다. 대니는 아버지처럼 숨기는 걸 잘한다. 우리는 잭이 오버룩 호텔의 근본적 트라우마인 그레이디의 살인에 대해 웬디에게 말하지 못하는 거라고 가정해야 한다. 그 대신 그는 웬디에게 자기는 이곳이 마음에 든다고 말하며 귀신이라도 나올 듯한 소리를 흉내 낸다.

「샤이닝」의 장면들은 클리셰로 가득하다. 웬디가 잭에게 이야기한다. "매일 글 쓰는 습관이 다시 자리를 잡기만 하면 돼." 할로런은 웬디에게 저장실의 건자두에 대해 상기시켜 준다. "토랜스 부인, 잘 먹고 잘 살아야 행복한 법이죠." 그가 눈보라를 뚫고 운전을 할 때 할로런의 자동차 라디오에서 알린다. "악천후라고 하는 지독한 날씨가 이어지고 있습니다… 소들을 외양간에 들여놓으세요." 이런 상투적 표현은 온갖 종류의 재난으로부터 우리를 지키는 미국의 방식이다. 늘 해 오던 대로 해야 마음이 놓이는 법이다.[10]

필요할 때 클리셰를 통해 모든 걸 정상으로 유지하고 트라우마를 억제하는 건 미국의 전통이다. 그러나 그다음엔 동화에서처럼 피가 쏟아져 나오기 시작하고 멈추지 않는다. "그 사람들 서로 잡아먹었어요?" 대니가 잭에게 어린아이 특유의 애교 있는 말투로 도너 파티[11]에 대해

---

10 할로런이 호텔 저장실을 나오며 웬디에게 했던 말인 "잘 먹고 잘 살아야 행복한 법이죠You got to be regular if you want to be happy"라는 대사를 그대로 인용했다. 다만 이 문장의 쓰임새는 두 경우 각기 다른 의미를 내포하고 있다.

11 Donner Party: 서부 개척 시대에 벌어진 비극적 사건. 1846년 봄, 조지 도너와 제임스 F. 리드가 이끄는 두 가족 등 87명은 일리노이주를 떠나 캘리포니아로 향했다. 크고 작은 사건 사고로 일정이 지체되어 이들은 11월이 되어서야 시에라네바다 산맥에 이르지만, 산속에서 눈보라를 만나 꼼짝없이 눈에 갇혀 고립되고 만다. 몇몇은 구조를 청하러 떠나고 남은 이들은 살기 위해 시신의 인육을 먹어야 했다. 1847년 2월부터 4월에 걸쳐 이들의 구조가 이루어졌고 최종적으로 87명 중 48명만이 살아남았다.

묻는다. "그럴 수밖에 없었단다." 잭이 만족스럽게 확인해 준다. 오버룩이 끌어낸 흉포한 기운이 나올 때 이 가족은 스스로 파괴될 것이다.[12] 잭과 웬디는 완벽한 한 쌍으로, 움츠러들어 순종하는 그녀와 남성성을 쏟아 내는 그는 언제까지나 서로에게 공명하고 있다.

그럼에도 잭의 진짜 목표는 아내가 아니라 아들이다. 대니는 잭의 경쟁자다. 그는 텅 비어 있는 잭에게는 없는 창조적 재능을 가지고 있다. 이 아이는 스필버그의 영화에서라면 열성적인 데다 호기심 많고 순수한, 감각은 활짝 열려 있으며 경이로운 아이가 될 것이다. 큐브릭의 세계는 훨씬 어둡다. 「샤이닝」에서 대니는 피와 무질서, 유년기 저편에 있는 혼란스러운 이미지를 본다.

대니는 오버룩의 피의 홍수와 다이앤 아버스의 유명한 한 쌍처럼 손을 맞잡고 있다가[13] 도끼로 살해되어 복도에 쓰러져 있는 그레이디 쌍둥이가 책에 나오는 그림 같다고 중얼거린다. 그리고 잭은 호텔의 공포가 우리를 전율하게 하고 오싹하게 만드는 공포 영화와 마찬가지로 안전한 허구인 것처럼 군다. 「샤이닝」에서 대리 체험은 실제 일어나는 일, 영화의 주된 판타지가 된다. 잭이 장난으로 염원했던 끔찍한 일들이 그를 장악한다. 그것들은 이 실패한 작가가 찾아낸 유일한 영감이다.

큐브릭의 「샤이닝」은 아주 전형적이지 않은 공포 영화지만 또한 서부 영화의 영향을 드러내는 작품이다. 잭, 웬디와 대니는 공포에 습격

---

12 저자는 "서로 잡아먹었냐ate each other up"는 대니의 질문을 인용하여 이 가족이 '자신들을 잡아먹을 것이다will eat itself up'라는 표현으로 자신의 대답을 했다.

13 서로 다른 표정의 쌍둥이 여아들을 정사각형 프레임에 담은 〈일란성 쌍생아, 뉴저지 로젤, 1967년〉은 다이앤 아버스의 대표적인 작품이다. 이 사진에서 쌍둥이들은 손을 잡고 있지 않다.

을 당한 개척자 가족이고, 그들이 도너 파티에 대해 얘기할 때 타고 있는 폭스바겐 비틀은 그들의 포장마차다. 울먼이 잭에게 "옛 인디언 매장지에" 지어졌다고 얘기하는 오버룩은 서부 시대에 있었던 백인과 인디언 간의 충돌(그리고 좋아하는 스티븐 킹의 주제에 형식적으로 표하는 경의)을 연상케 한다. 서부 영화는 흔히 본분을 다해야 하는 남자의 비타협적 의무와 아이의 건강 같은 여성의 전형적인 우려를 대항하게 한다. "대니에 대해 얘기해 보자고… 당신은 아이의 건강이 안 좋다고 생각하는군." 잭은 그들 싸움이 절정에 달해 상황을 완전히 바꾸는 계단 장면에서 웬디에게 비아냥거린다. 그가 사악한 오버룩 호텔과 거래한 사내로서의 의무는 그녀의 모성 본능을 제압한다. "난 계약서에 사인을 했어." 잭이 손으로 허공을 휘저으며 그녀에게 말한다. 할과 마찬가지로 잭은 백인의 책무, 즉 임무를 수행할 책임을 떠맡고 있다.

"인간성에는 본질적으로 문제가 있습니다." 큐브릭은 인터뷰어 잭 크롤에게 킹의 소설에서 무엇이 그의 마음을 끌었는지를 설명하며 말했다. "거기엔 악한 면이 있어요." 큐브릭이 악을 인간이 지닌 "잘못된" 무언가로 묘사하는 건 말하자면 불발과 같은 것이었다. 「킬링」의 조니 클레이에서부터 「2001 스페이스 오디세이」의 할에 이르기까지 큐브릭의 많은 영화에서 등장인물들은 기능 장애, 설계 결함으로 비틀거린다. "네놈의 심각한 기능 장애가 뭔가?" 「풀 메탈 재킷」의 훈련 교관 하트먼은 파일 이병에게 소리를 지르고 파일은 즉시 그의 가슴을 쏜다. 「샤이닝」에서 잭의 고장은 파국적인 설계 결함으로, 화려한 삶을 살고 꿍장한 권력으로 자신을 표출하기를 바라는 미국인의 소망에 대한 비판이다.

공포 영화에서 괴물은 화를 내지 않는다. 그건 단지 횡포한 악령의 힘일 뿐이다. 내가 생각할 수 있는 다른 어떤 공포 영화와 달리「샤이닝」에서는 남성의 분노 자체가 괴물과 같다. 큐브릭의 영화는 니컬러스 레이의「고독한 영혼」(1950)에서 존 포드의「수색자」(1956), 마틴 스코세이지의「택시 드라이버」(1976)에 이르는 남성의 분노에 관한 위대한 주류 미국 영화들과 어깨를 나란히 한다.

잭은 책상 위 침 웅덩이 속에 고개를 고꾸라뜨린 채 잠을 자며 소리를 지르고 신음한다. 웬디가 흔들어 깨우자 그는 더듬거리며 악몽을 꾼 얘기를 한다. 꿈속에서 그는 그녀와 대니를 죽이고 시체를 토막 냈다. 그때 얼어붙은 표정의 대니가 목에 상처를 입은 채 나타난다. 아버지와 아들 사이에 잠시 멈춰 있던 웬디는 잭을 몰아세운다. 이것은 그녀가 분개하여 화를 내는 유일한 순간이다. "당신이 애를 이렇게 만들었어… 이 개자식." 그녀가 소리를 지른다. 다음 장면은 잭이 사납게 몸을 움직이며 복도를 따라 골드 볼룸으로 가는 모습으로 시작한다. 제대로 된 장면을 얻기 위해 수많은 테이크가 필요했던 잭의 걸음걸이는, 꺼덕꺼덕 걸으며 허공에 주먹을 날리는 니콜슨의 발레와 같은 동작의 절정을 보여 준다.

잭은 연회장의 바에 다가가 앉고는 대니가 피로 가득한 엘리베이터의 광경을 가리기 위해 했던 것처럼 두 손으로 눈을 덮는다. "맥주 한

잔만 마실 수 있다면 내 빌어먹을 영혼이라도 갖다 바치겠어."

그리고 나서 잭이 눈을 문지르자 큐브릭의 명장면 중 하나이자 80회가 넘는 테이크가 소요된 마법과 같은 장면이 펼쳐진다. 잭에게 보이는 건 다름 아닌 바텐더 로이드다. 로봇과 같은 능숙한 연기를 펼친 이는 큐브릭의 여러 영화에 출연한 베테랑 조 터켈이다. 니콜슨의 얼굴에 천천히 웃음이 피어오른다. 터켈의 입은 죽지 않는 자의 오싹하게 만드는 들뜬 기분에 연결되어 있는 것만 같다. 「샤이닝」이 좋아하는 클리셰들은 이제 악의를 품고 살아 움직인다. "같이 살 수도, 없이 살 수도 없는 게 여자죠." 로이드가 이야기한다. 잭의 입에서 그런 진부한 말은 대단한 풍자의 에너지로 이해된다. "지혜로운 말이야, 로이드… 지혜…로운… 말." 잭의 눈이 광적인 즐거움으로 빛난다. 갑자기 이런 식의 말을 계속하는 게 더없이 유쾌한 일인 양, 잭과 관객은 농담에 함께한다. "근육 조정력이 순간적으로 상실된 거지." 술에 취해 집에 돌아왔을 때 그는 이렇게 대니의 팔을 탈골시켰다. 대수롭지 않은 기능 장애일 뿐이다. 그리고 그는 흥분에 차서 날카롭게 오직 잭 니콜슨만이 할 수 있는 방식으로 팔을 잡아채는 몸짓을 한다. 잭이 "위층의 케케묵은 정자은행"이라고 지칭하는 웬디로부터 독립을 선언한 데 대해 우리가 기뻐할수록 우리는 그를 두려워하게 된다.[14]

잭은 저항이 주는 중독적 매혹에 영혼을 팔아 자신을 억압하는 아내

---

14 미국에서 상영된 「샤이닝」과 유럽 상영본은 러닝 타임의 차이를 지닌다. 첫 시사회 후 큐브릭은 146분에서 마지막 장면을 편집해 144분짜리로 만들었다. 그리고 거기서 약 25분 분량을 들어낸 119분짜리 버전을 유럽에서 상영했다. 유럽 버전(DVD·블루레이 포함)에는 위에 언급된 로이드의 "여자"에 관한 언급이나 잭의 "정자은행" 운운하는 장면이 빠져 있으며, 4K 블루레이에는 공통적으로 144분 버전이 수록되었다.

로부터 자유로워진다. (여기서 큐브릭이 자신에게 매달려 떨어지지 않는 루스 소보트카로부터 벗어나는 환상을 가졌을 때인 1950년대에 쓴 대본 아이디어를 떠올리지 않을 수가 없다.) 그렇지만 그가 얻는 건 자유가 아니라 나중에 로이드가 그에게 얘기해 주는 것처럼 "호텔의 명령"이다. 그는 죽음이 끝없이 반복되는 호텔의 종복이 되었다. 로이드가 따라 주는 버번 위스키를 몇 잔 마신 잭은 오버룩의 취약한 곳인 237호실로 향하게 된다. 「사이코」의 과일 저장고처럼 트라우마가 담겨 있는 곳이다.

대니는 잭보다 먼저 237호에 간다. 그 방 안에서 엄마의 목소리가 들린다고 생각하는 대니는 이에 응답한다. 프로이트의 학설에 나오는 어떤 이야기가 여기서 배회하는 것 같다. 237호실에 도사리고 있는 낯선 여인은 소녀 같고 에로틱하지 않은 천진난만함을 지닌 웬디와는 정반대다. 대니는 위안을 주는 엄마의 평범함 대신 이성을 빼앗는 여성을 발견한다. 성인의 미친 듯한 성적 행동은 대니의 목에 그 흔적을 남기며 그에게 정신적 충격을 주었을지도 모른다.

잭이 살펴보러 갔을 때 그는 237호실에서 혈색이 나쁘고 무표정한 나체의 젊은 여인이 욕조에서 일어나는 모습을 본다. 마네킹과 같은 이질적인 아름다움을 지닌 이 창백한 악령은 입을 벌린 채 멍하니 욕정에 차 있는 잭을 끌어안는다. 그리고 그녀는 부패하고 있는 쭈글쭈글한 노파가 되어 미친 듯 킬킬 웃어 대고 잭은 달아난다. 그는 237호의 문을 잠그고는 겁에 질려 물러난다. (큐브릭은 이 순간과 마지막에 대니가 눈에 덮인 미로에서 자기 발자국을 되짚어가는 장면으로 교묘하게 운韻을 맞춘다.)

237호의 두 여인은, 아름다워 보이지만 젊음의 외피 아래 부패한 죽음을 숨기고 있는 바니타스[15]의 상징이다. 잭은 237호실에서 벌거벗은 뮤즈와 키스하는 동안 자신이 불멸의 아름다움에게 선택되었다고 생각할 테지만 호텔은 그를 조롱한다. 그는 자신이 "시체에 속박당했다"(킹이 잭과 웬디의 결혼 생활을 묘사하기 위해 여러 차례 사용한 구절)는 걸 알게 된다.

쇼펜하우어의 글은 237호실의 두 여인에 대한 최고의 설명이다. "모든 노력의 헛됨"을 논하며 이 독일 철학자는 수도승이자 철학자가 된 중세의 "모험가" 라몬 유이[16]의 개종을 사례로 든다. "아름다운 여인에게 오랫동안 구애했던 라몬 유이는 마침내 그녀의 방에 들어갈 수 있게 되어 욕망을 모두 달성할 것으로 기대했다. 그때 그녀는 옷을 벌려 암으로 끔찍하게 잠식당한 가슴을 보여 주었다. 그 순간 마치 지옥이라도 들여다본 것 같았던 그는 개종을 하게 되었다."

여기 쇼펜하우어의 구절이 하나 더 있다. "우리 대부분은 오이디푸스에게 제발 더 이상 조사하지 말아 달라고 애원하는 이오테스카[17]를 마음속에 품고 있다. 그리고 우리는 그녀의 마음을 이해하는데, 그러한 이유로 철학이 거기 자리하고 있다." 아니나 다를까, 이해할 수 없다는

---

15 Vanitas: 삶의 덧없음, 쾌락의 헛됨, 피할 수 없는 죽음Memento mori 등을 해골, 부패한 과일, 연기 등과 같은 상징물로 표현한 그림. 네덜란드의 정물화가 유명하다.

16 13세기 스페인 마요르카 왕국의 수학자·논리학자·철학자·신비주의자·작가. 영어권에서는 레이먼드 럴Raymond Llull로 표기되기도 한다. 여러 차례 계시를 받은 후 이슬람에서 기독교로 개종을 한 인물이다.

17 그리스 신화에서 테베의 왕 라이오스의 아내이자 오이디푸스의 어머니인 이오테스카는 세월이 흐른 후 스핑크스를 물리치며 테베의 영웅이 된 오이디푸스와 결혼한다. 오이디푸스가 자신의 과거를 조사하는 와중에 불안한 마음이 든 이오테스카는 더 이상 과거를 파헤치지 말라고 간청을 하지만 결국 진실은 밝혀진다. 이를 알게 된 이오테스카는 목을 매 스스로 목숨을 끊고 오이디푸스는 그녀의 옷에 있던 황금 브로치를 뽑아 자신의 눈을 찔러 실명한다.

표정을 한 잭은 웬디에게 237호실에는 "아무것도" 없었다고 전한다. 그 전에 딕 할로런은 대니에게 같은 말을 했다. 두 사람 모두 내면의 이 오테스카에게 굴복했고, 그래서 억압 본능은 다시 한번 승리한다.

역설적이게도 잭이 237호에 있을 때 펜데레츠키[18]의 〈야곱의 꿈〉이 흐른다—'창세기'에서 야곱은 꿈에서 깨어나 "여호와께서 과연 여기 계시거늘 내가 알지 못하였도다"라고 말한다—. 큐브릭의 정점에 이른 블랙 유머가 다시 작동하고 있다.

「샤이닝」의 종반에 펜데레츠키의 〈다형성〉이 흐르는데, 학자인 로저 럭허스트에 따르면 "한 무리의 곤충 떼가 현악 파트를 먹어 치우고 있는" 듯한 소리다. 이 영화의 사운드트랙은 심장 박동 소리, 은은한 사운드, 그리고 때로 몇 곡이 동시에 사용되며 교묘하게 쌓여 있다. 펜데레츠키와 리게티의 음악은 이후 공포 영화의 중요한 요소가 되지만, 큐브릭은 이들 전위 음악가의 음악 사용에 선구적 역할을 했다.

237호실은 「샤이닝」이 주는 공포의 핵심이다. 이제 대니는 침을 질질 흘리고 간질병 환자처럼 몸을 떨며 237호실에서 잭이 본 것으로 인해 충격파를 느낀다. 할로런 역시 마찬가지로, 스타게이트를 통과하는 데이브 보먼처럼 마이애미에 있는 자기 집 침대에서 꼼짝도 못 한다. 대니는 잭이 237호를 찾아간 후 침대에 누워 처음으로 '레드럼'[19]을 본다. 붉은 방red room은 섹스와 죽음이 연결되어 있는 방이며 아버지가 어머니와 아들을 죽이려고 하는 곳이다.

---

18 폴란드의 현대 음악 작곡가이자 지휘자.

19 REDRUM: 대니가 반복해 중얼거리며 립스틱으로 문에 글자를 쓰고 외치는 '레드럼'의 의미는 웬디가 거울에 비친 글자를 보며 밝혀진다. 즉 '살인MURDER'이다.

「샤이닝」의 긴장감은 큐브릭이 우리에게 또 다른 잊을 수 없는 시퀀스를 선사하며 더욱 고조된다. 여기서 웬디는 책의 원고를 뒤지는데, "일만 하고 놀지 않으면 바보가 된다All work and no play makes Jack a dull boy"라는 똑같은 문장 수천 개가 담긴 원고에서 그녀는 공포를 마주한다. (소보트카와 마찬가지로, 책의 일을 도우려다 상황을 악화시키는 그녀는 "흡착판"과 같다.) 셸리 듀발의 겁에 질린 얼굴 아래에서 완벽하게 프레임의 중심에 자리한 책의 타자기 끄트머리는 「2001 스페이스 오디세이」의 모놀리스처럼 보인다. 웬디의 남편은 정말로 열심히 일했다. 그리고 이제는 우리가 멀리서, 즉 책이 있는 곳에서 그녀의 뒷모습을 바라보는 사이에 책이 콜로라도 라운지로 들어선다. 냉담하고 조용하게 그가 말한다. "여기서 뭐하고 있는 거지?" 웬디는 홱 잡아당겨진 마리오네트처럼 화들짝 놀란다. 우리도 마찬가지다. 「샤이닝」 최고의 장면은 가슴 철렁하는 짜릿함으로 시작되었다.

그 전에 책은 그가 쓴 걸 보여 달라는 웬디의 쾌활한 제의에 대한 대답으로 자기 책상에 "절대 가까이 오지 말 것"을 경고했다. "영화에서 제가 직접 쓴 유일한 장면입니다." 니콜슨이 말했다. 여러 해 전 아내와 딸과 함께 살던 젊은 시절에 니콜슨은 낮에는 영화에 출연하고 밤에는 시나리오를 쓰고 있었다. 그의 말에 의하면, 한번은 그가 글을 쓰던 중에 "사랑하는 아내 산드라가 들어와서 그녀가 알지 못하는 이 미치광이와 마주치게" 되었다. 그런 행동으로 인해 니콜슨의 결혼 생활은 종말을 맞았다. 그러나 「샤이닝」에서 웬디는 순순히 물러갔다가 "일만 하고 놀지 않으면" 시퀀스에 와서 불타오른다.

아내는 남편의 비밀을 알아냈다. 그 비밀은 몰래 바람을 피운 게 아니라 끝없이 써 놓은 절망적인 글이다. 잭은 그저 번뜩이는 창의력을 상실한 채 이 오버룩이라는 지옥에 속박된 단순 노동자에 불과하다. 공허한 반복 문장은 호텔의 힘을 보여 준다. 단테나 에드먼드 스펜서[20]의 하급 악마처럼 잭은 호텔과의 계약에 갇혀 같은 일을 반복해서 한다. 여기에서의 농담은 자신의 가치를 알기 위해 변함없는 일상에 의존하는 미국인 남성에 관한 것이다. 당신의 일이 당신을 우울하게 만들면, 당신이 바보가 되면, 코언 형제의 우화 같은 걸작 「바톤 핑크」(1991)에서 찰리(존 굿맨)가 말하듯 일이 "본사에서 온통 엉망이"돼 버리면 어떻게 될까? 어떻게 되냐 하면 수문이 터진다. "나를 봐. 내가 지성인의 삶을 보여 주지." 굿맨은 각 방마다 따로 줄줄이 불타오르는 호텔의 큰 불 속으로 터벅터벅 걸어 들어가며 읊조린다.

코언 형제의 찰리 메도스(일명 미치광이 문트)는 플래너리 오코너의 미스핏[21]뿐만 아니라 잭 토랜스로부터 파생된 캐릭터다. 이 살인자들은 미국의 언어에 능통한 이들로, 환대의 표현을 세련되게 다듬는 전문가들이다. 우리는 잭이 바에서 로이드와 나누는 평범한 남자의 틀에 박힌 대화 모습을 봤다. 이제 "일만 하고 놀지 않으면" 장면에서 그는 웬디를 비방하고 악의에 찬 흉내를 낸다. "당신은 혼란스러워요." 그가 그녀의 겁내는 말투를 흉내 내며 조롱한다. 이제 웬디는 가련하게 덜덜 떨며 흐느껴 울고 있다. "생각할 시간이 필요하다고… 생각할 시간 따

---

20 미완성 대작 장편 서사시 〈요정 여왕〉(1590)으로 유명한 영국의 시인.
21 미국의 여성 소설가 플래너리 오코너의 단편 소설 『좋은 사람은 드물다』(1953)에 등장하는 탈옥수.

위는 빌어먹을 평생 있었어!"그는 자신이 생명력의 화신이고 그녀가 어리석은 속물 마누라인 양 소리친다. 그러고는 살짝 미소를 지으며 조금은 경박하게, 이젠 포악스럽게 말을 내뱉는다. "몇 분 더 생각하는 게 무슨 소용이야?" 여기 있는 잭은 가엾은 웬디에게 남은 삶이 몇 분밖에 되지 않는다고 확신한다. 그는 야구 방망이로 그녀를 해치울 준비가 다 됐다. 그러나 -그리고 짓궂은 농담 같은 이 장면의 절정이 이어지려면- 그는 먼저 배트를 달라고 그녀를 설득해야 한다. 그리고 그녀는 설득되지 않는다. 잭이 말한다. "웬디, 내… 인생의… 빛."(「롤리타」에 나오는 대사다!) 잭은 그냥 장난으로 정신 이상자가 된 척한다. "웬디, 당신을 해치지 않을 거야. 네 머리통을 부숴 버리기만 할 거야. 그 머리통을… 아작…낸다고."

"배트 이리 줘." 니콜슨은 환자를 통제하려고 하는 최면술사처럼 똑바로 쳐다보며 솔직하게 말한다. 그러고는 그다지 능숙하지 않게 혀를 날름거린다. "배트 이리 줘, 웬디. 내놔, 그 배트." 그러나 이제 형세가 뒤바뀐다. 그녀는 배트를 미친 듯 휘두르며 두 차례 강한 타격을 가하는데, 먼저 그의 손을-그녀는 욕실에서 칼로 그의 손에 다시 상처를 입히게 된다-, 그다음 대니가 다쳤던 바로 그 목 부위를 때린다. 가냘프지만 흥분한 아내가 강하게 치는 바람에 잭은 계단에서 굴러떨어진다. 웬디는 무기력한 게 아니라 나중에 그레이디(필립 스톤)가 언급하듯 놀랄 정도로 "수단 좋은" 사람이라는 사실을 보여 준다.

콜로라도 룸 계단에서 벌어지는 야구 방망이 장면은 큐브릭이 우리를 잭의 편에 서게 하는 탓에 부분적으로만 효과적이다. 우리는 한편

잭 니콜슨과 셸리 듀밸이 함께한 「샤이닝」의 계단 장면
(포토페스트/워너브라더스 제공)

으로 잭이 짜증 나는 웬디의 머리통을 부숴 버리기를 바란다. 대신 그
녀가 잭을 후려칠 때 우리는 환희를 느끼기보다는 오히려 다음에 무슨
일이 벌어질지 긴장한다. 그녀가 묘안을 내 잭을 식료품 저장실로 끌고
가서 가두었기 때문에 그는 꼼짝하지 못해야 한다. 그러나 그레이디가
끼어들어 잭을 풀어 준다. 잭은 도끼를 들고 호텔을 휘젓고 다니다가
스노캣[22]을 타고 막 도착한 할로런을 일격에 살해한다.

할로런을 도끼로 살해하게 했을 때 큐브릭은 「사이코」에서 관객에게
급격한 충격을 주었던 아보가스트[23]의 살인 장면을 생각하고 있었는데,

---

22 Sno-Cat: 무한궤도가 장착되어 눈 위를 달릴 수 있는 특수 차량인 설상차雪上車 브랜드.
23 히치콕의 「사이코」에서 사라진 매리언을 찾아 나섰다가 노먼 베이츠에게 살해당하는 사립 탐정.

히치콕의 영화가 처음 개봉했을 때 관객들은 샤워실 살인 장면보다 여기서 더 많은 비명을 질렀다. 큐브릭은 잭이 할로런의 가슴을 지독하게 세 차례 강타하는 장면을 찍었지만 그다음 날 관객의 반응을 노리기에는 너무 잔혹하다는 결론을 내렸다. 최종 편집본에서 잭은 할로런에게 도끼를 한 번 휘두르고, 시체에서 일어서는 무르나우의 노스페라투[24]처럼 천천히 미끄러지듯 올라간다. 큐브릭의 부모님 잭과 거트가 할로런의 죽음 장면을 찍은 날 촬영장에 있었는데, 큐브릭은 어머니와 아버지가 이걸 보고 정신적 충격을 받게 될까 봐 걱정했다. 큐브릭의 걱정은 영화의 주제에서도 반복된다. 자기 부모가 어떻게 될까에 대한 아들의 우려가 그것이다. 나중에 알고 보니 큐브릭의 부모는 조금도 괴로워하지 않고 그 장면을 아주 재미있게 봤다.

잭이 할로런을 살해하는 장면보다 더욱 섬뜩한 건 그가 웬디를 공격할 때다. 그녀는 치켜든 칼을 걷잡을 수 없이 떨며 욕실에서 두려움에 움츠리고 있다. 잭 토랜스는 근육이 잘 잡힌 전문가처럼 들어 올려 숙련된 몸짓으로 도끼를 휘두른다. (니콜슨은 의용 소방관으로 잠깐 일했었다.) 그 도끼를 욕실 문에 내려치고 씩 웃으며 "자니가 왔다"라고 하는 잭은 가장 위협적인 모습이다. 하지만 아내와 아들의 동화 같은 기민함은 그를 능가한다.

큐브릭과 존슨은 「샤이닝」의 결말을 놓고 다투었다. 한때 그들은 할로런을 토랜스 가족을 모두 죽이고 총을 쏴 자살하는 "무시무시"하고

---

24 독일 표현주의 영화의 걸작으로 평가되는 프리드리히 빌헬름 무르나우(1888~1931)의 1922년작 무성 영화 「노스페라투」의 흡혈귀 오를로크 백작을 의미한다.

"소름 끼치도록 흉포한 인물"로 그렸다. "대니와 요리사만 남게 된다" 거나 대니를 "요리사가 구해 준다"는 또 다른 결말의 아이디어도 있었다. 그러나 할로런은 결국 소모품이었다. 그에 반해 킹은 잭의 죽음 이후 그를 웬디의 새 남자 친구이자 대니의 아버지를 대신하는 다정한 인물로 만든다.

「사이코」와 「샤이닝」은 둘 다 그 결말로 우리를 괴롭힌다. 미로에서 얼어붙은 잭은 영화를 끝맺는 1921년의 사진 속에서 웃고 있는 잭과 마찬가지로, 히치콕 영화의 마지막에 클로즈업된 노먼의 미소 속에서 떠오르는 어머니의 해골 이빨을 연상케 한다. 이 둘의 관점에서 남자들은 미국이 사랑하는 것, 즉 어머니와 일에 사로잡혀 있다. 그러나 두 남자는 아주 다르다. 노먼은 특별한 포부도 없는 그저 순종적인 아들이다. 반면 잭은 자신이 외딴곳이 필요한 작가라고 생각하지만 사실 그가 창작하는 건 아무것도 없다. 얼어붙은 잭을 통해 큐브릭은 미국인이 가지는 환상에 있어 필수적인 낭만적 자아를 좌절시킨다.

미로의 '눈'은 고운 가루로 된 유제품용 소금이다. 조명은 밝은 오렌지색이었다가 나중에는 파란색 필터를 썼다. 무도회장 장면에서 그랬던 것처럼 공기를 자욱하게 만들기 위해 기름을 태워 연기를 냈다. 기온은 거의 섭씨 38도에 육박했다. 촬영팀은 브라운이 일컬었듯 연기 자욱한 '오렌지색 지옥'인 미로 속에서 길을 잃었다. "'스탠리!' 하고 부르는 건 아무 소용이 없었어요." 브라운이 말했다. "그의 웃음소리가 사방에서 들리는 것 같았거든요." 큐브릭은 이 큰 아이의 놀이 세트와 같은 미로를 지배하는, 보이지 않는 냉소의 신이었다. 큐브릭은 가짜 눈의 높이를 계속해서 재며 20에서 25센티미터 사이로 쌓였는지를 확인했다. 이는 발자국을 진짜처럼 보이기 위해 필수적인 높이였다. 동화 속 도깨비처럼 잔혹한 살인을 저지르고 싶어 좀이 쑤시는 잭은 도끼를 들고 자신의 아들을 뒤쫓는다. 그는 눈 덮인 허공을 향해 짐승처럼 울부짖는다. "대니, 아빠가 간다." 잭은 상처 입은 가련한 동물처럼 으르렁거린다.

괴물과 같은 잭은 비록 오버룩의 미로 속에서 얼어 죽었지만, 그는 1921년의 사진 속에서 영원히 도사리고 있다. 1980년 5월 뉴욕과 로스앤젤레스에서 「샤이닝」이 개봉했을 때, 처음에는 보르헤스[25]의 작품 같은 이 영화의 불가사의한 결말 뒤에 한 시퀀스가 더 있었다. 레온 비탈리는 인터뷰어에게 추가 장면을 이렇게 묘사했다.

(웬디는) 침대에 있고 대니는 목욕 가운을 입은 채 복도에서 만화책을 읽고 있습니다. 그때 우리가 처음에 봤던 호텔 지배인 울먼이 그들이 괜찮은지 보러 멀리 플로리다에서 도착하죠. 그는 그녀에게 벌어진 일들에 대해 걱정할 필요가 없다고… 좋은 건 그들을 자기 집에 초대하려고 하는데 그곳은 따뜻하며 맑은 공기와 바다가 있다는 점이라고, 대니도 뛰어놀 수 있다고 말합니다. 그러자 그녀는 감사와 안도하는 마음에 감정을 주체하지 못하고 울음을 터뜨려요. 그리고 그는 복도로 나가서 밖으로 나가고 있는 대니를 보고 말하죠. "아, 대니,

---

25 『불한당들의 세계사』(1935), 『픽션들』(1944) 등으로 잘 알려진, '마술적 사실주의'의 선구자로 평가되는 아르헨티나의 작가.

네게 줄 게 있단다." 그러고는 주머니에서 노란 테니스공을 꺼내 던지고 대니가 그걸 받습니다.

이 장면의 마지막 숏에서 우리는 호텔 지배인이 처음부터 오버룩의 사악한 힘에 대한 실마리를 주었다는 걸 알게 된다. "이러한 해결에는 히치콕과 같은 측면이 있었어요. 큐브릭이 히치콕에 푹 빠져 있었다는 거 아시잖아요." 이 첫 번째 결말을 좋아했던 셸리 듀발이 말했다. 마지막 영화인 「아이즈 와이드 셧」에서 큐브릭은 이처럼 통제권을 가진 히치콕풍의 인물로 빅터 지글러(시드니 폴락)를 활용한다. 그러나 「샤이닝」에서 그는 더 복잡한 것을 택했다. 큐브릭은 올먼이 거미처럼 다음 먹이가 걸려들기를 기다리는 사악한 호텔의 주인이었다는 암시를 담은 이 에필로그가 너무 덧없는 음모와 같다는 걸 깨달았음에 틀림없다.

줄리언 시니어는 큐브릭이 그에게 「샤이닝」의 이 첫 번째 결말에 대해 "어떻게 생각하세요?"라고 물었던 걸 기억한다.

제가 말했어요. 그러니까 스탠리, 저는 영화 전체에서 가장 비범한 장면은 사진 속으로 이동하는 숏이라고 생각해요. 그게 다예요. 병실의 물건, 테니스공, 아이는…

그는 열다섯 걸음 뒤에서 몹시 화가 난 얼굴로 멈춰 섰습니다. 동공이 안 보이는 스탠리의 검은 눈동자는 마치 심연을 들여다보고 있는 것 같았어요. 그리고 잠시 생각하더니 말하더군요. "나한테 영화 연출법에 대해 다시는 얘기하지 말아요."

하지만 결과에서 볼 수 있듯 큐브릭은 시니어의 의견을 따라 병실 장면을 잘라 냈다. 「닥터 스트레인지러브」의 파이 던지기 싸움과 마찬가지로 이 시퀀스는 사라진 것 같다. 1980년 「샤이닝」 개봉 이래 내가 아는 누구도 그 장면을 본 적이 없다.

결국 큐브릭은 잭에게 깃들인 힘을 눈에 띄지 않게 놔두었다. 완성된 영화는 1921년 오버룩의 7월 4일 파티에서 검은 나비넥타이에 말쑥하게 차려입은 잭의 사진으로 천천히 줌 인하며 끝난다. 큐브릭은 꼭 7월 4일이어야 한다고 했는데, 잭이 독립 선언 즉 자신이 작가라는 격렬한 주장으로 시작했고 그럼으로써 자립하게 되기 때문이다. 타자기에 속박되어 매시간 똑같은 끔찍한 문장을 치는 잭은 일에서 해방되기 위해 필사적이었다. 노는 것은 잭에게 너무도 절실했으며, 향락에 빠진 1920년대는 놀기의 극치를 이루는 미국의 모습이다. 그러나 20년대의 잭 토랜스는 자신을 꾸며 내며 미국의 역사를 조롱하는 대부분의 개츠비[26]들처럼 살아 있는 현실이 아니라 사실은 그저 이미지일 뿐이다. 잭에게 끝은 새로운 시작이다. 그는 새로운 화신을 위해 빈 껍데기로 몇 번이고 다시 돌아올 것이다. 우리는 다음에 영화를 볼 때 잭 토랜스를 다시 만날 것이다. 영화는 오버룩과 마찬가지로 유령과 같은 불멸을 약속한다.

그럼에도 잭보다는 대니가 「샤이닝」의 진짜 중심일지도 모른다. 어린 시절의 큐브릭처럼 궁지에 몰린 아이는 권위(아버지의, 혹은 스탠리의 경우 학교의)에서 나오는 위협에도 굴하지 않고 자립적인 힘을 유지하

---

26 F. 스콧 피츠제럴드의 소설 『위대한 개츠비』(1925)는 '재즈 시대Jazz Age' 혹은 '광란의 20년대 Roaring Twenties'로 불렸던 1920년대 금주법 시대의 물질주의와 아메리칸 드림에 대한 냉소를 담은 작품이다. 매일 호화 파티를 벌이는 개츠비는 자신의 과거에 대해 거짓말을 하는 인물이다.

며 다시 한번 핵심적 역할을 한다. 여기 당신의 동의를 구하는 프로이트식 우화가 있다. 「샤이닝」의 플롯에서 대니를 생각해 보라. 그는 다독여 주는 어머니와 가끔씩 심하게 우울해져 멍하게 있는 아버지 사이에서 방치되어 왔다. 그는 한 부모가 다른 쪽의 좌절과 실망을 회피하는, 매일같이 보는 따분한 게임에 싫증이 나고 있다. 그래서 아이는 아버지를 난폭한 사람이 되게 하고, 어머니를 아버지의 피에 굶주린 광란에 정면으로 맞서게 만든다. 결국 아버지는 자신의 분노에 의해 죽음을 맞는다. 아버지 내면의 걷잡을 수 없는 혼돈을 이끌어 냄으로써 대니는 잭과는 다른, 살아남아 오이디푸스적 피바다에서 탈출한 사람이 된다. 자신의 부모를 친절한 외계인 친구와 맞바꾸는 소년의 스필버그식 모험담보다 좀 더 신랄하지 않은가?

8

거만하게 해야 한다는 걸 명심해, 론 채이니'처럼:
「풀 메탈 재킷」

1980년, 「샤이닝」이 5월 23일 뉴욕에서 개봉하기 몇 달 전에 큐브릭은 애버츠 미드에서 세인트올번스 바로 북쪽, 런던에서 차로 한 시간 정도 걸리는 칠릭베리의 약 21만 평 대지에 자리한 아주 큰 집으로 이사를 했다. 넓게 뻗은 땅에는 마구간 건물, 연못 두 개, 하인들이 사는 집, 공원, 장미 정원, 그리고 크리켓 구장이 있었다. 이 장원莊園은 큐브릭에게 필요한 이상적 조건을 갖추고 있었다. 마구간은 사무실과 편집실이 되었으며, 그는 근처에 있는 사격장에서 타깃 사격을 할 수가 있었다.

"칠릭베리 저택은 큰 집이라기보다는 조지 왕조 시대의 좁은 건물에 방들이 닥치는 대로 추가되어 모여 있는 곳이었습니다." 큐브릭의 운

---

1 「노트르담의 꼽추」(1923), 「오페라의 유령」(1925) 등의 영화에서 비참하고 불운한 역할을 주로 맡았던 할리우드의 배우이자 메이크업 아티스트(1883~1930). 탁월한 분장으로 다양한 캐릭터를 연기하여 '천의 얼굴을 가진 사나이'라는 별명으로 불렸다.

전기사 에밀리오 달레산드로가 회상했다. 총 129개의 방이 있었는데, 큐브릭은 달레산드로에게 각 방의 열쇠를 4개씩 복사해 두라고 얘기했다. "내가 하나, 당신이 하나, 크리스티안이 하나, 그리고 혹시라도 우리 셋이 같은 열쇠를 잃어버릴 경우를 대비해서 예비용 하나가 필요해요." 그가 말했다.

큐브릭의 사무실은 칠릭베리 저택의 레드 룸(「샤이닝」을 생각나게 하는!)에 있었다. 그는 테니스화에 오래 입어 낡고 헐렁해진 바지, 어떤 곳엔 잉크가 묻어 있는 주머니가 많이 달린 셔츠 등 평상시 집에서 입는 복장을 한 채 거기 숨어서 책을 탐독하기를 좋아했다. 셔츠 주머니에는 그가 세인트올번스에 있는 문구점 W. H. 스미스에서 묶음으로 산 작은 공책들을 넣었다. 큐브릭은 여전히 50년대 그리니치 빌리지 시절과 같은 지저분한 보헤미안 차림을 하고 있었다. 촬영장에 있을 때 많이 추우면 그는 군용 재킷에 구겨진 셔츠와 바지 위로 파카를 즐겨 입었다.

큐브릭의 수염은 더욱 텁수룩해지고 있었고 그의 몸은 현저하게 비대해졌다. 그는 크리스마스 시즌 동안 유대인 산타클로스가 되어 세인트올번스의 아이들을 따뜻하게 맞이하며 즐거운 시간을 보냈는데, 아이들은 큐브릭이 자신의 소유지에서 잘라 내 준비한 크리스마스트리 더미에서 트리 하나를 고를 수 있었다. "큐브릭 아저씨, 고맙습니다." 아이들이 복창했다. 뉴욕에 있는 그와 같은 세대의 많은 유대인들과 마찬가지로 큐브릭은 크리스마스를 좋아했다.

칠릭베리에는 큐브릭 가족과 함께 강아지와 고양이 들이 모여 살고 있었다. 큐브릭은 동물을 사랑했는데 그들 중 하나가 병에 걸리면 끊임없이 걱정을 했다. ("고양이가 아프면 그는 만사를 제치고 수의사와 상의하는데 '우린 이러저러하게 할 겁니다'라고 얘기하고는 그 수의사와 싸우곤 했어요." 크리스 티안이 떠올렸다.) 원래 큐브릭의 운전기사로 고용되었던 달레산드로는 잡역부, 기술자, 정원사, 건축업자, 심부름꾼뿐만 아니라 즉석에서 수의 사까지 되었다.

큐브릭의 고용인들은 그를 좋아했지만 그의 밑에서 일하는 건 힘들 었다. "스탠리는 말하자면 사람을 피폐하게 만듭니다." 레온 비탈리가 시인했다. 달레산드로와 마찬가지로 비탈리는 보통 끝이 없어 보이는 큐브릭의 요구 때문에 하루에 열여섯 시간을 일했다. 1980년, 지난 10 년 동안 큐브릭의 조수 일을 했던 안드로스 에파미논다스가 정신적 압 박에 지쳐 그만둔 탓에 비탈리는 전에 없이 힘들게 일해야 했다. 그는 워너브라더스에서 걸려 오는 전화를 처리했고 배급업자, 극장주, 광고 주 들과 맞붙어 싸웠고 큐브릭 영화들의 프린트를 정성을 다해 감수監 修했다. 큐브릭은 프린트가 완벽한 상태인지 확인하기 위해 비탈리에 게 할 수 있는 한 많은 프린트를 살펴볼 것을 강요했다. 큐브릭이 죽고 몇 년이 지난 후 비탈리가 큐브릭의 영화 몇 편을 블루레이용으로 복 원할 때 그는 제대로 준비가 되어 있었다. 수백 번을 봤으니 말이다.

큐브릭은 비탈리와 달레산드로를 심하게 부렸지만 그들을 배려했고 그들은 끝까지 충실했다. 그는 그들이 없으면 안 되었으며 그들이 그 걸 알도록 했다. "제게 항상 친절했기 때문에 그에게는 거절할 수가 없 었어요." 달레산드로가 말했다. 큐브릭을 향한 비탈리의 사랑과 감사의 마음은 비탈리가 감독의 조수로 보낸 세월을 다룬 감동적인 다큐멘터리 「필름워커」에서 빛을 발한다.

언제나 모든 걸 자기 뜻대로 하려는 사람인 큐브릭은 촬영장 안팎에서 이렇게 말하길 좋아했다. "설명서를 읽기 전에는 아무것도 만지지 말 것!" 장황한 사용법이 붙어 있는 「2001 스페이스 오디세이」의 무중력 화장실은 단계별 지침 쓰기를 좋아하는 자기 자신에 관한 큐브릭의 농담이다. 칠릭베리 저택에서 그는 예컨대 불이 날 경우 어떻게 대처해야 할지를 설명했다(동물들을 구조하는 방법을 아주 상세하게 설명한 내용을 포함해 두 페이지를 꽉 채웠다). 촬영장에서 의사의 아들 큐브릭은 의학적인 조언을 해 주기를 좋아했다. "그는 자신이 훌륭한 의사라는 확신을 가지고 있었습니다." 크리스티안이 상기했다. "그리고 사람들에게 이런저런 약을 복용하라고 말하며 그들을 미치게 만들곤 했어요. 촬영장에서 일하는 여자들에게는 힘든 생리 기간에 어떻게 할지를 설명-'소금은 먹지 말아요. 이거하고 이걸 먹어요'-하고는 담배 연기를 길게 남기며 떠나곤 했죠."

큐브릭은 칠릭베리에서 아내와 딸들을 곁에 두어야 했다. 그는 아버지의 역할에 대해 전통적 관념을 가지고 있었고 가끔은 딸들의 남자 친구들에게 짓궂은 질문을 던졌다. "농담하는 거지?" 그는 의붓딸 카타리나의 데이트 상대 한 명과 대화를 하고 나서 그녀에게 물었다. 카타리나가 서른 살에 집을 떠나 런던에서 살고 싶다고 결심했을 때 위기가 닥쳤다. (그녀는 필 홉스라는 이름의 케이터링 업자와 결혼하는데, 그는 나중에 「풀 메탈 재킷」과 「아이즈 와이드 셧」의 프로듀서로 일하게 된다.) 후에 여섯 살 어린 안야 역시 떠나기로 했다. "애들이 나한테 왜 이러는 걸까?" 큐브릭이 달레산드로에게 물었다.

가족과 고용인과 애완동물 들에 둘러싸여 바쁘고 분주한 큐브릭은 은둔자와는 정반대의 삶을 살고 있었다. 그는 딸과 손님 들에게 요리해 주기를 좋아했으며 빨래를 하는 모습까지도 볼 수 있었다. 그리고 그는 끊임없이 통화를 했다. 큐브릭은 켄 애덤이나 스필버그뿐만 아니라 워너브라더스의 임원들인 존 캘리, 테리 세멜과 줄리언 시니어, 그리고 할리우드의 다른 여러 소식통과 이야기하는 걸 아주 좋아했다. 그는 거의 매일 밤 여동생 바버라에게 전화를 걸었다. 영화감독 존 밀리어스[2]는 이렇게 말했다. "스탠리는 시간에 개의치 않았어요. 전화하고 싶을 때면 한밤중에도 전화를 하죠. 제가 '스탠리, 한밤중이에요'라고 하면 그는 '너 안 자잖아?'라고 말합니다. 한 시간 미만으로 얘기하는 법이 없었어요. 그냥 갖가지 일들, 모든 것에 대해 토론을 했어요."

전화나 팩스(아주 마음에 드는 새로운 장난감)에 붙어 있지 않을 때 큐브릭은 다음에 어떤 영화를 만들지 정하고자 했다. 80년대 초반 동안 그는 브라이언 올디스가 쓴 『슈퍼 장난감들은 여름 내내 버틴다』[3]라는 제목의 안드로이드 소년에 관한 단편 소설을 각색한 공상 과학 프로젝트를 진행했다. 큐브릭은 올디스 및 다른 작가들과 수년간 작업한 끝에 결국 이 아이디어를 스티븐 스필버그에게 넘겨 주었다. 이 작품은 큐브릭 사후에 스필버그의 「에이 아이」(2001)로 완성된, 큐브릭과 스필버그

---

2 「지옥의 묵시록」(1979)의 시나리오를 쓰고 「코난 더 바바리안」(1982)을 연출한 미국의 영화감독·각본가(1944~).

3 『온실』(1962)과 『1조 년의 잔치』(1986)로 휴고상을, 『살리바 나무』(1965)로 네뷸라상을 수상한 영국의 SF 작가 브라이언 올디스의 1969년작 단편 소설.

의 유일한 합작품이다.

큐브릭은 다른 아이디어를 준비하고 있었다. 1980년 초에 그는 작가 마이클 헤어와 전쟁 영화 제작에 대해 이야기하기 시작했다. 헤어와 나눈 대화는 마침내 1987년 「풀 메탈 재킷」으로 결실을 맺게 된다. 헤어는 프리랜서 종군 기자로 베트남에 가서 구정 대공세[4]가 펼쳐지는 동안 실전을 경험한 적이 있었다. 그는 이제껏 쓰인 가장 탁월한 전쟁 저널리즘 책이라 할 수 있는 『급보』(1977)를 통해 자신이 겪은 전투 이야기를 전했다. 그 후 헤어는 큐브릭이 감탄했던 영화인 프랜시스 포드 코폴라의 「지옥의 묵시록」에서 시나리오 작업에 참여했다.[5] (「풀 메탈 재킷」 제작이 끝난 후 그는 코폴라의 영화는 바그너와 같으며 자신의 작업은 정확하고 고전주의적인 모차르트와 같다고 생각한다는 말을 했다.)

헤어와 큐브릭은 죽이 잘 맞았다. 헤어는 큐브릭처럼 유대인이었으며 큐브릭의 위트와 광범위한 관심사를 좋아했다. 그는 큐브릭이 "브롱크스식 비음이 섞인 신랄한" 억양에도 불구하고 "아주 매끈하고 한층 듣기 좋은" 목소리를 가지고 있다는 걸 알았다. 헤어는 "마치 그라우초 막스[6]처럼 강조하기 위해 급하게 몰아붙이다 빠지는 어조로 유쾌

---

4   Tet Offensive: 1968년 1월 30일부터 9월 23일까지 북베트남 인민군과 베트콩이 남베트남 공화국군(사이공을 포함한 100개 이상의 도시와 주요 시설)을 세 차례에 걸쳐 대대적으로 기습 공격한 전투로, 베트남전의 운명을 결정지은 전환점이 되었다. 베트남의 음력 설(뗏응우옌단tết nguyên đán)에 첫 공격이 시작되었기 때문에 '테트 공격'으로 불린다.

5   마이클 헤어는 마틴 쉰의 보이스오버 내레이션 대본을 담당했다.

6   20세기 초반 보드빌 무대와 브로드웨이, 그리고 할리우드에서 활약한 코미디 배우(1890~1977). 형들인 치코Chico와 하포Harpo, 동생들인 구모Gummo, 제포Zeppo와 더불어 막스 형제Marx Brothers로 활동했다(영화 데뷔작인 「유머 리스크」(1921)부터 「식은 죽 먹기」(1933)까지는 일찍 은퇴한 구모를 제외한 4형제로, 「오페라의 밤」(1935)부터는 제포가 빠진 3형제로 활동). 그라우초는 메이크업으로 그린 짙은 콧수염과 눈썹, 안경을 쓴 모습으로 상징되며 쉴 새 없이 쏟아 내는 대사와 탁월한 언어 유희로 유명하다.

하고 품위 있게" 이야기를 나누었다고 말했다.

헤어는 큐브릭의 목소리를 충분히 들었다. 그는 곧 이 감독이 자신에게 전화를 걸어 세상의 모든 것에 대해 몇 시간이고 이야기하기를 좋아한다는 사실을 알게 되었다. "언젠가 저는 1980년부터 1983년까지의 기간을 '가끔 중단되며 3년을 지속한 전화 한 통화'라고 묘사한 적이 있습니다." 나중에 헤어가 언급했다. "이봐, 마이클, 헤로도토스 읽어 본 적 있나? 거짓말의 아버지 말야."[7] 큐브릭은 이렇게 질문을 하거나 쇼펜하우어는 왜 그토록 비관주의자로 간주되는지 궁금해했다. "난 한 번도 그가 비관적이라는 생각을 해 본 적이 없어. 자네도 그렇지 않나, 마이클?" 이들은 오페라, 발자크, 헤밍웨이, 그리고 할리우드의 가십 전반에 이르는 이야기를 나누었다.

이들이 처음 대화-카를 융, 홀로코스트, 슈니츨러의 『꿈의 노벨레』와 다른 몇 가지 것들에 관한 이야기-를 나눈 다음 날 큐브릭은 달레산드로를 시켜 헤어에게 책 두 권을 보냈다. 슈니츨러의 중편 소설과 라울 힐베르크[8]의 『홀로코스트, 유럽 유대인의 파괴』(1961)였다. 그는 당시 홀로코스트에 대한 영화를 만들 생각을 하고 있었다. 큐브릭은 힐베르크를 읽으라고 몇 주에 한 번씩 헤어를 괴롭혔는데 결국 헤어가 말했다. "지금 당장은 『홀로코스트, 유럽 유대인의 파괴』라는 책을 읽지

---

7 기원전 5세기, 고대 그리스의 역사가인 헤로도토스는 페르시아의 전쟁사를 중심으로 당시의 지리, 풍속, 문화, 역사 등을 담은 『역사』(430 BC)를 썼다. 이후 로마의 문인이자 정치가인 키케로는 그를 '역사의 아버지'로 일컬었는데, 큐브릭의 말은 헤로도토스의 이야기에 담긴 과장과 왜곡을 그 별명에 빗댄 표현이다.

8 오스트리아의 유대인 집안에서 태어난 미국의 정치학자·역사가. 홀로코스트에 대한 탁월한 연구로 잘 알려져 있다.

않아도 될 것 같아요.""아냐, 마이클." 큐브릭이 대답했다. "자네가 지금 당장 읽지 않아도 되는 책은『홀로코스트, 유럽 유대인의 파괴 2』야."[9]

큐브릭과 헤어는 둘 다 베트남전 참전 용사 구스타프 하스포드의 1979년작 소설『쇼트타이머스』(베트남에서 복무 기간이 곧 끝나는 병사를 일컫는 속어)를 읽은 상태였다. 해병 제1사단의 종군 기자였던 하스포드는 헤어와 마찬가지로 구정 대공세에 휘말렸다. 그는 아직 베트남에 있는 동안 '전쟁에 반대하는 베트남 참전 군인회'에 가입했다. 본국으로 돌아온 후 그는 워싱턴주로 이주하여 그곳의 한 호텔 프런트에서 일하며 벌목꾼들의 입맛을 맞추어 주었다.[10] 그의 말에 의하면 그들은 "서로 싸우고는 데리고 온 볼품없고 아주 못생긴 매춘부들을 질질 끌고 갑니다. 이 일을 하면서 책을 읽을 기회가 많았어요. 너새네이얼 웨스트[11] 같은 거 있잖아요. 대략 3시가 지나면 벌목꾼들이 전부 술에 취해 뻗어 버리거든요."

하스포드는 마침내 LA로 가게 되었는데, SF 작가 할란 엘리슨의 집에 잠시 머무르다가 포르노 잡지의 편집자로 일했다. 하스포드는 부업으로 도서관에서 책을 훔쳐서 미국 서부와 관련된 책을 아주 많이 모아 놓고 있었다.[12] 큐브릭이 얀 할란을 통해『쇼트타이머스』의 영화화 권

---

9   『홀로코스트, 유럽 유대인의 파괴』는 두 권짜리 책이다.
10   미국 서북단에 자리한 워싱턴주는 제재업이 발달한 곳이다.
11   『미스 론리하트』(1933),『메뚜기의 날』(1939) 등으로 잘 알려진 미국의 소설가.
12   하스포드는 1985년 새크라멘토 공립 도서관에서 책 수십 권을 빌린 후 반납하지 않아 수배된 바 있으며, 1988년에는 미국 각지는 물론 영국과 호주의 도서관에서 훔친 1만 권에 이르는 책이 물품 보관 창고에서 발견되어 절도죄로 기소되기도 했다.

리를 샀을 때 하스포드는 경비원으로 일하며 자기 차에서 살고 있었다.

배불뚝이에 잔뜩 날이 서 있고 앨라배마 말씨를 쓰는 하스포드는 결국 헤어와 큐브릭과 함께 시나리오 작업을 조금씩 하게 되었지만 그의 별난 공격성은 그들과 잘 맞지 않았다. 하스포드가 큐브릭에게 보낸 난잡하고 기묘한 편지들은 감독을 조롱하다가 치켜세우다가 알랑거리는 재미있는 읽을거리다(한 편지에 그는 "마음을 담아, 프레드 C. 돕스 하스포드"[13]라고 서명을 했다).

큐브릭은 평소와 같은 방식인 전화 통화로 하스포드와 관계를 맺기 시작했다. 그는 일주일에 서너 번씩 하스포드에게서 베트남에 대한 정보를 집요하게 캐냈다. 하스포드의 말에 의하면 그들의 기나긴 대화는 여섯 시간 동안 이어졌다. 1983년 1월 한 친구에게 보낸 편지에 하스포드는 이렇게 썼다. "열두 번쯤 긴 이야기를 나눴는데 이제 스탠리하고 나는 서로 수류탄을 던지고 있는 것 같아. 스탠리에게 그가 베트남에 대해서 아무것도 모른다고 얘기해 줬지." 1985년 8월 그는 더 퉁명스러웠다. "스탠리가 나를 괴롭히고 협박하고 있어." 그다음 1986년 3월에 하스포드는 이렇게 썼다. "드디어 스탠리의 저 유명한 까탈스러운 손에서 촬영 대본의 사본을 빼냈어. 그건 99퍼센트 내 거야." 그의 말에 의하면 헤어와 큐브릭은 그의 책을 그저 "다시 타이핑"했을 뿐이다. 하스포드는 큐브릭에게 빌려주었던 전쟁터 사진들을 돌려 달라고 했으며 또한 시나리오 크레디트에 이름을 올려 달라고 요구했다(결국 그

---

13 프레드 C. 돕스는 존 휴스턴의 「시에라 마드레의 보물」에서 험프리 보가트가 연기한 주인공의 이름이다.

의 이름은 올라갔다).

하스포드의 돌발적 행동에 조금은 놀랐을 것이 분명한 큐브릭은 마치 할이 쓰기라도 한 것 같은 편지에서 그의 트레이드마크인 침착함을 내보였다. "당신의 편지에 속속들이 배어 있는 놀라울 정도의 객관성 결여"를 언급하며 큐브릭은 이렇게 썼다. "당신이 굉장히 실망했으며 기분이 상했다는 걸 잘 알았습니다. 그러지 않았으면 좋았겠지만, 그렇게 된 데에 진심으로 죄송하다는 말씀을 드립니다… 저는 우리가 적어도 이를테면 친구 같은 거라고 생각했습니다."

『쇼트타이머스』에서 성미 고약한 하스포드는 헤어와 큐브릭을 사로잡은 섬뜩한 수사법을 보여 준다. 그는 "죽음을 동반하는 미소는 추하다. 진실은 추악할 수 있고 전쟁은 아주 진실하기 때문에 전쟁은 추악한 것이다"라고 썼다. 지금은 절판된 이 소설은 무자비한 훈련 교관에게서 기초 훈련을 받은 후 "지옥shit" 즉 전쟁이 벌어지고 있는 베트남으로 보내지는 한 해병대원에 대한 이야기다. 하스포드가 쓴 이야기는 「풀 메탈 재킷」의 토대가 되었으며 영화 최고의 대사 중 일부는 그의 책에 담겨 있는 내용이다.

헤어와 하스포드는 지옥을 경험했다. 큐브릭은 군의 역사에 그토록 매료되어 있긴 해도 그런 경험이 전혀 없다. "저는 아주 운이 좋았습니다." 큐브릭은 자신이 전쟁을 겪어 보지 않은 데 대해 말했다. "매번 틈새로 빠져나갔어요. 2차 세계 대전이 끝났을 때 저는 열일곱 살이었고 한국 전쟁이 시작되었을 때는 결혼을 한 상태였죠. 지원할 수가 없었어요." 큐브릭은 그가 인정했듯 "공인된 겁쟁이"였다. 「2001 스페이스 오디세이」의 '인류의 여명' 촬영장에서 그는 배우들이 영장류 의상 속에서 납덩어리 같은 땀을 흘리는 동안 표범이 우리에서 나와 유인원들을 공격하는 장면을 찍었다. (여기서 큐브릭이 말하고자 하는 바를 알 수 있다. 트라팔가르 해전이 벌어지는 동안 넬슨 제독은 갑판에 나와 있어야만 했을까?[14])

큐브릭은 심할 정도로 위험을 회피하려는 성격이었지만, 그는 군의 역사를 좋아했다. 부분적으로 그 이유는 전쟁이 체스와 마찬가지로 위험 요소의 관리를 필요로 하기 때문이다. 병사들은 거대한 게임에서 개인이 아닌 전투 기계의 일부로서 졸이 된다. 「영광의 길」, 「스파르타쿠스」, 그리고 「닥터 스트레인지러브」는 모두 전쟁에 관한 작품들이었고 「배리 린든」에는 탁월한 전투 장면이 담겨 있었다. 「풀 메탈 재킷」은 이제껏 나온 큐브릭의 작품 중 가장 대담한 전쟁 영화가 될 터였다. 이 영화에서 그는 군대가 전략적 목적을 위해 어떻게 인간을 개조하는지를 충분히 탐구했다. 큐브릭의 「나폴레옹」 시나리오는 이런 주제를 피하고 러시아 전투에서의 엄청난 대학살을 중요치 않게 생각했다. 그러나 큐브릭의 베트남 영화는, 2차 대전 기간보다 더 많은 폭발물이 투하되었으며 시민들이 "자유 사격 지역"에 있는 한 만만한 사냥감이던, 그리고 얼빠진 관료 조직이 살상률을 이야기하고 마을들을 달래어 살인과 파괴라는 잔인한 사실을 덮어 감춘 그런 전쟁의 부조리를 다룰 것이었다.

베트남 전쟁 기간 큐브릭은 정치적 편파성을 띤 다른 모든 경우에

---

14 호레이쇼 넬슨 제독이 이끌던 영국의 해군은 나폴레옹 전쟁 중이던 1805년 10월 21일, 스페인 남서쪽 트라팔가르 곶에서 프랑스와 스페인 연합 함대에 맞서 싸워 대승을 거두었다. 그러나 넬슨은 승리 직전 프랑스의 수병이 쏜 총에 맞아 전사한다.

그랬듯 평화 운동과 거리를 두고 있었다. 1968년, 미국이 베트남에서 철수하면 좋겠느냐는 질문을 받았을 때 그는 그저 "그럼요"라고만 했다. 그의 관심을 끈 것은 미국의 제국주의에 대한 교훈 같은 게 아니라 명백하게 무익한 광기와 같은 설명할 수 없는 전쟁이었다.

「풀 메탈 재킷」에서 러스트호그 분대의 해병들은 왜 베트남에 왔는지에 대해 촬영팀과 인터뷰를 할 때 회의적이다. 그들은 자유를 위해 싸우는가? "한 가지를 위해 죽는다고 한다면 그 단어는 섹스[15]입니다." 그들 중 가장 거침없이 무자비한 애니멀 마더가 발언한다. "미국이 베트남에서 싸워야 한다고 생각하냐고요?" 다른 해병이 골똘히 생각하며 말한다. "모르겠습니다. 하나는 말할 수 있어요. 나는 베트남에서 싸우고 있습니다." 이 말은 영화에서 더없이 뛰어난 대사라 할 수 있다. 해병들은 자신들을 둘러싼 무질서와 혼란이 마음에 스며든 이후 이상하게도 편안함을 느낀다.

큐브릭은 「풀 메탈 재킷」의 주인공인 조커 역할을 스물일곱 살의 매튜 모딘에게 맡기기로 했다. 그는 앨런 파커의 「버디」(1984)에서 베트남전 참전 용사 역을 맡은 모딘을 마음에 들어 했다. 모딘에게는 연기 학교 시절 알게 된, 경비원으로 일하고 있던 빈센트 도노프리오라는 친구가 있었다. 영화계에서 초짜인 도노프리오는 훈련 담당 하사관에게 괴롭힘을 당하는 불운한 신병인 파일 이병 역할을 맡았다. 퇴역 해병 훈련 교관인 리 어미는 원래 영화의 기술 고문으로 고용되었지만 서서히 배역 속으로 들어가 불안감을 주는 완벽한 연기를 펼쳤다. 큐브릭은 그

---

15   poontang: 성교, 여성의 성기 혹은 섹스 대상으로서의 여자를 의미하는 속어.

를 이렇게 표현했다. "제 말은 리가 그러니까, 세상에서 가장 위대한 배우처럼 훌륭한 배우라는 게 아니라, 세상에서 가장 위대한 배우도 그 역할에 있어서는 리보다 더 잘할 수 없다는 겁니다."

「풀 메탈 재킷」의 촬영은 1985년 8월 말에 시작되어 11개월간 계속되었다. 첫 45분 이후 영화 전체를 차지하는 베트남 장면은 대부분 런던 근교 벡턴에 있는, 철거 예정인 폐허가 된 가스 공장에서 촬영되었다. "우린 건물을 폭탄으로 날려 버려도 된다는 허락을 받았죠." 큐브릭이 인터뷰어에게 말했다. "철거 책임을 맡은 사람들이 일주일 동안 거기 나와 있었어요. 어느 일요일에는 영국 가스 공사의 임원들이 전부 가족들을 데리고 와서는 우리가 그곳을 폭파하는 걸 지켜봤습니다. 장관이었죠." 야자나무는 북아프리카에서 가져왔다. 큐브릭과 제작진은 베트남 잡지에 실린 여러 광고를 검토해 그것들을 후에Huế 거리의 베트남 벽화를 만드는 데 사용했다. 그사이에 배우-신병-들은 점점 더 맹렬해졌다. 그들은 해병대가 되어 가기 시작했다. 정확히 열을 맞추어 행군하고 뛰었으며 소총을 가지고 훈련을 했다. 이 모든 건 어미가 가르쳤는데, 그는 그들에게 기진맥진하도록 훈련을 시켰다.[16] 배우들은 해병대가 되었다.

도노프리오와 모딘은 큐브릭의 트레일러에서 아이디어를 논의하며 몇 시간을 보냈다. "대부분의 경우 그는 우리에게 현장을 보지 못하게 했어요. 그래서 우리는 트레일러 안에서 대본 작업을 했죠. 아주 많이요." 도노프리오는 큐브릭이 두 젊은 배우를 어떻게 보호했는지 회상

---

16 리 어미는 실제로 해병대에서 훈련 교관을 했으며 베트남전 참전 경험을 가지고 있다.

했다.

　　매튜와 저는 매주 토요일 밤마다 영화를 보러 그의 집에 갔습니다… 우선 크
리스티안과 딸들과 함께 저녁을 먹습니다. 술도 많이 먹었어요. 스탠리는 수류
탄처럼 생긴 저 작은 하이네켄을 좋아했죠. 그러고 나서 그는 영화를 상영합니
다. 영사기가 두 대 있었는데 스탠리가 직접 릴을 끼워요. 스탠리는 무척 다정
했어요. 어떤 질문이든 편하게 할 수 있게 해 주었죠. 우리가 알고 싶은 무엇이
든 말해 주었고요. 그에게서 정말 많은 걸 배웠습니다. 우디 앨런과 스필버그의
영화도 보여 주었어요. 그는 「카이로의 붉은 장미」, 「애니 홀」, 「맨해튼」 같은 영
화를 좋아했는데, 특히 초기 우디 앨런을 좋아했죠. 그는 스필버그의 열혈 팬이
었습니다. 스코세이지에 관해서는 그가 「분노의 주먹」에 대한 얘기를 하는 것
만 들어 봤네요. 그는 열성적인 권투 팬이었거든요.

　　「풀 메탈 재킷」에서 모딘은 투지는 있지만 다소 점잔을 빼는데, 큐브
릭은 반항적이지도 열성적이지도 않은 불확실한 캐릭터에 의지한다.
모딘은 촬영 기간에 가끔씩 마음이 편치 않았다. 모르몬교 가정에서 자
라고 이제 막 결혼했던 그는 큐브릭이 나중에 편집해 잘라 낸 섹스 장
면에서 자신과 매춘부를 연기한 파필론 수 수 사이에 수건을 넣어 달
라고 요구했다. (그는 수 수가 무표정한 얼굴로 유혹하는 유명한 "나 아주 끝내줘.
나 당신 오래오래 해 줄게Me so horny, me love you long time" 장면은 남겨 뒀다.)

　　사우스캐롤라이나주의 패리스 아일랜드에 있는 해병대 신병 훈련소

를 배경으로 한「풀 메탈 재킷」의 첫 시퀀스는 경직되고 암담하며 가혹한 공격성으로 가득 차 있다. 훈련 교관 하트먼의 얼굴은 "구더기들", 즉 신병들에게 아주 가까이 다가온다. 그는 큰 소리로 모욕을 주고 사내들을 "호모 새끼들", "계집애 같은 놈들"이라고 맹비난한다. 하트먼이 그들을 사납게 질책할 때 아주 부드러운 이동 촬영이 이 구더기들을 훑는데, 그들은 큐브릭의 가학적 카메라 앵글에 갇힌다.

영화의 이 첫 번째 파트는 하트먼이 "내 사랑 해병대"라고 부르는 보다 큰 하나의 본체에 완벽하게 어우러지게 될 인간을 만들어 내는 내용이다. 분명 그 역할을 즐기는 하트먼은 파일이 자신의 이상적인 먹잇감이라는 걸 알게 된다. 굼뜨고 우둔한 파일 이병은 젤리 도넛 같은 배를 지닌 애벌레처럼 보인다. 그는 기초 훈련으로 인해 헛소리를 하는 자동인형, 즉 섹션 에이트Section 8(정신 질환으로 인한 의병 제대 대상자)가 된다.

큐브릭은 군가를 부르는 장면들을 탁월하게 묘사한다. 신병들이 구보하며 구호를 외칠 때 스테디캠은 부드럽게 땅을 뒤덮는다. "잘 모르겠지만 얘기는 들었지 / 에스키모 계집은 정말 차갑다고." (에스키모 계집은 곧 죽음을 뜻한다.) 전쟁의 성적인 목적은 다른 누군가를 쏘아 죽이는 거지만 병사 자신의 죽음 또한 항상 눈앞에 있다. "내가 전장에서 죽으면 / 나를 관에 넣어 고향으로 보내 주오 / 내 가슴에 훈장을 달고 / 엄마에게 나는 최선을 다했다고 전해 주오."

큐브릭은 폭력이 어떻게 우리 존재의 기초가 되는지 다시 한번 깊이 생각하고 있었다.「풀 메탈 재킷」의 기초 훈련 부분은「시계태엽 오렌지」의 〈싱잉 인 더 레인〉처럼 뮤지컬 코미디와 같은 행동으로 무자비함을 뒷받침해 준다. 「2001 스페이스 오디세이」의 '인류의 여명'은 유인원들이 경쟁자의 시체를 번갈아 가며 뼈로 때릴 때 그 자체의 기초훈련, 블랭킷 파티[17]가 생긴다. 이 세 영화에서 사악함은 인간성을 개편한다.

「풀 메탈 재킷」에서 큐브릭은 완전히 터무니없는 신학으로 해병대의 복음을 지원해 준다. 하트먼은 성탄절 설교에서 종교적 신념을 너무도 진지하게 패러디한다. "하느님은 해병대하고 한번 하고 싶어 안달이 나 있다. 우리가 닥치는 대로 죽여 버리기 때문이지! 신은 자기 식으로 하고 우린 우리 식으로 한다! 이토록 강력한 힘을 주신 데 대해 감사를 표하기 위해서 우린 천국을 싱싱한 영혼들로 가득 채워 주는 거야." 해병과 그가 죽이는 이들은 「닥터 스트레인지러브」에서 핵무기로 인한 대학살의 희생자들처럼 소모품이지만 부대는 영원 불변의 현실이다. 여기 하트먼이 자리한다. "해병은 죽는다. 그게 우리가 여기 있는 이유다. 그러나 해병대는 영원하다. 그리고 그건 너희들이 영원하다는 뜻이다."

큐브릭은 깜짝 놀랄 만한 장면으로 기초 훈련 시퀀스를 끝맺는다. 한밤중에 조커는 신병 화장실에서 이제 완전히 정신이 나간 파일을 발견한다. 이 화장실은 「샤이닝」에서 잭이 오버룩의 옛 관리인 그레이디와 면담을 나누는 강렬하고 붉은 화장실에 견줄 수 있는, 「풀 메탈 재킷」의 유일한 초현실적 공간이다. 파일은 자신의 소총에 소심하게 집착하

---

17   잘못을 저지른 대상자에게 담요를 뒤집어씌우고 마구 폭행하는 군대 내 체벌. 「풀 메탈 재킷」에서 파일 이병은 동료들에게 블랭킷 파티를 당한다.

게 되었다. 노먼 베이츠[18]나 잭 토랜스의 경우처럼 이는 광적인 파멸로 이어지는 조심스러운 항문기의 성격이다. 큐브릭의 영화에서 항상 볼 수 있는 미쳐 간다는 것은 통제력을 잃고 통제를 받고 모든 걸 자기 뜻 대로 하려는 통제광이 된다는 뜻이다. 그것은 하트먼의 말처럼 "심각한 기능 장애"다.

화장실 장면 촬영 전날 밤에 큐브릭은 도노프리오에게 말했다. "거만하게 해야 한다는 걸 명심해, 론 체이니처럼." 공교롭게도 도노프리오는 며칠 전에 체이니가 나오는 무성 영화를 봤고, 자신이 조커와 하트먼을 쏘아볼 때 체이니의 공포 어린 음흉한 눈초리를 모방했다. 큐브릭은 도노프리오에게 「닥터 스트레인지러브」 스타일의 그로테스크한 걸 원했으며 그걸 얻었다.

어미가 회상했다. "그 화장실의 조명 작업에만 일주일이 걸린 거 아시죠?" 이 화장실은 패리스 아일랜드나 지구상의 다른 어느 곳에 있는 화장실과도 다르게 초현실적인 푸른 빛으로 물들어 있다. 우리는 꿈결 같은 공간, 큐브릭의 중간 지대에 들어섰다. 파일은 「시계태엽 오렌지」 첫 장면의 알렉스처럼 우리를 노려보는데, 알렉스가 넘쳐흐르는 악의로 오싹하게 했다면 파일은 구부정한 몸을 하고 활기 없이 헛소리를 지껄이는 얼간이의 백치 같은 얼굴로 위협한다.

"이 자식들, 내 화장실에서 뭐하고 있는 거야?" 조커와 파일이 화장실에 있다는 걸 알고 하트먼이 소리친다. 그들이 그의 화장실에 있다는

---

18 로버트 블록의 1959년작 소설, 이를 원작으로 한 앨프리드 히치콕의 1960년 영화 「사이코」에 등장하는 주인공.

건 다시 말해 해병대를 향한 하트먼의 강하고 순수한 헌신을 오염시킨다는 의미다. 파일은 평상시처럼 흰색 티셔츠와 사각팬티를 입고 있다. 그는 장전된 총을 들고 있다. "무슨 말도 안 되는 짓거리야?" 하트먼은 고함을 치지만 그의 강철처럼 단단한 초자아는 문제아 파일이 그의 가슴을 쏴 버리며 최후를 맞는다. 조커는 자신이 다음 차례라는 생각에 두려워하지만 파일은 변기에 맥없이 앉아 입을 벌리고 총구를 자신의 입으로 향한다. 방아쇠를 당기자 그의 머리 뒤로 뇌가 터져 나온다. 이제 우리는 베트남으로 떠날 준비가 되었다.

「풀 메탈 재킷」은 꼼꼼한 소나타와 같은 구조를 가지고 있다. 10대 베트남인 저격수가 등장하는 마지막 20분은 초반의 40분짜리 기초 훈련 에피소드와 짝을 이룬다.

더 자세히 얘기하자면, 이 영화는 이렇게 나뉜다.

패리스 아일랜드에서의 기초 훈련 40분

화장실 장면 5분

저격수와 맞닥뜨리기 전까지 베트남에서 조커와 다른 해병대원의 이야기 45분

저격수 장면 20분

해병대원들이 〈미키 마우스 행진곡〉을 부르고 조커의 보이스오버가 흐르는 종결부 2분[19]

---

19 저자는 영화의 1부에 해당하는 패리스 아일랜드 시퀀스를 기초 훈련 20분·화장실 장면 2분으로 이야기하고 있다. 그리고 이에 기초하여 영화의 구조를 22분-45분-22분으로 보고 제시부-발전부-재현부(그리고 종결부)라는 소나타 형식에 빗대어 비교를 한다. 이는 원저자와 편집자의 실수

단편적인 사건들을 중심으로 전개되는 베트남 파트에서 전체적 얼개를 보기는 쉽지 않다. 이는 의도된 것이다. 기초 훈련은 엄격히 통제된 집단 광기라는 그 형식에 있어 철저하고 빈틈이 없다. 그러나 전쟁이란 통제되지 않는 무모함을 의미한다. 영화의 나머지 부분에서 한 번도 언급되지 않는 하트먼과 파일의 죽음 이후 광기는 패리스 아일랜드 시퀀스에서처럼 열렬하고 과장되기보다는 일상적인 것이 된다. 모든 것이 무너지고 속속들이 알 수 있는 건 바로 이 혼돈뿐이다. (작가 필 클레이는 이런 농담을 던진다. "백열전구를 끼우는 데 베트남 참전 용사가 몇 명이나 필요할까?" "당신은 모를 것이다. 거기 없었으니까.")

큐브릭이 기초 훈련 파트에서 흰색 속옷을 입은 채 차렷 자세로 줄지어 선 신병들과 함께 이룬 극적이고 꿈결 같은 조화는, 영화를 앞으로 나아가게 할 뚜렷한 플롯이 없는 일련의 개별적 에피소드로 대체된다. 여기 묘사된 해병들처럼 「풀 메탈 재킷」의 후반부는 이야기의 측면에서 다소 방향을 잃은 듯 보이지만, 사실 큐브릭은 모든 연막탄 폭발과 모든 트래킹 숏을 장악하고 있다. 거장의 시선이나 의식적 아름다움이 보이지 않는 전투 중의 하늘은 정확하게 자리한 불길과 연기 구름으로 타오른다.

한결같이 장난기를 띤 조커는 이 모든 것, 완전히는 아니지만 이 지옥 깊은 곳의 중심에 서 있다. 이사크 바벨의 단편 『내 첫 번째 거위』[20]

로, 1부의 러닝 타임은 22분이 아닌 45분이고 「풀 메탈 재킷」의 상영 시간은 엔딩 크레디트를 포함해 116분이다. 러닝 타임의 오류는 번역을 통해 수정했다.

20   러시아의 작가 이사크 바벨이 1920년 폴란드-소비에트 전쟁에 기병대 종군 기자로 참전해 경험한 일을 바탕으로 쓴 단편집 『기병대』(1926)에 수록된 단편 소설. 화자는 안경을 썼다는 이유로 자신을 무시하는 동료들에게 용기를 보여 주기 위해 거위를 잔혹하게 죽인다.

의 서술자인 류토프의 안경처럼, 조커의 금테 안경은 애니멀 마더(애덤 볼드윈) 같은 더 억센 남자들에게 무시당하기 쉬운 유약함을 상징한다. 애니멀 마더의 헬멧에는 오펜하이머가 크리슈나를 인용하여 했던 "나는 죽음의 신이 되었다"[21]라는 말이 그대로 쓰여 있다. 바벨의 이야기에서 안경을 쓴다는 것은, 코사크인의 준비된 야수성과 정반대인 양면적 가치라는 부담을 진 유대인임을 알리는 규범과도 같다. 애니멀 마더는 몽롱하고 무감각한 텅 빈 시선을 하고 있다. 그는 우리가 감당할 수 없는 형언하기 어려운 문제의 핵심에 주의를 기울인다. 반면 조커는 여전히 불확실성에 민감하다. 그의 마음은 아직 얼어붙지 않았다.

큐브릭은 영화의 마지막 장면에서 조커의 양면성을 정점에 이르게 한다. 낮은 벽 뒤에 떼 지어 모인 분대는 폐허가 된 건물이 군집한 곳에 있는 저격수의 표적이 되고 있다. 나쁜 마법에 걸려들기라도 한 것처럼, 이들은 하나씩 저격수가 쳐 놓은 덫에 걸려든다. 해병대는 저주를 받았다. 이곳은 그들의 오버룩 호텔이다.

큐브릭의 가장 탁월한 장면 중 하나인 「풀 메탈 재킷」의 저격수 시퀀스는 그렇게 시작한다. 제이 콕스는 영화의 이 파트가 소규모로 제작된 사무엘 풀러의 한국 전쟁 고전 「철모」(1951)처럼 "그 단순함으로부터 인정사정없는 긴장을 끌어낸다"고 언급한다. 여기서 큐브릭은 "아

---

21 I Am Become Death: 2차 세계 대전 당시 진행된 원자 폭탄 개발 프로젝트 '맨해튼 계획'의 중심인물이던 미국의 이론 물리학자 로버트 오펜하이머는 '원자 폭탄의 아버지'로 알려져 있다. 1945년 뉴멕시코주에서 첫 원자 폭탄 폭파 시험이 성공적으로 끝났을 때 그는 힌두교의 경전 『바가바드기타』의 구절을 떠올렸다. 비슈누 신은 왕자에게 의무를 다하라고 설득하며 이렇게 말한다. "이제 나는 세상의 파괴자, 죽음의 신이 되었다."

주 명확하고 꼼꼼하며 전혀 꾸밈이 없다"고 콕스는 말을 잇는다. 페킨파처럼 그는 저격수가 해병을 차례차례 쏘아 피가 분수처럼 분출되어 나올 때 슬로 모션을 사용한다. 압박감은 견딜 수 없을 지경이다. "그리고 이는 민간 항공기에 탑승하는 것이 생사가 걸린 문제라고 생각하는 누군가[22]로부터 온 것이다." 콕스가 경탄한다. 분대장인 카우보이가 저격수의 총에 맞아 죽을 때 큐브릭은 죽어 가는 사람 주위에 모여든 해병대의 마스터 숏[23]을 유지한다. 감정에 빠져든 클로즈업은 여기에 없다. 카우보이를 훌륭하게 연기한 알리스 하워드는 그들의 품에 안겨 죽는다.

이제 카우보이의 죽음보다 더 강력한 엄청난 충격이 남아 있다. 저격수는 10대 소녀였다. 그녀는 몸을 돌려 미친 듯 총알을 퍼붓는다. 그러는 동안 조커는 존 포드의 「리버티 밸런스를 쏜 사나이」(1962)에 나오는 지미 스튜어트처럼 더듬거리며 총을 찾는다.

그때 래프터맨(케빈 하워드가 조커와 대비되는 열성적인 풋내기를 연기한다)이 저격수를 쏜다. 해병대원들에 둘러싸인 채 서서히 죽어 가는 그녀는 자신을 죽여 달라고 애원한다. 조커는 망설이다가 결국 그녀의 부탁을 들어준다.

조커가 저격수를 쏜 것에 대한 최고의 논평은 「풀 메탈 재킷」 훨씬 전에 헤어가 『급보』에 쓴 내용이다.

---

22   비행기 타기를 두려워했던 스탠리 큐브릭을 의미한다.

23   master shot: 모든 등장인물을 한 화면에 담아 촬영한 장면.

문제는 당신이 본 것이 무엇인지, 이후 어쩌면 몇 년 후까지도 항상 몰랐다는 점이었다. 그 대부분은 절대 알 수 없는 것들로, 당신의 두 눈에 저장되어 있을 뿐이다. 시간과 지식, 로큰롤, 인생 자체, 정보는 얼어붙지 않는다. 어는 건 당신이다.

가끔씩 나는 교전이 1초가 걸렸는지 한 시간이 걸렸는지 혹은 꿈을 꾸거나 그런 것이었는지 알 수가 없었다. 전쟁에는 당신이 대부분의 시간을 뭘 하는지 정말 모르고 그저 예의 바르게 행동할 뿐인 다른 삶보다 많은 게 있다. 그리고 나중에 당신은 기분이 좋았거나 나빴거나, 좋아했거나 싫어했거나, 이렇게 했거나 저렇게 했거나, 옳은 일이거나 잘못된 일이거나 말하고 싶은 어떤 헛소리든 지어낼 수 있다. 그럼에도 이미 벌어진 일은 벌어진 것이다.

조커가 총을 쏘기 직전과 직후에 그의 눈을 보라. 「2001 스페이스 오디세이」에서 데이브가 살의를 품은 할에게 이야기할 때처럼 모든 게 그 시선에 담겨 있다. 늘 그렇듯 장난스러운 조커는 그보다 앞서 뉴스 팀에게 자기가 "동네에서 제일 먼저 공인된 살인을 하고" 싶었다고 말한다. 이것은 그의 공인된 살인이요 두개골에 새겨진 눈금과 같은 주목할 만한 성과다. 후에 가슴에 총을 맞는 하트먼은 기초 훈련 도중 "너희들의 소총은 도구일 뿐, 사람을 죽이는 건 냉혹한 마음이다"라는 요점을 강조한다. 조커는 냉혹한 마음과 더불어 동정심으로 살인을 한다.

영화의 놀라운 에필로그가 이어진다. 그들이 만들어 낸 황무지, 어두운 황야에 불이 화려하게 타오를 때 해병대원들은 「미키 마우스 클럽」[24]의 주제가를 부른다. 그리고 조커의 목소리가 흐른다. "내가 살아 있다는 사실, 온전한 몸에 제대도 얼마 안 남았다는 사실이 무척 행복하다. 나는 지옥과 같은 곳에 있다. 그래. 하지만 나는 살아 있다. 그리고 두렵지 않다."

어쩌면 와일드 카드[25]인 조커는 이 마지막 독백에서 농담을 하고 있는지도 모른다(농담만 하는 건 아니지만). 그가 정말로 이 지옥 같은 곳에서 행복하고 만족한 건지는 알 수가 없다. 그의 입문식은 끝났고, 그는 역사가인 리처드 슬로트킨이 "폭력을 통한 소생"이라 일컬은 것을 달성하거나 혹은 그렇다고 이야기한다. 큐브릭은 하스포드의 『쇼트타이머스』에 대해 이렇게 말했다. "조커가 이토록 살아 있다는 걸 느껴 본 적이 없다고 말할 때의 당당한 솔직함이 좋습니다." 그러나 영화에서 살아 있음을 표방하는 조커의 말은 아이러니로 가득하다. 조커는 더 이상 두렵지 않다고 말하는데, 이것은 파일이 하트먼과 자기 자신을 쏠 때 두려워하지 않은 것과 비슷한 것일지도 모르겠다. 당장은 그가 파일과 달리 완전히 제정신으로 보이지만, 반대로 여기는 베트남이고 앞으로 어떻게 될지는 아무도 모른다.

큐브릭은 이 젊은이들이 TV 앞에 앉아 있는 어린이였던 때로부터 불과 7~8년밖에 되지 않았다는 걸 깨달았기 때문에 「미키 마우스 클럽」의 노래를 사용했다고 말했다. 폐허가 된 지역을 행진하는 해병대

---

24 1955년부터 1996년까지 ABC TV, 디즈니 채널 등을 통해 간헐적으로 방영된 버라이어티 쇼 프로그램. 'M-I-C-K-E-Y M-O-U-S-E!'라는 구호가 담긴 오프닝 테마 〈Mickey Mouse March〉는 50년대 진행자였던 지미 도드가 작곡했다.

25 스포츠 게임에서 정규 선수나 자격을 갖춘 선수가 아니지만 특별히 출전이 허용된 선수.

원들은 다시 소년이 된 것 같다. 저격수의 공격이라는 재앙으로부터 부활했다는 사실을 즐기는, 총알에 죽을까 걱정하는 게 아니라 이제 섹스할 생각을 하는 천진난만한 사내들 말이다. 그래, 그들은 치유되었다. 과연 그럴까?

평론가 게오르그 세슬렌은 이 결말이 영화에서 "최고의 하이 코미디이자 가장 깊은 절망의 순간"이라고 말한다. 세슬렌은 그중에서도 가장 슬픈 사실이 여기 있다고 덧붙인다. 전쟁의 "광기를 간직한 자유로운 정신이 영원히" 지속된다는 점이다.

이 결말에서 조커는 내내 그랬듯 홀로 떨어져 있다. 「풀 메탈 재킷」은 전형적인 전쟁 영화와는 다르다. 이 영화는 동지애가 아니라 고립에 관한 작품이다. 이것은 「유황도의 모래」[26](큐브릭의 영화에서 조롱 섞인 농담의 대상) 같은 할리우드의 전형적인 전쟁 영화에 대한 큐브릭의 일격이다. 큐브릭의 작품은 테런스 맬릭 감독이 병사들을 그들의 마음속에 고립시킨 「씬 레드 라인」(1998)의 전조와도 같다. 「풀 메탈 재킷」에서 큐브릭이 보여 준 무관심해 보이는 우아함은 재닛 매슬린이 바그너보다는 모차르트에 가까운 맬릭의 "천부적 중대성"이라 일컬은 것과 대조를 이루긴 하지만 말이다.

완벽주의자 큐브릭에게 그렇게 섬세하게 계획된 고전적 특성은 많은 작업을 필요로 했다. 큐브릭이 배우와 세트뿐만 아니라 연막탄 폭발에 딱 맞아야만 하는 날씨까지 면밀히 살폈기 때문에 아주 사소한 부

---

26 2차 대전 당시 유황도(이오지마) 전투를 배경으로 해병대의 이야기를 다룬 앨런 드완(1885~1981) 감독, 존 웨인 주연의 1949년 영화.

분도 중요했다. 일몰 하나하나, 구름의 모양 하나하나까지도 딱 맞게 보여야 했다. 이렇게 하려니 몇 시간이고 며칠이고 기다려야 했다. 큐브릭은 「풀 메탈 재킷」에 어느 때보다 더 많은 시간이 든다는 걸 강조했다. 워너브라더스의 4인방인 프랭크 웰스, 테드 애슐리, 존 캘리, 그리고 테리 세멜은 그가 원하는 만큼 천천히 자신의 방식으로 일을 하도록 허용해 주었다. 도노프리오는 「풀 메탈 재킷」의 촬영장에서 큐브릭이 얼마나 세심했는지 회상한다. 배우들은 가끔씩 안절부절못했다.

그는 그저 크레인에 앉아 렌즈를 들여다보며 무엇을 할지 생각했습니다. 때마다 구름을 바라보고 모든 걸 파악하곤 했죠. 그런데 한번은 스탠리가 저기 크레인 위에 앉아 있고 땅바닥에는 엑스트라 300명이 모두 노란 타이어에 앉아 대기하고 있었습니다. 아무 말도 없이요. 스탠리는 대략 30미터 위 크레인에 있고 우리는 거기 한 시간쯤 앉아 있었어요. 지역 토박이가 하나가 그에게 이렇게 말하며 욕을 퍼붓기 시작했어요. "크레인에서 내려와!" 그러자 테리 니덤이라는 훌륭하고 멋진 친구(큐브릭의 조감독)가 우리에게로 와서 말했습니다. "좋습니다. 누가 얘기했든 들어 봐요. 여러분에게 이런 기회는 두 번 다시 없을걸요. 여러분은 스탠리 큐브릭과 일을 하고 있단 말입니다. 그러니 조심하세요. 아무 말도 하지 말고요." 테리는 가고 스탠리는 저 위에서 계속 일을 하고 있었어요. 그런데 누가 또 말을 했어요. "빌어먹을 크레인에서 내려오라고!" 이번에는 스탠리가 내려왔어요. 그는 목을 가다듬고 말했죠. "좋아. 누구야? 어떤 자식이 얘기했어?" 그러자 뒤쪽에서 목소리가 나옵니다. "내가 스파르타쿠스다." 그리고 또 다른 목소리가 들려요. "내가 스파르타쿠스요." 300명의 엑스트라가 웃음을 터뜨렸죠. 스탠리도 마찬가지였고요.

　"스탠리가 왜 기다렸는지는 전혀 모르겠어요." 도노프리오가 말했다. 「풀 메탈 재킷」은 올리버 스톤의 「플래툰」이 개봉하고 6개월 후인 1987년 6월에 개봉되었다. 스톤의 영화는 엄청난 돈을 벌었는데, 제작비 800만 달러에 미국 내 총수익이 1억 3,850만 달러였다. 제작비 1,700만 달러가 든 「풀 메탈 재킷」은 개봉 후 첫 두 달 동안 3,800만 달러를 거둬들였다. 이 정도면 나쁘지 않았지만 스톤의 대히트에 뒤이어 나온 바람에 「풀 메탈 재킷」은 피해를 입었다.

　사실 큐브릭과 스톤은 서로 반대되는 주장을 펼치는데, 스톤은 큐브릭이 거부하는 전통적인 할리우드식 카타르시스를 제공해 준다. 큐브릭의 영화는 「플래툰」과 대립적인 작품이다. 스톤의 영화에 흐르는 엄숙한 보이스오버 내레이션 또는 베트콩의 총에 맞아 십자가에 못 박힌 듯 양팔을 뻗은 일라이어스(윌렘 대포)를 그리스도의 모습처럼 너무도 분명하게 상징적으로 묘사한 걸 생각해 보라. 장엄한 것을 좋아하는 스톤의 취향은 큐브릭의 절제된 태도와 대조를 이루는데, 양쪽 다 풍자적이고 민감하다.

　「플래툰」, 「지옥의 묵시록」 또는 마이클 치미노의 「디어 헌터」(1978)와 같은 스케일 큰 영웅적 드라마 대신 「풀 메탈 재킷」은 소심하고 평범한 인물을 다룬다. 의미심장하게도 조커는 저격수를 죽일 때 자신이 한 행위를 계속 바라본다. 우리는 파일의 광기 어린 시선에서 애니멀 마더의 텅 빈 시선을 거쳐 조커가 뜨고 있는 새롭게 성장한 눈으로 옮

겨 왔다. 그렇지만 너무도 평범하게 행복한 삶을 이야기하는 에필로그
는 조커가 자신의 학살 행위로부터 도망친다는 걸 암시한다.

큐브릭의 마지막 영화 「아이즈 와이드 셧」 또한 찾기에 관한 작품이
될 것이다. 여기엔 조커와 마찬가지로 자신이 얼마나 과감히 많은 걸
봐야 하는지 혹은 얼마나 알고 싶어 하는지 확신하지 못하는 또 다른
버전의 소년 같은 주인공이 등장한다. 「풀 메탈 재킷」처럼 「아이즈 와
이드 셧」은 성숙해진다는 것에 대한 영화이며, 이 두 작품에서 큐브릭
은 무슨 일이 일어났고 무엇을 했으며 무엇을 보았는지를 자유로운 성
인의 정신이 어떻게 여기는지 묻는다.

9
영화로 만들기가 두렵다:
「아이즈 와이드 셧」

큐브릭은 1987년 「풀 메탈 재킷」부터 1999년 「아이즈 와이드 셧」까지 12년 동안 영화를 만들지 않았다. 그는 칠릭베리에 행복하게 안주하여 어린 손주들, 카타리나와 안야의 아이들과 바쁜 나날을 보내고 있었다. (1985년 그의 첫 손주가 태어났고 같은 해에 부모님 두 분이 모두 돌아가셨다.) 중년기의 끝에서 큐브릭은 자신이 다음에 어떤 영화를 만들고 싶은지를 골똘히 생각하고 있었다. 그는 자신의 옛 영화들을 관리하는 데에 심혈을 기울였다. 큐브릭과 비탈리는 큐브릭이 가지고 있던 프린트의 프레임 하나하나를 니콘 카메라로 촬영하여 「닥터 스트레인지러브」를 복원했다. 큐브릭은 여느 때처럼 많은 고양이와 개 들과 어울리며 그중 하나가 병이라도 날까 끊임없이 노심초사했다. 그는 자주 잔디밭으로 내려가 크리스티안이 그림 그리는 걸 지켜보곤 했다. 그녀가 그린 큐브릭의 초상에는 무릎에 책을 펴고 독서에 몰두해 있는 그의 모습이 자주 등장한다. "저는 말 그대로 서점에 들어가서 눈을 감고 책장 칸을 비웠습니다." 큐브릭이 『롤링 스톤』의 인터뷰어에게 말했다. "책을 읽다가 마음에 안 들면 다 보지 않아요. 하지만 저는 깜짝 놀라는 걸 좋아합니다."

큐브릭은 새로운 영화를 열심히 챙겨 봤고 전화로 할리우드의 가십을 놓치지 않았다. "아는 것이 힘이죠." 에이전트 샌디 리버슨은 큐브릭의 전화 습관에 대해 말하며, 큐브릭은 추잡한 세부 내용을 알려고 하지는 않았지만 업계에서 벌어지는 중요한 일은 전부 알아야 했다고 덧붙였다. 워너브라더스의 간부 스티브 사우스게이트의 언급에 의하면 큐브릭은 "전 세계 모든 나라에서 영화 산업이 어떻게 돌아가는지 알았던 유일한 사람이었으며, 더빙을 하는 모든 사람들, 더빙 감독과 배우·성우까지 알고" 있었다.

큐브릭이 업계에 대해 관심을 가진 이유 중 하나는 영화가 더 이상적인 조건에서 상영되기를 바랐기 때문이다. 그는 늘 그렇듯 영사 상태가 좋지 않다는 사실에 불만을 제기했다. "프린트의 50퍼센트는 긁혀 있어요. 어떤 건 보통 파손돼 있죠. 앰프 상태는 좋지 않고 사운드는 형편없어요. 빛도 고르지 않습니다." 그가 불평했다. 자신의 영화가 어떻게 상영되느냐에 대한 큐브릭의 염려는 "쓸데없는 불안 같은 것"이 아니라 끔찍한 상황에 대한 합리적 반응이라고 그는 강조했다.

큐브릭은 가능한 많은 영화를 보기를 좋아했는데, 마이크 리와 클로디아 웨일처럼 스타일 면에서 그와 완전히 다른 몇몇 감독들에게 감탄했다. 그는 웨일의 「걸프렌즈」(1978)를 열광적으로 찬양하기도 했다. 미식축구의 팬인 그는 또한 슈퍼볼[1] 광고, 특히 미켈롭 맥주 광고를 아주 높게 평가했다. 큐브릭은 인터뷰어에게 그들의 편집과 촬영에 대해 말했다. "제가 본 것 중 가장 탁월한 작품이라 할 만합니다. 그들이 무엇을 하는지-맥주 판매-를 생각하지 않으면 그건 눈으로 보는 시예요. 8개 장면으로 이루어진 놀라운 컷이죠… 당신이 어떤 내용이 담긴 뭔가를 얘기할 때 그런 식의 시각적 시를 사용하기만 한다면 더 복잡하고 미묘한 소재를 굉장하게 다룰 수 있을 겁니다."

큐브릭 부부의 결혼 생활은 여전히 행복했다. "저는 가장 즐거운 삶을 산 여자였고 또 가장 사랑받은 여자였던 것 같아요." 스탠리가 죽은 후 크리스티안은 이렇게 말했다. 그렇지만 큐브릭의 마지막 영화는 결혼 생활을 무너뜨리는 문제와 징후를 보여 준다. 40년간 이야기를 나누었어도 부부 사이에는 여전히 말하지 않은 것이 남아 있다. 친밀함은 말을 너무 많이 하거나, 하면 안 되는 말을 하거나, 혹은 너무 말이 없어지는 위험을 가져다주며, 우리가 다른 사람에 대해 정말로 얼마나 알고 싶어 하는지 궁금하게 만든다. 큐브릭은 자신의 감독 인생 처음으로, 마지막 영화에서 이런 어른들의 위험 요소를 충분히 묘사한다.

「아이즈 와이드 셧」에 이르는 길은 순탄하지 않았다. 큐브릭은 90년대에 제작 가능성이 높은 다른 두 영화에 몰두하고 있었다. 그가 결국 스필버그에게 넘긴 「에이 아이」와 홀로코스트 영화로 계획했던 「아리아인 증명서」가 그것이다. 그는 몇 가지 이유로 다른 작품들이 아닌 「아이즈 와이드 셧」으로 결정했는데, 그 주된 이유는 이 프로젝트가 자

---

1   Super Bowl: 미국 최대의 스포츠 행사인 내셔널 풋볼 리그NFL의 챔피언 결정전.

신이 죽기 전 해결해야 하는, '내가 누구인가'라는 문제의 핵심이라는 걸 깨달았기 때문이다. 「아이즈 와이드 셧」은 성인 남녀의 판타지에 대해 고심하는 작품인 반면 다른 두 영화는 어린 소년에게 초점이 맞춰져 있다. 큐브릭은 어린 시절을 뒤로한 채 떠나 있었으며, 「에이 아이」의 경우 스필버그의 손에 맡기게 된다.

「아리아인 증명서」는 90년대 초반 큐브릭을 푹 빠져들게 했던 작품이다. 그는 루이스 베글리가 나치 점령기 폴란드의 유대인 소년으로서 겪은 자신의 경험을 바탕으로 쓴 근작 소설 『전시의 거짓말』을 읽었다. 베글리와 그의 어머니는 비非유대계 폴란드인으로 가장하여 목숨을 건졌다. (그의 소설에서, 그리고 큐브릭이 계획한 영화에서 어머니는 아이의 이모가 된다.) 『전시의 거짓말』은 유대인의 무력함을 애처롭게 묘사하고 있다. 소년 마치크와 그의 이모 타냐의 기민함은 우아한 게 아니라 필사적이다. 이 책에는 유대인이 저항하는 순간들이 등장하지만 이는 그저 참사로 이어질 뿐이다. 어디에나 죽음이 있다.

베글리의 이야기는 소년 마치크에게 무슨 일이 일어났는지, 그가 자신의 이야기를 기억하는 중년 남자와 어떤 공통점을 가지고 있는지에 대해 불확실하게 끝을 맺는다. 과거와 현재, 소년과 그가 성장한 어른 사이의 어지러운 간격은 홀로코스트의 의미를 완전히 파악하는 게 불가능한 일이라는 걸 보여 준다. 당신이 거기에 없었으면 알지 못하며, 설사 거기 있었다 해도 모르는 건 매한가지다.

베글리 소설의 소년은, 「샤이닝」의 대니는 물론, 만들어지지 않은 큐브릭의 또 다른 영화인 츠바이크의 『타 버린 비밀』에 나오는 아이와도 비슷하다. 이들 모두는 어른의 세계에서 떨어져 있는 사이에 그 세계를 위험한 것으로 간주하려 한다. 어떤 어른들의 실상을 이해하기를 거부하는 것은 어쩌면 아이에게 생존의 비결일 수 있다고 큐브릭은 암시한다. 대니가 두 손으로 자신의 눈을 가리듯 베글리의 마치크는 말로 다할 수 없는 쇼아[2]의 무시무시한 재앙에서 그를 보호해 주는 이모에게 의지한다.

큐브릭이 오랫동안 미뤄졌던 홀로코스트 영화를 만들려고 했다면 관객들이나 어린 주인공에게 무엇을 보여 주고 무엇을 감출지를 결정해야 했을 것이다. 어떤 의미에서 마치크의 순수함은 임레 케르테스의 소설 『운명』[3]에 등장하는 소년의 그것과 마찬가지로, 그런 조직적 살인 행위에 대해 어떻게 생각해야 할지 모르는, 그리고 영화에서 적당하게 표현되는 모습을 통해 이를 상상하며 힘겨워하는 우리 자신을 반영한다.

큐브릭은 홀로코스트에 관한 많은 책을 읽었지만 유대인이 겪은 재앙을 진지하게 연구하는 이들과 마찬가지로 그걸 정말로 이해하지 못한다는 생각이 들었다. 여러 해 전인 1976년 큐브릭은 처남인 얀 할란을 뉴욕에 보내 아이작 바셰비스 싱어[4]에게 쇼아에 관한 시나리오를 써 달라고 요청했다. 이 저명한 이디시어 이야기꾼은 「닥터 스트레인지러브」와 「배리 린든」을 높이 평가하고 있었지만 그는 할란에게 자신

---

2 Shoah: 재난·재앙이라는 뜻의 히브리어로 '홀로코스트'를 뜻한다.
3 헝가리 출신의 작가 임레 케르테스가 열네 살 때 아우슈비츠로 끌려가 겪은 경험을 바탕으로 쓴 1975년작. 집필에 13년이 걸린 이 자전적 소설의 원제는 '운명 없음'이라는 의미를 지닌다. 케르테스는 2002년 노벨 문학상을 수상했다.
4 『원수들, 사랑 이야기』(1966)로 잘 알려진 폴란드 출신의 미국인 작가. 유대인의 언어인 이디시어로 작품을 써 오며 이디시 문학의 대표 작가로 자리했으며 1978년 노벨 문학상을 수상했다.

이 홀로코스트와 관련된 대본을 쓰는 데 있어 단 하나 문제가 있다고, 즉 이 주제에 대해 아무것도 모른다고 이야기했다. 할란이 큐브릭에게 이 얘기를 하자 그는 그가 무슨 말을 하는지 알겠다고 했다.

15년 후, 큐브릭은 『전시의 거짓말』을 알게 되었고 여기에 몰두하여 직접 시나리오를 썼다. 1993년 가을쯤 「아리아인 증명서」의 준비는 다 끝난 듯했다. 전시의 바르샤바가 재현될 덴마크의 오르후스에서 1994년 2월부터 촬영이 시작될 예정이었다. 큐브릭은 마치크 역으로 스필버그의 「쥬라기 공원」(1993)에 출연했던 조지프 마젤로, 그리고 그의 이모 역으로 네덜란드의 여배우 요하나 테르 스테이허를 선택했다. 그런데 1993년 11월 워너브라더스는 느닷없이 큐브릭의 다음 영화가 「아리아인 증명서」가 아니라 「에이 아이」가 될 거라고 발표했다.

큐브릭은 스필버그가 홀로코스트 영화 「쉰들러 리스트」를 만들고 있으며 짐작건대 자기 영화와 거의 같은 시기에 개봉할 거라는 사실을 알게 되었는데, 그와 경쟁하고 싶지 않았기 때문에 「아리아인 증명서」의 제작을 중단했다. 하지만 여기엔 분명 다른 이유들도 있었다. 크리스티안은 그가 이 주제 때문에 점점 더 의기소침하고 불안해했다고 회상했다. "그들이 실제로 저질렀던 끔찍한 행위를 볼 수 있게 된다면," 몇 년 후 크리스티안이 말했다. "배우들이 완전히 망가지는 걸 피할 수 없을 겁니다. 스탠리는 배우들에게 다른 이들을 해치우는 방법을 가르칠 수도 살인의 동기를 설명할 수도 없다고 했어요. '난 이것 때문에 죽을 거야.' 그가 말했죠. '배우들도 마찬가지야. 관객은 말할 것도 없고.'" 날짜가 1992년 10월 5일로 적혀 있는 오리지널 대본의 한 장면에는 우크라이나인 나치 협력자들에게 강간을 당하는 여자들이 묘사되어 있는데, 이는「아리아인 증명서」를 찍는 게 얼마나 어려운 일이었을지를 말해 준다. "그들은 부서진 집들의 벽에 여자들을 기대게 한 채 공공연하게 땅바닥에서 무리를 지어 한 사람씩 그들을 강간했다. 병사들은 몇몇 여인들을 꿇어 앉힌 채 그들의 뒷머리를 잡고 있는데, 벌어진 여인들의 입으로 성기가 잇따라 들어갔다."

「아리아인 증명서」를 만들었다면 큐브릭은 권위에 대해 그가 이제껏 상상해 온 어떤 것보다 더 냉혹하게 비인간적으로, 그리고 유대인의 생존을 위한 몸부림은 대부분의 영화 관객들이 받아들일 수 있는 수준보다 더 음울하고 위태롭게 묘사해야 했을 것이다. 로베르 브레송[5]이라면 그런 영화를 만들 수 있었겠지만 큐브릭은 아니었다. 여기엔 그가 한 번도 시도해 본 적이 없었던 있는 그대로의 감정 노출이 필요할 터였다. 그가 쓴「아리아인 증명서」의 대본은 가끔씩 주제에 어울리는 너무도 분명한 신파적 요소가 있었으며, 틀림없이 촬영 중에 손이 많이 가야 했을 것이다.

큐브릭이 결국 스필버그에게 건네주기로 했던 프로젝트인「에이 아이」는「샤이닝」과 제작되지 않은「아리아인 증명서」와 마찬가지로 아이가 중심이 되는 작품이다. 이 영화는 인간 가족에 입양된 로봇 소년에 대한 이야기다. 큐브릭은 1995년 프로젝트를 스필버그에게 넘겨주기 전까지 10년 이상을 일련의 작가들과 함께 간헐적으로「에이 아이」

---

5 믿음과 구원, 인간의 본성을 주제로 한 비극적 이야기, 감정이 배제된 사실적 연출, 비전문 배우 활용 등으로 잘 알려진 프랑스의 영화감독(1901~1999). 대표작으로「어느 시골 사제의 일기」(1951),「사형수 탈출하다」(1956),「당나귀 발타자르」(1966) 등이 있다.

를 작업했다. (스필버그는 일러스트레이터 크리스 베이커가 큐브릭을 위해 완성한 대단히 창의적인 600개의 스토리보드를 사용하게 된다.) 큐브릭이 「에이 아이」를 포기한 데에는 영화의 특수 효과를 만들어 낼 수 있는 CGI 기술을 기다렸던 탓도 있다. 그러나 그는 또한 틀림없이 「에이 아이」가 결국 큐브릭 영화라기보다는 스필버그의 작품에 더 가깝다고 느꼈을 것이다.

「에이 아이」는 스필버그가 해야만 했다. 큐브릭은 인간 소년인 형제와 경쟁하는 로봇 아이 데이비드를 절대 애틋하게 묘사할 수 없었을 것이다. 이는 데이비드가 자신의 친아들을 죽일지도 모른다는 두려움을 지닌 아이들의 어머니 모니카가 둘 중 하나를 택해야 하는 상황에서 절정을 이룬다. 모니카가 데이비드를 숲속에 버리고 떠나는 장면에서 스필버그는 이스마엘을 화살이 닿는 거리만큼 떨어뜨려 두어서 아이가 죽는 모습을 보지 않으려 한 하갈의 행위를 반복한다. 데이비드는 총애를 받는 이삭이 아니라 이스마엘이다.[6] 데이비드는 죽지 않지만, 그는 『전시의 거짓말』의 마치크처럼 박해를 견디고 데이비드와 같은 로봇들인 메카가 잔혹한 인간들의 스릴을 위해 살육당하는 홀로코스트와 비슷한 광경이 펼쳐지는 곳에서 살아남는다. 일련의 원고들에서 큐브릭은 메카 집단 학살과 쇼아 사이의 유사성을 분명하게 밝혔다.

악몽과도 같은 메카 대학살 이후 「에이 아이」는 결국 해피 엔딩으로

---

6 구약 성경 '창세기'에서 아브라함의 아내 사라는 아이를 낳지 못하자 자신의 여종 하갈을 남편과 동침하게 하고 하갈은 아들 이스마엘을 낳는다. 이후 사라가 아들 이삭을 낳자 그는 아브라함의 상속자가 된다. 하갈과 사라의 갈등이 깊어지고 이스마엘이 이삭을 괴롭힌 일로 하갈 모자는 쫓겨나 황야를 헤맨다. 물도 떨어지고 지친 상태에서 하갈은 아들의 죽음을 차마 볼 수 없어 이스마엘을 관목 아래 누이고 멀리(화살을 쏘았을 때 닿을 정도의 거리) 떨어져서 울음을 터뜨린다.

향한다. 데이비드는 죽고 나서 오랜 세월이 지난 후 사이버 이미지처럼 부활한 엄마와 함께 완벽한 하루를 보내게 된다. 영화는 엄마와 아들의 완벽한 결합이라는 소망을 실현하며, 여기에 역설적 거리 두기 같은 건 없다. 이 모든 것이 단지 우리의 간절한 판타지일 뿐이라는 쓰라린 깨달음은 우리가 여기에 더욱 단단하게 매달려 있다는 걸 의미한다.

무방비 상태로 영화를 보는 우리의 굳건한 자아는 필사적으로 이런 결말을 원한다. 「에이 아이」는 완전한 부모의 사랑을 바라는 아이의 마음을 충분히 전해 주기 때문에 대단히 가슴 아픈 영화다. 내가 본 모든 영화 중에서도 가장 눈물 없이 보기 힘든 작품이다. 「에이 아이」는 감정이 작동하도록 만들기 때문에 큐브릭의 영화라기보다는 결국 스필버그의 영화이며 그의 가장 뛰어난 작품 가운데 하나다.

그렇지만 「에이 아이」의 결말은 분명히 큐브릭으로부터 비롯되었다. 스필버그에 따르면 "영화의 마지막 20분 전체" 즉 데이비드가 엄마와 즐거운 시간을 보내는 더없이 행복한 하루는 "전적으로 스탠리의 생각"이었다. 큐브릭은 시나리오 작가 이언 왓슨의 트리트먼트(1991년 6월 10일 날짜가 적힌)의 여백에 메모를 휘갈겨 썼다. "내일 우리는 멋진 날을 보낼 거야." 재회를 하며 모니카가 데이비드에게 말한다. 하지만 큐브릭은 "시간이 충분하지 않다"라고 썼다. 왓슨은 재회를 영원한 것으로 그리는 반면 큐브릭은 결국 끝나야 한다는 걸 알고 있었던 듯하다. 1994년 5월 새라 메이틀랜드가 왓슨에게 인계를 받았다. 그녀가 회상했다. "스탠리와 저는 모성애에 대해 끝없이 이야기를 나누었어요."

어린 시절의 순수함을 회복하는 「에이 아이」를 마치며 큐브릭은 위태롭고 외로운 아이와 같았던 이전의 자기 모습을 돌아봤다. 그는 배리와 그의 어머니가 불링던과 린든 부인처럼 힘겨운 경험에서 생긴 너무도 원숙한 유대를 나누는, 환멸을 느끼게 한 「배리 린든」의 마지막 순간을 다시 쓴다. 「에이 아이」는 또한 「2001 스페이스 오디세이」의 결말까지도 수정한다. 신과 같은 스타차일드가 홀로 떠올라 세상을 만들 준비를 하는 대신, 이 아이는 얼마나 자신을 사랑하는지 말해 주기를 거부했던 바로 그 엄마만을 원한다.

큐브릭은 문학사상 가장 유명한 굿나잇 키스로 시작하는 프루스트의 『잃어버린 시간을 찾아서』를 읽었다. 그러나 어머니를 향한 데이비드의 사랑은 마르셀 프루스트의 소년과는 다르다. 밤에 이불을 덮어 줄 때 그가 듣고 싶은 말을 하는 모니카는 그의 아이 혹은 그의 장난감 같다. 모니카는 데이비드에게 그저 완전히 만족하며 부모인 그녀 자신이 일종의 로봇이라는 걸 암시한다. 우리는 이것이 모두 환상에 지나지 않으며 데이비드의 하루는 끝나야 한다는 걸 알고 있다. 그렇지만 이렇게 인위적으로 만들어진 기억에 매달리는 건 그가 간절히 바랐던 것이다. 이 엄마와 아들 사이에는 진짜 부모와 아이의 관계에 생기를 주는 그런 장난스러운 말다툼 같은 건 없다.

「에이 아이」를 끝맺는 장면에서 어머니의 사랑을 필요로 하는 데이비드는 평론가 몰리 해스켈의 지적처럼 너무 단순하고 솔직해서 우리는 당황스럽다. 이건 우화에서 나온 것일까, 아니면 인간의 삶에 뿌리를 두는 것일까? 스필버그는 우리 내면 깊숙한 곳에 있는 가장 상처받기 쉬운 아이의 자아를 들여다보는 창문과도 같은 데이비드의 감정을 우리가 받아들임에도 명쾌한 결론을 내려 주지 않는다.

「에이 아이」, 「아리아인 증명서」, 그리고 「아이즈 와이드 셧」에는 모두 자신의 역할에 갇혀 진짜가 될 수 없는 인물들이 등장한다. 진정한 인간으로 받아들여지기를 갈망하는 로봇 소년, 비유대인으로 가장해야만 하는 유대인 아이, 그리고 성적인 모험을 꿈꾸지만 실제로 이를 행할 엄두도 낼 수 없는 남자 빌 하퍼드가 그들이다. 빌은 마치 배리 린든처럼 행위의 중심에 있을 때조차 밖에서 안을 들여다보는 데에 머무른다.

「아이즈 와이드 셧」의 원작인, 빈의 유대인이자 프로이트와 대략 같은 시대 사람인 아르투어 슈니츨러가 쓴 『꿈의 노벨레』는 큐브릭이 수십 년간 사로잡혀 있던 작품 중 하나였다.

「스파르타쿠스」 제작을 끝낸 직후 로버트 지나와 가진 인터뷰에서, 큐브릭은 「아이즈 와이드 셧」이 만들어지기 거의 40년 전에 자신이 이미 슈니츨러의 열렬한 팬임을 밝힌 바 있다. "저로서는 인간의 마음을 이보다 진실하게 이해한 작가를 찾기가 어렵습니다." 그가 지나에게 말했다. 그는 슈니츨러가 "어느 정도 만물을 꿰뚫어 보는 냉소적인 관점을 가지고 있긴 해도 깊은 동정심을 가지고 있었다"고 말했다. 그는 「롤리타」가 "코미디와 유머와 활기라는 외면을 지니고 있지만 이야기가 진행됨에 따라 점차 이 표면 아래로 뚫고 들어가"며 슈니츨러와 유사하게 될 거라고 예측했다. 그는 「롤리타」 이후에 슈니츨러의 작품을 바탕으로 영화를 만들고자 한다고 말했다. 그가 얘기한 건 아마도 큐브릭이 1964년 크리스티안과 딸들과 함께 뉴욕으로 거처를 옮길 때 런던에서부터 실어 왔던 수백 권의 책 중 하나인 『꿈의 노벨레』였을 것이다.

슈니츨러의 중편 소설은 어린 딸이 있는 한 부부를 중심으로 펼쳐지는 이야기다. 남편 프리돌린과 그의 아내 알베르티네는 자신들이 가진 성적 판타지에 대한 이야기를 주고받는데, 질투를 느낀 프리돌린은 다른 여자와 섹스를 하기 위해 나선다. 그는 성공하지 못한다. 가면을 쓰고 난교 파티에 참가한 일을 포함해 목표를 거의 이룰 뻔한 몇 차례 사건 후 그는 이 "풀리지 않은 어리석은 모험을 펼친 무분별한 밤"에서 집으로 돌아온다. 『꿈의 노벨레』는 프리돌린이 알베르티네에게 자신이 겪은 밤의 방랑 이야기를 고백하며 끝난다. 부부는 그들의 사랑을 재확인하고 동틀 무렵 옆방에서 들려오는 딸의 웃음소리를 듣는다.

「아이즈 와이드 셧」의 플롯은 프리돌린과 알베르티네가 오늘날 뉴욕의 의사 빌 하퍼드와 그의 아내 앨리스로 바뀐 걸 제외하면 슈니츨러의 원작에서 크게 벗어나지 않는다. 그러나 영화의 분위기는 소설과 다르다. 슈니츨러가 성적 판타지를 실행할 여지를 더 주는 데 반해, 지극히 가정적인 큐브릭은 불륜을 억압되고 답답한 것으로 보이게 한다.

커크 더글러스는 2012년에 가진 인터뷰에서 큐브릭이 「스파르타쿠스」를 제작할 때 더글러스의 정신과 의사 허버트 쿠퍼에게서 슈니츨러의 중편 소설에 대해 처음 알게 되었다고 주장했다. 이것이 사실일 수는 있지만 슈니츨러와 같은 배경을 지닌 빈의 유대인, 큐브릭의 두 번째 아내 루스 소보트카가 그에게 이 책을 주었다고 생각하는 게 더 설득력이 있다.

큐브릭이 이 작품을 어떻게 알게 되었든, 슈니츨러의 『꿈의 노벨레』는 순식간에 그를 사로잡았다. 그는 이 작품에 자극을 받았지만 크리스티안 큐브릭이 그랬던 것처럼 우려 또한 했다. "스탠리가 이 소설을 처음 읽었을 때 영화로 만드는 게 두려웠다고 해요." 니콜 키드먼이 전했다. 톰 크루즈에 따르면 큐브릭이 「롤리타」 이후 『꿈의 노벨레』를 영화로 만들고자 했을 때 크리스티안은 이렇게 말했다. "안 돼요… 아, 제발 하지 말아요… 지금은 아녜요. 우린 너무 젊잖아요. 지금 당장 이걸 검토하지는 말자고요."

『꿈의 노벨레』에는 사생활이 난잡하고 사교적으로 능란했던 작가 아르투어 슈니츨러가 세상 물정에 밝은 사람임을 보여 주는 세련된 분위기가 있지만, 결혼 생활 속에 남아 있는 환상에 대한 노골적인 통찰 또한 담겨 있다. 이 적나라함이 큐브릭은 물론 크리스티안까지 겁먹게 했다.

70년대 초반에 이르러 큐브릭의 세 번째 결혼은 안정적이라는 게 밝혀졌으며, 그가 마침내 슈니츨러 영화를 만들 준비가 된 것처럼 보였다. 1971년 4월에 큐브릭의 가장 중요한 후원자인 워너브라더스의 제작부장 존 캘리는 큐브릭의 다음 작품은 『꿈의 노벨레』의 영화 버전이라고 발표했다. 하지만 큐브릭은 또다시 방향을 틀었다. 그는 대신 「배리 린든」을 만들기로 결정했다.

수십 년간 큐브릭은 슈니츨러 프로젝트를 통해 자기 자신을 드러내게 되지 않을까 걱정했다. 『꿈의 노벨레』는 그의 마음에서 떠난 적이 없었지만 큐브릭은 그런 개인적인 자기 고백과 같은 영화를 실제로 만들 수가 없었다. 70년대에 그는 『꿈의 노벨레』에 코미디언의 활기를 지닌 배우의 캐스팅을 꿈꾸며 스티브 마틴이나 우디 앨런을 주연으로 생각하고 있었다. 영화는 흑백으로, 아마도 앨런의 「맨해튼」(1979) 같은 달곰쌉쌀한 로맨틱 코미디가 될 것이었다. 80년대에 그는 유력한 주연 남자 배우 목록을 노트에 죽 정리했는데, 거기엔 더스틴 호프만, 워런 비티, 앨런 앨다, 앨버트 브룩스, 빌 머레이, 톰 행크스, 그리고 '샘 셰퍼드????'가 포함돼 있었다. 의미심장한 건 큐브릭이 마침내 자신의 『꿈의 노벨레』를 만들었을 때 그가 희극과는 거리가 먼 배우인, 성실하고 대단히 사려 깊은 톰 크루즈를 캐스팅했다는 점이다. 코미디는 주인공의 자기 방어를 위한 무기가 되었을 것이다. 큐브릭은 결국 그를 무방비 상태로 둔다.

1980년대 초반에 테리 서던은 의사인 주인공이 산부인과 의사로 나오는 희극적인 유사 포르노 버전의 『꿈의 노벨레』 작업을 잠깐 했었다. 서던은 큐브릭이 당시 "섹스 코미디지만 황량하고 우울한 구석을 지닌" 프로젝트를 생각하고 있다는 걸 떠올렸다. "위대한 스탠리 K"에게 헌정한, 포르노 영화를 만드는 할리우드의 감독에 관한 서던의 소설 『블루 무비』(1970)를 연상케 하는 작품이었다. 큐브릭의 노트는 그가 린다 러브레이스[7]나 마릴린 체임버스[8] 같은 포르노 스타인 "신비로운 소녀"에 끌리는 한 남편의 이야기를 계획하고 있었다는 걸 보여 준다. 큐브릭의 메모는 이렇게 끝맺는다. "아내는 결국 그를 흥분시키기 위해 자신이 등장하는 포르노 테이프를 틀어 준다."

큐브릭은 서던의 외설적인, 「닥터 스트레인지러브」풍으로 접근한

---

7 포르노 영화의 고전과도 같은 「목구멍 깊숙이」(1972)로 잘 알려진 미국의 포르노 배우 (1949~2002). 80년대에는 적극적인 반反포르노 운동을 펼쳤다.

8 「녹색 문 뒤에서」(1972)로 포르노계의 스타로 떠오른 후 데이비드 크로넨버그의 「열외 인간」(1977)에 출연하는 등 주류 영화계에서도 성공을 거두었던 미국의 포르노 배우(1952~2009).

『꿈의 노벨레』를 거절하는 걸로 결론지었다. 몇 년 후 「풀 메탈 재킷」을 끝낸 다음 큐브릭은 또다시 슈니츨러의 중편 소설을 각색할 시나리오 작가를 찾고 있었다. 존 르 카레[9]가 칠릭베리로 호출되어 『꿈의 노벨레』를 스크린으로 옮기기 위한 각색 작업에 대해 이야기를 나누었다. 그는 큐브릭에게 "20년대의 빈은 아마 성적 방종으로 분주한 곳이었을 뿐만 아니라 사회적이고 종교적인 편협성, 뿌리 깊은 반유대주의와 오스트리아의 억압과 편견의 중심지"였으며 "성적으로나 사교적으로 위험한" 곳이었다고 논평했다. 큐브릭과 르 카레는 이야기의 배경을 어디로 해야 하는지 논의했다. "근데요 스탠리, 이거에 대해 생각해 봤는데요." 르 카레가 말했다. "우리의 최선책은, 시각적으로 국한되어 있는 성벽으로 둘러싸인 중세 도시나 시골 마을로 가는 거라고 생각해요." 큐브릭이 잠시 생각한 뒤 대답했다. "뉴욕을 배경으로 하는 게 좋을 것 같아요." 그리고 큐브릭이 생각한 뉴욕은 성곽 도시나 영화 세트장과 비슷했다. 막스 오퓔스의 「윤무」(1950)와 「미지의 여인에게서 온 편지」(1948)에 나오는 빈[10]처럼, 큐브릭의 뉴욕은 명백히 인위적으로 꾸미고 연출된 도시다.

큐브릭과 함께 「아이즈 와이드 셧」의 시나리오를 쓸 사람은 결국 르 카레가 아니라 다른 영국인 소설가 프레더릭 라파엘로 결정되었다. 큐

---

9 영국의 국내 정보 담당 기관인 보안정보국MI5과 해외 정보 담당 기관인 비밀정보국MI6에서 일한 경력을 가진 스파이 소설의 거장. 『죽은 자에게 걸려 온 전화』(1961), 『추운 나라에서 돌아온 스파이』(1963), 『팅커 테일러 솔저 스파이』(1974), 『리틀 드러머 걸』(1983), 『원티드 맨』(2008) 등 그의 많은 작품들이 영화로 만들어졌다.

10 오퓔스의 두 영화는 각각 1900년 빈을 배경으로 한 아르투어 슈니츨러의 희곡 『라이겐』과 1920년대 빈을 배경으로 한 슈테판 츠바이크의 동명 중편 소설을 원작으로 한 작품들이다.

브릭과 헤어가 그들이 유대인이라는 사실로 인해 어느 정도 동지애를 나누었던 데 반해, 역시 유대인이며 더욱 성마른 사람이던 라파엘은 이 사실 때문에 큐브릭과 떨어져 있다고 느꼈다. 그는 빈의 유대인이 쓴 이 이야기를 단호하게 비유대인 영화로 바꾸겠다는 큐브릭의 결정에 발끈했다. 그리고 큐브릭이 부당하게도 자신이 유대인이라는 사실에서 도피하려 한다고 생각했다. 큐브릭은 그가 주인공 역으로 하퍼드라는 이름의 "해리슨 포드 같은 비유대인"[11]을 원한다고 말하며 적어도 한 번은 라파엘을 놀렸다. 라파엘은 몰랐지만 큐브릭은 포드의 어머니가 유대인이라는 걸 분명히 알고 있었다.

큐브릭과 함께한 작업에 관한 라파엘의 회고록에는 다른 속셈이 많이 있었는데 그중 몇몇은 꽤 유치했다. 그가 「아이즈 와이드 셧」보다 훨씬 낫다고 하며 제안한 제목은 '여성의 문제The Female Subject'였다. 큐브릭은 물론 자신의 멋진 제목을 고수했다. 이는 아마도 벤저민 프랭클린[12]이 했던, 배우자를 감시하되 너무 빡빡하게 하지는 말라는 의미인 "결혼하기 전에는 눈을 크게 뜨고, 그 후에는 반쯤 감아라"라는 말에서 가져왔을 것이다.

큐브릭은 라파엘에게 「아이즈 와이드 셧」의 대화에서 생기의 흔적을 모두 없애라고 강요했다. 이는 뜻밖의 결정이다. 「아이즈 와이드 셧」은

---

11 해리슨 포드의 아버지는 아일랜드와 독일계 혈통을 지니고 있었고 어머니는 벨라루스 출신 유대인 이민자의 자식이었다. 아일랜드 가톨릭과 유대인의 혈통에 대해 그는 자신이 항상 "인간으로서는 아일랜드인, 배우로서는 유대인"이라고 생각했다는 말을 한 적이 있다. 하퍼드Harford는 해리슨 포드Harrison Ford에서 따온 이름이다.

12 조지 워싱턴, 토머스 제퍼슨, 존 애덤스 등과 더불어 '미국 건국의 아버지'로 불린 인물로, 미국 독립에 큰 역할을 했던 정치가이자 철학자·과학자·작가. 100달러짜리 지폐에 그의 초상이 담겨 있다.

스탠리 카벨이 파탄 직전의 커플이 일련의 시련을 거치고 마침내 자신들이 천생연분이라는 걸 깨닫는 재혼 코미디라고까지 일컬은 영화다. 셰익스피어부터 하워드 혹스와 프레스턴 스터지스의 스크루볼 코미디에 이르기까지 재혼 코미디는 상대방보다 한 수 앞선 기량으로 충만한 재치 있는 속사포 같은 대화를 특징으로 한다. 그렇지만 큐브릭에게는 아니다. 꿈은 재기 넘치거나 민첩하지 않으며, 느릿하고 때로 답답한 속도로 전개되는 「아이즈 와이드 셧」도 마찬가지다. 「2001 스페이스 오디세이」와 「샤이닝」에서와 마찬가지로 큐브릭은 진부함에 의지한다. 여기엔 평론가 미셸 시옹이 주목했듯 "앵무새처럼 말을 되풀이하는" 경우가 많이 나온다. 등장인물들은 마치 한편으로는 믿지 못하겠다는 듯 서로의 대사 한 마디 한 마디를 그대로 반복한다.

큐브릭의 영화는 꿈처럼 차분하고 엄숙하다. 이 영화의 색은 관객을 신중하게 구성된 세계로 안내한다. 여러 장면에서 근사하게 빛나는 푸른 조명은 시옹의 언급처럼 "우주적"일 뿐만 하니라 "아늑"하며, 찬란한 붉은색 당구대는 빌과 영화의 주요 거물이자 현실을 가르쳐 주는 인물인 지글러(영화감독 시드니 폴락이 연기한)가 등장하는 종반부 장면의 중심에 자리한다. 큐브릭은 영화의 사운드 믹스를 완료하기 전에 세상을 떠났지만, 음악 선곡은 언제나처럼 탁월한 그의 솜씨를 보여 준다. 아찔하고 풍성하며 진정한 빈풍의 쇼스타코비치 왈츠, 난교 파티 장면에서 불길하게 울리는 성가, 피아노를 때리는 반복되는 음을 특징으로 하는 리게티의 작품 등이 그렇다. 평론가 케이트 맥퀴스턴은 리게티의 음악이 빌의 좌절한 원정을 일깨우는 듯한 단조로운 반복음과 함께

"수수께끼처럼 불현듯 나온다"고 썼다.

큐브릭은 영화의 주연으로 할리우드의 실제 부부인 톰 크루즈와 니콜 키드먼을 선택했고 「아이즈 와이드 셧」은 끊임없이 언론의 관심을 받는 이 두 스타의 삶을 약간은 은밀하게 보여 주었다. 영화는 난교 파티를 벌이는 비밀스러운 종교 집단과 관련되어 있다. 크루즈는 사이언톨로지 신자였는데 그가 동성애자라는 소문이 끊이지 않았다. 크루즈가 추종하는 비밀스러운 종교처럼 유명인의 결혼에 숨겨진 비밀이 큐브릭의 영화에 어슴푸레하게 깔려 있다.

큐브릭은 키드먼처럼 가족 내의 사이언톨로지 신자와 씨름을 해야 했다. 아버지에게 많은 걱정을 안겨 준 딸 비비안은 90년대 중반 집을 나와 로스앤젤레스로 떠났다. 켄 애덤이 말했다. "스탠리는 그녀를 견딜 수 없게 만들었어요… 그녀는 스탠리를 정말로 흠모했지만 그는 그녀의 모든 행동을 통제하려고 했죠." 큐브릭은 비비안에게 그녀가 「풀 메탈 재킷」에서 했던 것처럼[13] 「아이즈 와이드 셧」의 스코어를 써 주기를 바랐지만 그녀는 거절했다. 나중에 이 영화 편집을 하는 동안 스탠리와 비비안은 "대판 싸웠다"고 크리스티안이 기억했다. "그는 굉장히 기분이 상했습니다. 비비안을 돌아오게 하려고 그는 40페이지에 달하는 편지를 썼어요. 캘리포니아에서 돌아오라고 그 애에게 끝없이 애원했죠." 비비안은 1995년 사이언톨로지교에 가입했는데, 큐브릭 가족은 4년 후 스탠리의 장례식 때까지도 이를 몰랐으며 그 후 그녀는 어머니

---

13 비비안 큐브릭은 애비게일 미드Abigail Mead라는 가명으로 「풀 메탈 재킷」에 참여하여 음악 작곡을 담당했다.

와 언니들과 연락을 끊었다.

큐브릭은 크루즈와 키드먼이 단지 결혼을 했다는 이유 때문이 아니라 각자가 「아이즈 와이드 셧」에 필요한 요소를 지니고 있었기 때문에 그들을 골랐다. 큐브릭은 올리버 스톤의 「7월 4일생」(1989)에서 크루즈가 보여 준 전형적이지 않은 뛰어난 연기에 감동했다. 스톤의 영화에서 크루즈는 평소의 비현실적으로 남자다운 모습을 없애고 발기 불능으로 괴로워하며 얼이 빠진 채 불안해하고 자학적인 면모를 보이는 하반신이 마비된 베트남 참전 용사를 연기했다. 초기의 여러 영화에서 크루즈는 뚜렷한 정복욕과 조금은 파시스트적인 웃음, 그리고 뭔가 어색하게 빛나는 승리의 표정을 지니고 있었다. 그러나 「7월 4일생」에서 크루즈는 「아이즈 와이드 셧」에서 그런 것처럼 전혀 의기양양하지 않다. 그의 몸짓은 덩치 큰 마리오네트의 움직임과 닮았다. 이 종잡을 수 없는 미숙함은 처음에는 그렇게 보이지 않지만 역시 취약하다. 「2001 스페이스 오디세이」의 키어 둘레이, 「배리 린든」의 라이언 오닐, 그리고 「아이즈 와이드 셧」의 크루즈 사이에는 가족과 같은 유사성이 있다. 이들 셋은 행동을 취하기보다는 자신들이 보고 듣는 것에 도달하는 데에 주력한다. 행동으로 옮긴다는 건 특히 제한된 감정 폭을 지닌 가면 같은 얼굴을 한 크루즈 같은 배우에게는 도전적인 과제다.

큐브릭은 크루즈의 한계를 잘 활용했지만 사람들은 여전히 「아이즈 와이드 셧」에 가끔은 긴장을 풀어 줄 수 있는 주연 배우가 있었으면 좋았을 거라고 생각한다. 이 영화는 두드러지게 「북북서로 진로를 돌려라」를 떠올리게 한다. 난교 파티는 히치콕 영화에서 레스터 타운젠드[14]의 대저택이 있던 자리인 글렌 코브에서 열렸으며, 두 영화는 누군가의 발자취를 좇아 어떤 역할을 하는지 알아내고자 하는데 그러는 내내 권력의 실세들에게 조종을 당한다는 공통된 주제를 가진다. 하지만 나긋나긋하고 우아하며 신중한 캐리 그랜트는 방어적으로 몸을 사리는 크루즈와는 현저히 다르다.

니콜 키드먼은 크루즈와 정반대다. 부드럽고 유려한 움직임 속에서 그녀는 놀라운 내면의 힘을 지니고 있다. 그녀의 엄청난 팬인 데이비드 톰슨의 말을 빌려 보자. "이 여인은 엿보는 자에게 꿈을 꾸게 하는 모든 걸 갖추고 있다. 매혹적인 피부, 키스하고 싶은 작은 입… 관능적인 지성… 하지만 동시에 그녀는 감정을 전혀 내보이지 않는다. 그녀는 저항한다, 그녀는 사근사근하고 너무도 심미적이다, 그녀는 허영심이 강하고 내숭을 떤다… 이 달콤한 케이크 안에는 무엇이 있는 걸까? 아무도 이 여인에 대해 확신할 수 없다." 앨리스처럼 가정적인 유부녀를 연기하며 더없이 행복해 보이는 키드먼은 씀씀이가 헤픈 팜 파탈은 아니지만, 톰슨이 말한 것처럼 그녀에게는 우리를 불안하게 하는 뭔가가 있다. 「아이즈 와이드 셧」 최고의 장면에서 그녀가 지난여름 코드 곶에서 봤던 해군 장교에 대한 자신의 판타지를 밝힐 때 빌은 완전히 평정심을 잃게 될 것이다.

키드먼의 연기가 찬란하게 두드러지는 몇몇 지점이 있다. 그 첫 번째는 영화 초반에 빌의 부유한 환자 지글러가 주최한 화려한 크리스마스

14　영화 초반 주인공 로저 손힐(캐리 그랜트)을 납치하는 인물.

파티에서 볼 수 있다. 그녀를 유혹하는 헝가리인 산도르 사보스트(스카이 뒤퐁)와 춤을 추는 동안 그의 섹스 제안을 교태를 부리며 막아 내는 그녀는 멍하고 자극적이고 냉소적이며 조금은 꿈을 꾸는 듯하다. 영화의 후반부에서 키드먼의 연기는 눈부실 정도다. 여기서 그녀는 난교 파티에서 돌아온 빌의 옆에서 충격에 싸여 깨어나 잠잠해져서는 머뭇거리며, 그녀가 남자들 한 무리와 섹스를 나누고 빌이 그 모습을 강제로 지켜봐야 했던 끔찍한 꿈에 대해 한탄한다. 몇 분 후 영화의 마지막 장면을 주도하는 그녀는 위안을 주는 동시에 도발한다. 이 달콤한 케이크 안에는 무엇이 있는 걸까?

키드먼이 「아이즈 와이드 셧」에서 거둔 성과의 정점은 지글러의 파티가 끝난 다음 날 밤에 펼쳐진 마리화나 흡연 장면이다. 마리화나에 취한 앨리스는 빌에게 파티에서 그와 함께 있던 두 모델에 대해 묻기 시작한다. "당신… 그 여자들하고… 섹스…했어?" 그녀는 사보스트와 춤을 출 때 우리가 알아챘던 저 머뭇거림을 팽팽하게 이어 간다. 빌은 당황하여 변명하듯 그녀에 대한 자신의 신의를 다급하게 이야기한다. 그는 여자들은 남자들처럼 자신의 욕망에 지배되지 않는다는 위험한 말을 덧붙인다. 이 말에 앨리스는 폭발한다. 그녀는 빌의 넌더리 나는 말에 발작하듯 웃음을 터뜨리고는 거침없이 그를 압도한다. "남자들은 이렇게 모른다니까…" 그녀가 말한다. 그리고 그녀는 자신이 해군 장교에게 품었던 여름날의 환상에 대해 얘기해 준다. "만약 그가 나를 원했다면, 그게 단 하룻밤이었다 해도, 난 모든 걸 포기하려 했어. 당신,

헬레나[15], 내 빌어먹을 미래 전부를." 여기서 키드먼의 연기는 드러내 보이는 만큼 감추는 노련한 장식적 요소로 가득하다. 그녀는 골똘해 있다가 저항하고 조롱하며 비난하더니 그녀의 표현처럼 아파하고 슬퍼한다.

큐브릭은 마리화나 흡연 장면에 대해 생각하느라 며칠 동안 촬영을 멈추었다. "그는 어떨 때 아주 강압적이었어요." 키드먼이 전했다. 물론 마리화나에 취한 독백 투는 아니었다. "저를 앨리스에 확실히 빠져들게 했어요… 1년 반 동안 저는 그냥 그 여자가 되었죠." 「아이즈 와이드 셧」은 대체로 감정적 반응을 이끌어 내려 애쓰는 크루즈의 방식과 유사한, 섬세하게 계획된 영화다. 그러나 키드먼의 독백은 더 자유롭고 거의 실험적이며 정서적으로 불안정하다. 그녀가 말하는 한 마디 한 마디는 남편을 제치고 그녀를 영화의 중심에 자리하게 한다.

큐브릭은 크루즈와 키드먼 둘 모두와 무척 친해졌는데, 키드먼은 『뉴스위크』에 큐브릭이 "우리와 우리 관계를 누구보다도 잘 알고" 있었다고 이야기했다. 큐브릭이 자신을 "(우리) 부모님보다도 더 잘" 알게 되었다고 키드먼이 말했다. 큐브릭은 이전에 자신의 어떤 영화에서도 배우들과 그토록 면밀하고 진지하게 섞이려고 한 적이 없었다. 그는 이상하게도 길어진 16개월이라는 촬영 기간 내내 톰과 니콜과 긴밀하게 함께했다. 이런 열렬함은 「아이즈 와이드 셧」이 마치 큐브릭의 삶의 의미를 내포하기라도 한 듯 그의 정신에 결정적인 역할을 한 작품이라는 점을 말해 준다.

---

15 빌과 앨리스의 딸.

큐브릭이 자신을 빌과 동일시한 건 분명했다. 어린 스탠리는 아버지
처럼 의사가 되기를 꿈꾸었었다. 빌과 마찬가지로 큐브릭은 여자들에
게 추파를 던지지 않는 품위 있는 사람이었지만 성적 판타지에 빠져들
었다. 하퍼드 부부의 아파트는 60년대 초반 큐브릭이 처음『꿈의 노벨
레』를 영화로 만들고 싶어 했을 때 큐브릭 부부가 어퍼 웨스트 사이드
에 가지고 있던 아파트를 모델로 한 것이다. 느릿하게 진행되는 의식과
같은 영화인 「아이즈 와이드 셧」은 큐브릭을 통제에 대한 강박으로부
터 벗어날 수 있도록 의도한, 또 스탠리와 크리스티안을 대신하는 톰과
니콜을 통해 40년 동안 자신의 곁에 있었던 아내와 새로운 관계로 나
아가게 해 준다는 내용을 구체화한 작품이다.

큐브릭은 톰과 니콜에 대해 부부로서뿐만 아니라 개별적으로도 모
든 걸 알아야 했다. 촬영 기간에 큐브릭은 자주 톰을 빼고 니콜과 상의
하며 두 주연 배우들의 실생활에서의 관계를 잘 다룸으로써 그들에게
서 원했던 연기를 얻어 낼 수 있었다. 그리고 큐브릭은 크루즈에게 며
칠 동안 촬영장에 나오지 않도록 하고 그사이에 거의 아무것도 입지
않은 키드먼이 해군 장교와 정사를 나누는 꿈 시퀀스를 찍었다. 크루즈
는 빌 하퍼드처럼 바깥에 남아 있었다.

빌은 앨리스의 환상에서 제외된 채 바깥에 머물러 있고 싶어 한다.
그는 앨리스의 도전을 거부한다. 그녀는 "남자들은 이렇게 모른다니
까"라고 하지만 그는 알고 싶지 않다. 그는 그녀의 성생활 속으로 들어
가려 하지 않는다. 대신 그는 그녀가 꿈만 꾸었을 뿐인 행위를 실제로
행함으로써, 그녀를 이기고 그녀의 환상에 대한 자신의 집착을 떨쳐 버

리고자 애쓴다. 그녀는 남편에게 환상을 넘겨줌으로써 그가 두 눈을 크게 뜨고 복수하는 마음으로 다른 이와 섹스하고자 하게끔 만들었다.

「아이즈 와이드 셧」은 한 남자가 심지어 자기 것도 아닌 강박적 환상에서 어떻게 벗어나려 하는지를 다룬 영화다. 이것은 강간과 살인이라는 자신의 끔찍한 환상을 행복하게 실행하는 「시계태엽 오렌지」의 알렉스와는 전혀 다른 이야기다. 만약 빌이 자기 자신의 성적 모험을 펼친다고 생각한다면 그는 앨리스 내면의 삶을 들여다본 일도 잊을 수 있으며, 대신 어떤 여자든 선택함으로써 즐겁게 기분을 전환할 수 있을 것이다. 그가 생각하는 강박은 사라질 것이다.

그러나 빌은 나중에 드러나듯 실제로는 아무도 선택하지 못한다. 그의 성적 목표는 항상 다른 누군가에 의해 충족된다. 큐브릭과 라파엘은 슈니츨러의 중편 소설에서 프리돌린이 바닷가에서 롤리타 같은 소녀에게 품는 환상을 삭제하여 더 큰 효과를 얻었다. 의사 빌에게는 다른 이가 그에게 주는 걸 제외하면 꿈꾸는 삶이란 없다. 여자들이 먼저 그에게 추파를 던진다. 그가 시작하는 건 없다. 그리고 그는 아무것도 이루지 못한다-그는 그들 중 누구와도 섹스하지 않는다-. 「돈 조반니」[16]에서처럼 「아이즈 와이드 셧」에서 모든 성적인 만남은 실행되지 않는다. 그리고 모차르트와 다 폰테의 오페라에서처럼 섹스에는 죽음의 그림자가 드리워져 있다.

「아이즈 와이드 셧」에서 혼외정사를 추구한다는 것은 또한 죽음을

---

16 난봉꾼 돈 후안의 이야기를 바탕으로 로렌초 다 폰테가 대본을 쓰고 모차르트가 작곡한 1787년 오페라.

자초한다는 의미다. 난교 파티에서 마스크를 쓴 남자들은 빌이 침입자라는 걸 알아채고는 그의 옷을 다 벗기려고 하는데 어쩌면 죽일 수도 있다. 한 여인이 그를 대신해 "죗값"을 치르겠다고 나서며 그를 난교 파티에서 벗어나게 한다. 그리고 다음 날 빌은 그녀가 자기 대신 죽었다고 확신하게 된다. 빌은 자신의 성적 방종에 대한 속죄로 희생물이 되었어야 했지만 수수께끼의 여인이 그를 대신한다.

녹아내린 감정을 격하게 자극하는 「아이즈 와이드 셧」의 중심 장면은 난교 파티에서 붉은 망토를 입은 사람(카메오로 출연한 레온 비탈리)이 빌에게 옷을 벗으라고 명령할 때다. 빌과 같은 의사는 의사복을 갖춰 입고 거의 벌거벗은 환자들을 치료한다. 이제 상황이 뒤바뀌었다. 그는 정체를 드러내라는 지시를 받는다. 슈니츨러의 중편 소설에서 주인공 의사는 꽤 대담한 행동을 함으로써 자신의 남자다움을 증명하려 애쓰지만 큐브릭의 영화에서는 그렇지 않다. 빌 하퍼드는 다른 누군가의 게임에서 졸 역할을 하는 수동적 인물이며, 그는 붉은 망토의 명령에 저항하는 대신 그저 얼어붙을 뿐이다. 여기서 크루즈는 뒤늦게야 깨닫고 허둥대는 특유의 "이건 미친 짓이야"를 활용하며 외양을 중심으로 한 연기를 잘 해낸다. 그는 협박을 받고 있는 사람을 연기하고 있는 누군가처럼, 깨어나려 애쓰는 꿈속의 사람처럼 연기한다.

빌의 소극성은 당구대 장면에서도 두드러지는데, 슈니츨러의 작품에는 유사한 부분이 없다. 여기서 일대일 대화를 위해 빌을 호출한 지글러는 그의 오해를 풀어 준다. 지글러는 로만 폴란스키 감독의 「차이나타운」(1974)에서 모든 걸 비밀에 부치는 타락한 권력가 노인 노아 크

「아이즈 와이드 셧」에서 마리화나에 취한 앨리스(니콜 키드먼)와 빌(톰 크루즈)
(포토페스트/워너브라더스 제공)

로스, 그리고 또 히치콕의 「현기증」에 등장하는, 배후에서 음모를 통제
하는 남자인 개빈 엘스터 같은 존재다.

폴락은 자신을 지글러라는 역할 속으로 조금씩 몰아간 큐브릭의 방
식을 인상적으로 묘사했다. 폴락이 말했다. "당신의 머릿속에는 이 장
면에 대한 한계가 그려져 있습니다. 그런데 그 순간 그가 뭐랄까, 거기
서 당신을 살짝 밀어 버리고는 당신이 어디로 가는지 보는 거예요. 그
러고는 서서히 바로잡기 시작하죠. 그러고 나서 그걸 비디오로 녹화합
니다." 큐브릭은 폴락에게는 생소한 방식으로 그의 사소한 부분까지
챙겼다. 그런 다음 그는 폴락에게 그 테이크를 비디오로 보여 주며 화

면을 고정하고 "봐요, 당신이 그렇게 고개를 어디로 돌리는지"나 그런 비슷한 말을 하곤 한다. 폴락은 그가 결국 "닥치고 (큐브릭이) 얘기한 그대로 하라고 말했다"고 덧붙였다.

지글러는 빌에게 그가 여자들을 데려오고 그들을 마음대로 처리할 수 있는 자들, 진정 힘 있는 사람들이 지배하는 전혀 다르고 무서운 세계에 관여하게 되었다는 사실을 상기시켜 준다. 그는 빌에게 난교 파티에서 있었던 일은 그저 그를 겁주어 쫓아 버리기 위해 연출된 것이었다고 이야기한다. 매춘부 맨디가 난교 파티에서 희생된 게 아니라고 지글러는 주장한다. 지글러에 의하면 그녀는 전형적인 "창녀"이고 "약쟁이"다. 그녀는 앞서 크리스마스 파티 때 지글러의 침실에서 마약을 과다 복용했다. 난교 파티 다음 날 그녀는 누구나 그녀가 그랬을 거라 짐작한 행동, 즉 헤로인을 좀 과하게 주사함으로써 죽었다.

맨디의 죽음에 대한 지글러의 발언은 건조하기에 더 충격적이다. "삶은 계속되지. 항상 그래. 멈출 때까지는 말야."

지글러에게 있어 섹스는 그 사실 말고는 볼 거라곤 없으며 이는 삶과 죽음에서도 마찬가지다. 그는 섹스를 즐거움이라고는 없는 음울한 것으로 보이게 한다. 그의 말에 의하면, 빌이 난교 파티를 떠난 후 맨디는 "나가떨어질 정도로 오래도록 격렬하게 섹스를" 했으며, 빌을 난교 파티로 오게 했던 피아니스트 닉 나이팅게일은 아마도 시애틀로 돌아가 "아내와 재미를 보고 있을" 것이다. 지글러는 빌의 눈을 뜨게 하지만 이는 또한 그의 마음을 닫게 하는, 부정적 환원이다. 이 시점에 이르러 「아이즈 와이드 셧」에서 섹스는 지극히 중요할 뿐만 아니라 기이하게 공허한 것처럼 보인다.

큐브릭은 지글러로부터 「아이즈 와이드 셧」을 구해 낼 필요가 있다는 걸 알고 있었고 앨리스에게 해결책을 제시하도록 했다. 영화가 끝날 즈음 딸과 함께 크리스마스 선물을 사러 가서 그녀가 빌과 나눈 대화는 지글러가 한 말과 정반대의 내용이다. 그녀가 적나라한 사실을 다 드러내는 대신 알 수 없는 것은 그것대로 놔둠으로써 빌과 앨리스 사이의 어색함은 그 나름의 미덕을 갖추게 된다.

"어쩌면 우린 감사해야 할 것 같아." 앨리스가 빌에게 말한다. "그게 현실이었든 아니면 그저 꿈이었든, 우리가 겪은 온갖 모험에서 용케 살아남은 데에 감사하는 거지." 그녀의 대사에는 지글러의 말에 완전히 결여된 경이로움이 담겨 있으며, 이 대사는 모차르트의 오페라나 「한여름 밤의 꿈」의 결말에도 잘 어울린다.

지글러는 모든 걸 장악하고자 하는, 남의 눈에 띄지 않고 보고자 하는 기쁨 없는 소망을 구체화한 인물이다. 그러나 빌에게 본다는 것은 권력의 한 형태가 아니라 올가미와 같다. 이 둘은 난교 파티에서, 그리고 그의 머릿속에서 거듭 반복되는 상황인 앨리스가 해군 장교와 나누는 섹스에 대한 환상과 함께 등장한다. 환상의 굴레에서 벗어나기 위해 당신은 아내가 당신에게 해 주는 이야기, 그녀가 하는 예상 밖의 놀라운 말에 귀를 기울여야 한다. 그리고 큐브릭의 마지막 영화를 장식하는 마지막 단어보다 놀라운 말은 없다.

「아이즈 와이드 셧」의 결말에서 앨리스와 빌은 깨달았다-그러나 무엇을 깨달았는지 궁금하다-. 앨리스가 빌에게 말한다. "중요한 건 우리가 깨달았다는 거고 이게 오래갔으면 좋겠어." 빌이 "영원히?"라고 묻자 그녀가 대답한다. "영원히?… 그 말은 쓰지 말자. 하지만 난 당신을 사랑해. 그리고 우리가 최대한 빨리 해야 하는 아주 중요한 일이 있어." "그게 뭔데?" 빌이 묻는다. 그리고 이제 그녀가 마지막 말을 한다. "섹스Fuck."

스탠리 큐브릭은 자신과 함께 영화를 만든 사람들이 해결해야 하는 문제에 직면했을 때 그들에게 충고 한마디를 해 주었다. "당신이 원하는 답을 얻을 때까지 계속해서 질문을 하세요."「아이즈 와이드 셧」에서 답은 영화 전체가 이를 중심으로 돌아가는, 주로 눈에 띄지 않는 활동인 "섹스"다. 더욱 절실하게 서로에 대해 눈을 뜨며 새로운 이해로 단련되어 재결합한 이 부부는 그 환영 때문에 그토록 애를 먹었던 단순한 동물적 행위로 화해를 굳게 다질 것이다. 그들은 지글러의 파티가 끝난 후 섹스를 했다. 이제 그들은 오디세우스처럼 오랜 방랑과 이별의 긴 밤을 보낸 후 다시 섹스할 것이다. 그러나 그들은 새로운 입장이다. 앨리스는 마리화나에 취했을 때 빌에게 보냈던 조롱 섞인 웃음을 떨쳐냈다. 섹스의 꿈에서 그로 인한 모든 고통과 함께 적어도 그 현실-진실은 존재하지 않기 때문에-로 옮겨 가는 것은 중요한 일이다. 이것이 「아이즈 와이드 셧」과 큐브릭이 한 작업의 결론이다. 「아이즈 와이드 셧」은 지글러의 장면을 제외하면 대개 불경스러운 말을 피하기 때문에 앨리스가 말한 "섹스"는 놀랍다. 빌이 매춘부 도미노에게 뭘 할 것인지 그녀에게 "추천"해 달라고 할 때 그녀는 대답한다. "그건 말로 표현하지 않는 게 좋겠어요." 영화의 결말에서 앨리스는 초반에 빌에게 파티에서 두 모델과 섹스했는지 물었을 때 한 것처럼 그걸 말로 표현한다. 저 사랑스러운 두 여자는 사라져서는 두 번 다시 나타나지 않는다. 이 영화의 다른 모든 이들과 마찬가지로 놓쳐 버린 기회다.

불륜을 저지르고 싶은 빌은 슈니츨러가 "잃어버린 기회의 기만적 환상"이라고 일컬은 현상에 시달린다. 결말에서 앨리스의 천재성은 그 환상을 쫓아 버리고 절박한 치유의 필요성을 느낀 결혼 생활로 돌아올 수 있게 한다. 부부애는 아무런 결실이 없는 환상과 궁지에 몰려 다른 이들과 잠깐 바람을 피우는 일에 무대를 넘겨주는 대신, 커플이 잡아야 하는 기회가 된다.

빌이 밤에 방황하는 동안 거의 성공할 뻔했던 모든 유혹은 잘못된 드라마였으며, 이는 난교 파티에서 수수께끼의 여인이 하는 말에서 절정을 이룬다. "제가 그 대신 죗값을 치르겠어요." 이 역시 우리가 들었던, 절대 되돌릴 수 없는 거짓된 말이었다. 이제 「아이즈 와이드 셧」의 마지막 몇 분 동안, 대신 우리는 열린 미래에 따르는 불안함을 듣는다. 앨리스는 특히 결혼 생활에서 누군가를 안심시킬 때 유일하게 설득력 있는 방법인 약속을 하지 않는다. 그녀는 두 사람이 깨어 있을 것이라고 기대하지만 "영원히"라는 말은 좋아하지 않는다. 어쩌면, 정말 어쩌면 그들은 서로에게 죗값을 치르고 구원할지도 모른다. 「에이 아이」의 결말에서처럼 필사적으로 사랑의 환상에 매달리는 대신, 큐브릭은 그에 관한 인간적 사실주의를 표현한다.

큐브릭의 작업이 끝을 맺으며 「아이즈 와이드 셧」의 결말과 함께 새로운 친밀감이 숨어들어 온다. "제정신을 가진 이라면 아무도 큐브릭을 휴머니스트라고 착각하지 않을 것이다." 평론가 데이비드 덴비는 「풀 메탈 재킷」에 대해 이렇게 썼다. 그러나 권력의 실세와 맞닥뜨릴 때 인간 개개인이 지니는 가능성에 대한 초창기 큐브릭의 비관주의를 떨쳐 버리는 「아이즈 와이드 셧」에서 그는 휴머니스트다. 「아이즈 와이드 셧」에서 난교 파티의 뒤에 자리한 수상쩍은 세력은 「2001 스페이스 오디세이」에서 외계인, 「샤이닝」에서 오버룩 호텔의 유령들, 혹은 「닥터 스트레인지러브」와 「풀 메탈 재킷」에서 죽음의 체제가 거둔 것과 달리 승리하지 못한다. "나이가 많은 사람이 만들기에 아주 좋은 영화였어요." 크리스티안은 「아이즈 와이드 셧」에 대해 이렇게 말했다. "사람들은 나이가 들어 가면서 더 부드러워지고 더 솔직해지잖아요… 스탠리는 젊었을 때 훨씬 더 비관적이었고 훨씬 더 냉소적이었어요."

「풀 메탈 재킷」과 「아이즈 와이드 셧」 사이의 12년 동안 서두르지 않았던 것처럼 큐브릭은 자신의 마지막 영화를 찍는 데 있어 전에 없이 늑장을 부렸다. 촬영에 소요된 16개월은 영화 사상 가장 긴 기간이었다. 영화의 제작비는 6,400만 달러였는데 개봉 첫 주에 2,270만 달러라는 상당한 수익을 거두었다. 그러나 평론가들은 큐브릭의 마지막 영화를 둘러싸고 이를 저며 낼 준비를 하고 있었다. 그들 대부분은 이 작품에 경직되고 과장되고 에로틱하지 않으며 지루하다는 꼬리표를 붙였다.

큐브릭은 「아이즈 와이드 셧」에 대한 실망스러운 반응을 보지 못하고 세상을 떠났다. 그런 반응이 나오게 된 데에는 이 작품이 극도로 야한 영화라는 암시를 담은 예고편 광고의 잘못도 어느 정도 있었다. 난교 파티 장면에 비난의 초점이 맞춰졌는데, 평론가들은 주로 번드레한 헬무트 뉴턴[17] 스타일의 하이힐을 신은 누드가 시대에 뒤떨어진 모조품이라고 여겼다. 그들은 어쩌면 진짜 오르가슴과 가죽옷을 입은 지하 감옥 장면을 기대했는지도 모른다. "이런 난교 파티는 누구 아이디어인가? 가톨릭 교회?" 한 비평가가 투덜댔다. 그러나 난교 파티는 과장되고 형식적이어야 했다. 평론가 리 시겔은 난교 파티에 대해 쓴 글에서 핵심을 짚었다. "큐브릭은 감정이 없는 섹스는 의례적이고 부자연스러우며 권위와 두려움에 속박되어 있다는 걸 보여 주고 싶어 했다." "섹스와 감정에 관한 일상의 현실과 비교하면 우리에게 만족을 주는 환상은, 그렇다, 극도로 과장되어 있고 엄숙하다." 네어모어가 지적한 것처럼 난교 파티는 꿈과 똑같이 "불길"할 뿐만 아니라 "우스꽝"스러우며, 이는 의심할 여지 없는 큐브릭의 의도다.

이 영화를 정의하는 건 난교 파티가 아니라 키드먼의 마지막 대사들이다. 절묘한 대체 현실로 가득 찬 영화 경력에 있어 정말 예기치 않은 대단원이다. 「아이즈 와이드 셧」은 일상에 고개를 끄덕여 인사하며 차분한 분위기로 끝을 맺는다.

1999년 3월 1일, 사전 시사회에서 「아이즈 와이드 셧」을 상영하는 동안 큐브릭은 불안해하며 영사 기사에게 영화를 보지 말 것을 지시했다. 그리고 6일 후에 그는 죽었다. 테리 세멜은 큐브릭이 죽던 날 그와 두 차례 이야기를 나눴다. "그가 제게 전화를 걸어 약 한 시간씩 두 번

---

17 『보그』, 『하퍼스 바자』 등의 잡지에서 패션 사진작가로 활동을 펼치다가 도발적이고 에로틱한 흑백 누드 사진으로 명성을 떨친 독일 출신의 미국인 사진작가.

통화를 했습니다. 기분이 아주 좋은 상태였죠… 마케팅에 관한 수백만 가지 세부 사항을 검토했고요. 그는 제가 들었던 어느 때보다 더 거리낌 없이 말했고 더 들떠 있었습니다."

큐브릭은 촬영 기간 눈에 띄게 몸이 안 좋았다. 크리스티안이 말했다. "몹시 피곤한 거라고 생각했어요. 그는 평생 잠을 많이 잔 적이 단한 번도 없었거든요."「아이즈 와이드 셧」을 제작하는 동안 큐브릭은 "잠을 점점 적게 잤다"고 그녀가 덧붙였다. "그는 의사의 아들이었는데도 병원에 가려고 하지 않았어요. 몸이 안 좋으면 자신이 직접 약을 복용하거나 친구들에게 전화를 걸곤 했죠… 그가 한 일 중에 정말 바보 같다고 생각한 게 바로 그거예요." "완전히 지쳐 버릴 때면 그는 벽을 붙잡고 있었습니다." 스테디캠 기사 피터 카바치우티가 회상했다.

이 무렵 일흔 살의 큐브릭은 침실에 산소 탱크를 두고 있었다. 그는 자신이 심하게 아프다는 걸 알고 있었다. 촬영하는 동안 그의 완벽주의와 세부 사항들에 대한 끝없는 집중은 눈을 뗄 수 없게 만드는 탁월함으로 이어졌다. 큐브릭은 크루즈가 초인종을 누르는 장면처럼 겉보기에는 대수롭지 않은 시퀀스의 테이크를 반복해 찍었는데, 이는 마치 덫에 걸린 빌 하퍼드와 같이 무력한 일상적 존재의 외면 안에서 의미 있는 행동으로 뚫고 나아가기 위한 단서를 찾기라도 하는 것 같았다.

촬영의 마지막 4주 동안 큐브릭은 카메라를 직접 다뤄야 했다. 촬영기사인 래리 스미스가 그만두었기 때문이다. 큐브릭은 촬영 준비를 위해 일찍 일어났고 일과는 새벽 서너 시가 되어야 끝났다. "영화 제작, 바로 그게 그를 죽인 겁니다." 키어 둘레이의 에이전트이자 큐브릭의 친구인 샌디 리버슨이 말했다.

레온 비탈리는 어느 날 촬영을 마치고 큐브릭과 함께 차를 몰고 그의 집으로 돌아간 일을 회상한다. "저는 생각했죠. 당신은 현관으로 가는 길도 찾지 못할 거라고. 그리고 우리는 바로 그 앞에 와 있다고… 마지막 토요일 오후 저는 제 차에 기대 서 있었고 우린 두 시간 반 동안 이야기를 나누었습니다. 모든 게 평상시처럼 평온했고 한동안 그랬던 것보다 더 여유로웠어요. 제가 그를 처음 만났을 때와 똑같은 온화함이요."

스탠리 큐브릭은 칠릭베리 정원에 있는 그가 가장 좋아하던 나무 아래에 묻혔다. 장례식에서 줄리언 시니어가 카디시[18]를 올렸고 크루즈, 키드먼, 스필버그, 얀 할란, 그리고 테리 세멜이 큐브릭과의 추억을 이야기했다. 그는 그가 좋아했던, 공책과 펜을 위한 주머니로 가득한 군용 재킷을 입은 채 무덤으로 들어갔다.

영화감독으로서 큐브릭의 유효 범위는 종종 인정받지 못한다. 스필버그가 천진한 말썽꾸러기들로, 타란티노가 테스토스테론 넘치는 미치광이들로 미국 영화가 포괄하는 영역의 양 끝을 차지한다면, 큐브릭은 양극단을 모두 다루었으며 유럽 예술 영화 특유의 소외疏外라는 찬란한 지평까지도 선보였다.

잘 알려져 있다시피 영화는 사람들을 장악한다. 그리고 큐브릭의 영화는 그중에서도 가장 지배력이 강하고 온통 빠져들게 하는 힘을 지닌다. 황홀경에 빠져 있는 큐브릭의 캐릭터들은 때로 불길한 방식으로 영

---

18   Kaddish: 유대교에서 죽은 이를 애도하며 아람어로 드리는 기도.

화 팬을 몰두하게 한다. 베토벤을 듣는 알렉스, 소총을 가지고 있는 파일 이병, 입을 딱 벌리고 악령에 사로잡혀 있는 잭 토랜스, 스타게이트를 헤치고 나아가는 데이브 보먼, 아내의 환상에 마음을 빼앗긴 빌 하퍼드처럼. 이렇듯 홀로 빠진 도취는 원래 일찍이 1학년 때 학교를 거부했던 어린 스탠리 큐브릭의 머릿속에 아주 기분 나쁘게 간직된 내면에서 기인한 것이다.

어린 스탠리의 미래는 「샤이닝」의 대니처럼 어른의 세계에 대한 무서운 단서를 해독하든 혹은 「풀 메탈 재킷」에서 저격수를 응시하는 조커처럼 이제 불완전한 어른이 되어 죽여 달라고 부탁하는 누군가를 마주했을 때 어떻게 할지 결정하든, 큐브릭의 작품 속에 담겨 있다. 「아이즈 와이드 셧」은 큐브릭의 베트남 영화에서 강조한 것을 뒤집어서, 죽음이 아닌 삶으로 끝맺는다. 두 영화에서 여성은 꼼짝할 수 없는 상태에 있는 남성 주인공을 뒤흔든다. 그렇지만 「아이즈 와이드 셧」에서만은 여성이 가치 있는 미래를 가리킨다. 이것은 큐브릭이 수십 년 전 「영광의 길」에서 카타르시스를 안겨 준 역할을 했던 자신의 아내 크리스티안에게 바치는 헌사다. 크리스티안은 스스로 갇힌 강박적 환상으로부터 남편을 데리고 올 수 있는 앨리스 하퍼드의 힘 뒤에 자리하고 있다. 큐브릭은 말년에, 남자와 여자가 대화와 자기 성찰을 기반으로 더 완전한 관계를 이룰 수 있는 가능성에 대한 증거를 완성할 시간이 별로 없었다. 그의 초기 영화들은 그 가능성을 무시했으며 바로 이것이 퍼즐의 빠진 조각이었다. 큐브릭은 그와 크리스티안과의 결혼이 루스 소보트카와 했던 이전의 결혼을 대체한 것처럼, 잘못된 결혼—잭과 웬디 토랜스, 배리와 린든 부인-의 악몽과도 같은 덫에 제대로 된 결혼의 매력으로 응수했다. 며칠 후 그는 세상을 떠났지만, 그는 관객에게 자신의 가장 개인적인 딜레마에 대한 해답을 주었다.

큐브릭의 매력은 그의 죽음 후에도 오래도록 남아서 2010년대의 팝 음악에까지 미치고 있다. 프랭크 오션은 최근 〈러브크라임스〉[19]에서 「아이즈 와이드 셧」의 니콜 키드먼 대사를 샘플링했고, 래퍼 J. 콜은 "저 깜둥이 스탠리 큐브릭"[20]이라고 그의 이름을 언급했다.

물론 큐브릭은 주로 영화에 자신의 발자취를 남겼다. 드니 빌뇌브의 「컨택트」(2016)는 「2001 스페이스 오디세이」를 뒤따르고 있고 테런스 맬릭의 「트리 오브 라이프」(2011)에서 루크레시아 마르텔의 「자마」(2017)에 이르는 신중하게 구성된 서사적인 작품들 또한 큐브릭을 모방한다. 그리고 이들은 우리가 체스 명인의 직감과 솜씨를 가지고, 그리고 스크린을 모든 세부 요소가 전적으로 감독의 손에 달려 있는 거대한 캔버스라 생각하고 접근한다면 영화가 성취할 수 있는 데에는 한계가 없다는 사실을 상기시켜 준다.

스탠리 큐브릭은 테이크를 거듭 요구하고 마지막 세부 사항까지 들여다보며 자신의 비전에 대한 완전한 통제를 주장했다. 그러나 그는 또한 혼돈을 어떻게 이용할지에 대한 감각도 가지고 있었으며 분명히 영화 연출이라는 범퍼카 타기를 즐겼다. 자신의 작품에서 큐브릭은 질서

---

19 미국의 얼터너티브 R&B 싱어송라이터 프랭크 오션의 데뷔 믹스테이프 《Nostalgia, Ultra》(2011)에 수록된 곡.

20 미국의 래퍼 JID와 J. 콜이 함께한 곡 〈Off Deez〉(2018)에 포함된 랩("Crazy like a movie by that nigga Stanley Kubrick")의 일부다.

와 광기, 지배와 격렬한 반항을 결속함으로써 극도로 조직화된 세계를 표현하는 동시에 가장 위험하고 자극적인 상태에 있는 인간의 에너지를 보여 준다는 영화의 기본적인 꿈을 이루었다. 그럼으로써 그는 영화의 모습을 바꾸었다.

감사의 말

변함없는 지지와 현명하고 기분 좋은 조언을 해 준 편집자 아일린 스미스와 에이전트 크리스 캘훈에게 감사드린다. 마이크 리바인은 원고를 정독하며 내용을 탄탄하게 개선해 주었고 이상적인 교열 담당자들인 훌륭한 댄 히튼과 수전 레이티도 마찬가지다. 런던예술대학교에 있는 큐브릭 아카이브의 직원들은 대단히 많은 도움이 되었다. 특히 리처드 대니얼스와 조지나 오길은 아주 중요한 도움을 주었다. 스티븐 무어는 나중에 색인을 다는 전문 지식과 오류를 찾아내는 예리한 눈을 가지고 아낌없이 나를 구하러 와 주었다. 예일대학교 출판부의 헤더 골드는 어떤 저자가 누렸던 것보다 더 즉각적인 도움을 주었다.

큐브릭 가족의 구성원들인 크리스티안 큐브릭, 얀 할란, 그리고 카타리나 큐브릭은 스탠리 큐브릭에 대한 그들의 추억을 공유해 주었고 고맙게도 내게 신뢰를 보내며 이 프로젝트가 진행될 수 있게 해 주었다.

그들을 만나고 인터뷰를 하게 되어 영광이다. 줄리언 시니어와 빈센트 도노프리오는 그들과 큐브릭과의 관계에 대해 내게 아낌없이 이야기해 주었다. 그들이 내게 전해 준 큐브릭에 대한 뛰어난 통찰은 물론, 그들의 따스함과 쾌활함에 감사를 드린다. 큐브릭에 대한 다양한 종류의 지식과 조언에 대해, 마크 렌츠와 뉴욕에서 스탠리 큐브릭과 관련해 만났던 다른 이들뿐만 아니라 로버트 콜커, 네이선 에이브럼스, 케이티 맥쿼리, 노아 아이젠버그, 마이클 벤슨, 로드니 힐, 샌디 리버슨, 로버트 피핀, 데이나 폴런, 로렌스 래트너, 그리고 필 블룸버그에게도 감사를 전한다. 멕시코 시티의 가르시아 말킨 가족과 뉴욕의 말킨 가족은 내 큐브릭 연구를 지원해 주고 다른 방식으로도 도와주었다. 이갈과 에스메 샤잔과 폴레트 파사이즈는 큐브릭 아카이브가 자리한 런던의 집을 떠나 내게 집을 제공해 주었고, 젠 르윈은 하이파에서 똑같이 해 주었다. 뉴욕 인문학연구소의 소장 에릭 뱅크스와 연구소의 회원들은 내 작업을 소개했을 때 엄청난 도움을 주었다. 내 학생들 중 휴스턴대학교 아너스 칼리지의 쿠엔틴 키텔로, 니컬러스 데이와 만다나 나비아파르는 큐브릭의 영화들에 관해 특별히 많은 식견을 갖추고 있었다.

『태블릿』 매거진의 내 담당 편집자들인 데이비드 새뮤얼스와 매튜 피시베인은 내게 무척 필요했던 지식의 본산과도 같은 저 간행물을 만들었다. 『태블릿』은 큐브릭에 관한 내 글의 몇몇 구절을 여기 수정하여 실을 수 있도록 기꺼이 허락해 주었다.

내가 이 책을 쓸 수 있도록 보조금을 지원해 준 존 사이먼 구겐하임 기념 재단에 감사를 드린다. 내게 도움을 준 휴스턴대학교 영문과 학과

장실의 성실하고 너그러운 J. 케이스틀리, 그리고 흔들림 없는 우정과 유쾌함을 지닌 휴스턴대학교 아너스 칼리지의 학장 빌 먼로에게도 감사드린다. 존 앤드 레베카 무어스 교수 프로그램과 휴스턴대학교의 하우스턴 지원 프로그램은 이 프로젝트에 필요한 기금을 제공해 주었다.

무엇보다 내 아내 빅토리아와 「2001 스페이스 오디세이」를 도전적으로 해석해 준 아들 에어리얼에게 빚을 졌다. 그들의 사랑이 내게 힘을 주었고 가족과 함께 즐기는 삶 덕분에 이 책을 쓰는 게 가능했다.

옮긴이의 말
내 인생의 영화감독, 스탠리 큐브릭

    어느 날 맞닥뜨리게 되는 마법과 같은 순간이 있다. 그건 무방비 상태인 내게 날아드는 강력한 훅과도 같다. 아무런 예측도 대비도 하지 못한 상황에서 저 알 수 없는 에너지는 나를 무력하게 고꾸라뜨린다. 그 찰나의 순간 나를 둘러싼 세계는 마치 자연법칙과 물리학에 역행하는 「인셉션」의 꿈 장면처럼, 혹은 장 그르니에가 그의 에세이 『섬』에서 "나는 문득 그 하늘이 기우뚱하더니 허공 속으로 송두리째 빨려 들어가는 것을 보았다"라고 한 것처럼, 한순간 뒤집어지며 코스모스가 사라진 카오스의 세상으로 바뀐다. 우리 삶의 어느 지점에는 낯설고 당혹스럽지만 더없는 흥분과 짜릿함을 전해 주는 그런 놀라운 순간이 도사리고 있다. 영적인 깨달음과 같은 거창한 게 아니라 무심코 올려다본 하늘, 나뭇잎 사이로 부서지는 햇살, 처음 가 본 고장의 얼기설기 이어진 골목길, 그리고 특히 사랑의 기쁨(또는 형벌)을 안겨 준 여인 등 특별하지 않은 일상에서 느낄 수 있는 크고 작은 특별한 경험은 삶이 우리에게 주는 소중한 선물이다.

내게도 그런 순간이 닥친 적이 몇 번 있었고 그중 하나는 내 인생을 바꾸었다. 그 후로 나는 가끔씩 "내게 이토록 많은 것을 준 삶에 감사합니다"라고 노래한 칠레의 민중가수 비올레타 파라의 심정이라도 된 것처럼, "웃음과 갈망을 주어 행복과 고통을 구분할 수 있게 한" 삶에 감사해야 한다고 되새긴다. 부모님과 가족은 물론이거니와 사랑하고 존경하는 이들, 그리고 어린 시절 성묫길 아직은 뜨거운 태양 아래 흐드러지게 피어 있던 들꽃부터 어느 여름날 저녁 비구름을 뚫고 버스 창밖의 풍경을 초현실적인 색채로 물들였던 붉은 태양, 제대하던 날 부대 정문을 나설 때 환희하며 나를 반겨 주는 것만 같았던 삭막한 거리, 아무리 바라봐도 벅찬 가슴을 주체할 수 없게 만들었던 바르셀로나의 사그라다 파밀리아 성당, 엄청난 상상 속 세계로 나를 안내해 준 쥘 베른과 J. R. R. 톨킨, 그 많은 시간을 함께한 음악과 영화에 이르기까지 내가 감사해야 하는 대상은 헤아릴 수 없다.

내 피의 대부분을 차지하고 있는 건 분명 음악과 영화일 것이다. 사회적 인간으로서 나를 유지해 준 것들의 바탕에는 음악이 자리한다. 그렇게 된 결정적 순간에 핑크 플로이드가 있었다. 때문에 난 이 위대한 음악 그룹에 감사한다. 음악만큼이나 좋아하는 영화는 행인지 불행인지 취미의 영역에 머무르게 됐지만, 오래전 핑크 플로이드와 마찬가지로 내게 완전히 새로운 세상을 열어 주었던 스탠리 큐브릭 역시 내가 한없이 감사를 드리는 이름이다. 내가 만약 핑크 플로이드보다 스탠리 큐브릭을 더 먼저 접했더라면 난 어떻게든 영화 쪽 세계에서 일하고자 애썼을지도 모른다. 이들 덕분에 나는 음악과 영화가 품은 아름답고 신비로우며 어쩌다 혼란을 줄지라도 결국은 멋진 꿈을 꾸게 하는 저 매혹적인 세계에 더욱 깊이 빠져들 수 있었다. 문학이든 미술이든 음악이든 영화든 훌륭한 예술 작품은 감상할 때마다 매번 다른-때로 완전히 상반된- 감정을 불러일으키며 새로운 감흥을 전해 준다. 그런 작품이 내 앞에 있어서 일상에 행복을 더해 주고 나아가 삶에 긍정적 영향을 끼친다는 건 얼마나 즐거운 일인가. 그래서 나는 이 책의 저자가 쓴 것처럼 큐브릭의 영화를 "되돌아가서 보고 또 본다."

스탠리 큐브릭의 작품을 처음 접했던 순간은 아직도 생생하다. 대학 시절 '영화론'이라는 교양 과목을 수강한 적이 있다. 이 수업이 좋았던 까닭은 따분한 이론 강의를 최소화하고 대부분의 시간 동안 영화사적으로 중요한 작품을 보여 주었기 때문이다. 애초에 영화 상영과 관람을 목적으로 한 수업이 아니었기에 제대로 된 감상 환경은 아니었다. 강단에 책상을 올리고 그 위에 브라운관 TV를 놓고는 열악한 화질의 복제 비디오테이프를 틀어 주는 게 고작이었다. 그때는 1990년대 초반이었다. 강의실의 TV는 기껏해야 32인치 크기였기 때문에 어쩌다 좀 늦게 가서 뒷자리에 앉기라도 하면 자막도 제대로 보이지 않았다. 그렇지만 당시 국내에 상영되지도, 정식 비디오 발매가 되지도 않았던, 제목만 들어 본 걸작들을 볼 수 있다는 사실만으로 기다리게 되는 시간이었다. 첫 시간, 미국의 남북 전쟁과 KKK단에 대해 공부하게 만들었던 그리피스의 「국가의 탄생」은 꽤 지루했다. 그리고 얼마 후 「시계태엽 오렌지」를 봤다. 저 작은 TV 화면에서 보이지 않는 커다란 주먹이 튀어나와 내 가슴을 힘껏 가격하는 것 같았다. 그 전까지 영화를 꽤 봤다고 생각했지만, 드라마든 액션이든 SF든 공포 영화든 이 정도로 강렬한 충격을 준 이미지와 소리와 내용은 없었다. 이런 걸 만든 감독은 어떤 사람일까? 몇 주가 지나고 「2001 스페이스 오디세이」를 보며 생각했다. 이건 내 인생의 영화가 될 거라고.

머릿속이 멍해질 정도로 충격적이었던 「시계태엽 오렌지」는 끊임없는 자극으로 인해 숨을 돌릴 틈이 없었다. 저 악당의 섬뜩한 눈빛과 이유 없는 폭력과 그에게 가해지는 또 다른 폭력, 주체가 바뀌며 전이되어 꼬리를 물고 이어지는 폭력의 순환과 이 모든 걸 한 걸음 떨어져 건조하게 지켜봐야 하는 입장은 너무도 힘들고 불편했다. (그런 불편함을 약 10년 뒤에 박찬욱 감독의 「복수는 나의 것」에서 다시 한번 느꼈다.) 알렉스가 노래하는 〈Singin' In The Rain〉은 물론 베토벤의 9번 교향곡 〈합창〉이나 로시니의 「도둑 까치」의 서곡도 불편함에 일조했다. 그럼에도 저 앞에 놓인 작은 화면에 기를 쓰며 집중할 수밖에 없었던 이유가 단지 노골적인 표현 수위와 자극적인 내용 때문만은 아니었다. 감정 이입의 여지조차 없는 이 영화는 어쨌든 극적인 재미가 있었다.

「2001」에 대해서도 어느 정도 그런 기대를 품었던 것 같다. 기대는 여지없이 무너졌다. 일반적으로 영화가 주는 흥미나 스릴, 감동, 카타르시스 같은 것에서 몇 광년 정도는 떨어져 있는 듯한 이 작품을 보며 「시계태엽」과는 또 다른 차원의, 어떤 면에서는 더 큰 충격을 받았다.

이건 도대체 무슨 영화인 거지? 저 까만 돌기둥의 정체는 뭘까? 화려하고 현란한 빛과 색채, 전위적 이미지의 향연이 펼쳐지는 긴 시퀀스는? 왜 갑자기 우주에 아기가 떠 있지?… 아마도 그날 고요한 강의실에서 보이지 않는 파도처럼 요동치던 에너지를 기호로 표시한다면 '?'였을 것이다. 여느 예술 영화나 드라마틱하지 않은 진지한 영화였다면 그냥 졸거나 지루함을 느낀 걸로 끝났을 것이다. 「2001」은 달랐다. 예감한 것처럼 이 작품은 지금까지 내 인생의 영화로 남아 있다. 이후 조지 루카스의 「스타워즈」와 스티븐 스필버그의 「미지와의 조우」, 리들리 스콧의 「에일리언」, 제임스 카메론의 「어비스」를 다시 보며, 그리고 로버트 저메키스의 「콘택트」, 알폰소 쿠아론의 「그래비티」, 크리스토퍼 놀란의 「인터스텔라」와 드니 빌뇌브의 「컨택트」와 같은 여러 걸작 SF 영화에서 「2001」의 흔적을 찾아냈을 때 얼마나 즐거운 흥분을 느꼈는지 모르겠다.

「2001」을 처음 봤을 때의 그 느낌, 머리와 가슴속을 헤집고 다니던 묘한 설렘을 말로 옮기기란 쉽지가 않다. 다만 마치 슬로 모션처럼 답답할 정도로 느릿느릿 진행되는 화면과 수수께끼 같은 이야기와는 별개로, 내 눈은 카메라 셔터가 되고 내 귀는 녹음기가 되어 수많은 이미지와 소리를 머리와 가슴에 저장하고 있었다. 많은 이들이 그랬던 것처럼 나 역시 왈츠가 흐르는 우주 공간 장면에서 가장 깊은 인상을 받았다. 유인원이 하늘로 던진 뼈와 비슷하게 생긴 우주선이 지구 밖 무중력 공간을 매끄럽게 가로지르고 거대한 우주 정거장이 천천히 회전하는 그 모습이 낯설 까닭은 없다. 그런데 이 우아한 움직임에 어우러지는 요한 슈트라우스의 〈아름답고 푸른 도나우〉를 듣는 순간 이 감독은 정말로 천재일 거라는 생각을 했다. 큐브릭이 사용한 음악(그리고 데이브의 숨소리)은 예이젠시테인의 '지적 몽타주' 개념에서 대상 숏을 대신할 수 있는 훌륭한 역할을 하고 있었다. 당시에는 그저 효과음인 줄로만 알았던 리게티의 소름 돋는 〈레퀴엠〉과 〈룩스 에테르나〉, 〈아트모스페르〉 같은 음악은 압도적인 영상과 함께 심장을 꾹 죄는 것만 같았다. 정교한 미장센과 뚜렷이 대비되는 색채(까만색과 붉은색, 흰색, 푸른색), 느릿함 가운데 말할 수 없이 무거운 긴장감으로 이성과 감각을 지배하는 것만 같은 이 독특한 작품은 그대로 나를 사로잡았다.

「2001」과 「시계태엽」의 충격은 꽤 오랫동안 지속되었다. 스탠리 큐브릭이라는 이름에는 일종의 종교적 경건함과 신비로움이 실려 있는 것만 같았다. 그러나 그의 영화는 금단의 영역에 있었다. 「2001」 말고는 비디오로 출시된 영화도 없어서, LD에서 복사하여 자막을 입힌 복제 비디오테이프를 어렵게 빌려 보는 정도에 만족해야 했다. 21세기를 코앞에 두고 DVD와 인터넷 시대가 시작되고 나서야 비로소 그의 작품들을 온전하게 볼 수 있게 되었다. 1999년 「롤리타」부터 「풀 메탈 재킷」까지 그의 영화 7편이 담긴 DVD 박스를 시작으로 2011년 「스파르타쿠스」와 「아이즈 와이드 셧」까지 9편이 수록된 블루레이 박스, 최근 4K로 발매된 「스파르타쿠스」, 「2001 스페이스 오디세이」, 「샤이닝」, 「풀 메탈 재킷」, 그리고 초기작들의 블루레이에 이르기까지, 지난 20여 년간 큐브릭의 영화는 늘 내 곁에 있었다. 우리의 신경과 감정, 반응 체계란 참 신기한 것이어서 자극의 경험치가 쌓일수록 동일 자극에 대한 반응 정도는 약해진다. 좋아하는 영화를 몇 번씩 보다 보면 거의 무감각해지는 순간이 닥친다. 그런데 이건 큐브릭에게는 해당되지 않는 법칙이다. 그의 장편 영화를 여러 차례, 「2001」의 경우 스무 번 이상을 봤지만 볼 때마다 새롭고 놀라운 감흥을 느끼게 된다.

그 감흥 유발 요소는 말콤 맥도웰과 잭 니콜슨과 빈센트 도노프리오의 광기 어린 눈빛일 수도, 제임스 메이슨과 키어 둘레이와 라이언 오닐과 톰 크루즈의 멍한 시선일 수도 있다. 반복되는 같은 시간 속에 다른 상황을 쌓아 가다가 기막힌 엔딩으로 이끄는 「킬링」, 신랄한 냉소와 짙은 허무함이 공존하는 「영광의 길」, 「롤리타」, 「닥터 스트레인지러브」의 플롯과 기발한 대사일 수도 있다. 잊지 못할 영화적 공간의 매혹을 보여 준 「2001」과 「시계태엽 오렌지」, 「샤이닝」의 세트, 베트남이나 뉴욕 같지 않아서 야릇한 소격 효과를 유발하는 「풀 메탈 재킷」과 「아이즈 와이드 셧」의 세트, 감각적인 「닥터 스트레인지러브」의 전쟁 상황실 세트 혹은 숱한 장면의 절묘한 미장센이나 매끈한 스테디캠과 트래킹 숏일 수도 있다. 「영광의 길」에서 포로인 독일 여성(크리스티안 큐브릭)이 부르는 가슴 저미는 〈충직한 경기병〉, 「2001」에서 죽어 가는 할이 노래하는 〈Daisy Bell〉과 「시계태엽」의 알렉스가 사악하게 흥얼대는 〈Singin' In The Rain〉, 「풀 메탈 재킷」의 해병대원들이 합창하는 〈Mickey Mouse March〉처럼 극 중 등장인물들의 노래를 포함한 탁월한 음악 사용 또한 빼놓을 수가 없다.

「롤리타」의 관능적인 오프닝 장면을 채우는 밥 해리스의 테마 음악, 험버트가 처음 롤리타를 보는 장면에서 흐르는 넬슨 리들의 〈Lolita Ya

Ya〉, 「닥터 스트레인지러브」에서 핵폭탄을 실은 B-52 폭격기의 테마와도 같은 친근한 〈When Johnny Comes Marching Home〉과 지금도 회자되는 역설적인 베라 린의 엔딩 곡 〈We'll Meet Again〉, 「시계태엽 오렌지」를 시작하는 강렬한 붉은색과 월터(웬디) 카를로스의 잊을 수 없는 신시사이저 연주, 「배리 린든」을 우아하고 아름답게 꾸며 주는 헨델의 〈사라방드〉와 아일랜드 작곡가 션 오리아다의 〈아일랜드의 여인들〉, 처연함을 머금은 슈베르트의 〈피아노 트리오 2번 2악장〉, 「샤이닝」에서 공포 그 자체인 것만 같은 리게티와 펜데레츠키의 음악, 「풀 메탈 재킷」에서 조니 라이트의 〈Hello Vietnam〉부터 딕시 컵스의 〈Chapel Of Love〉, 샘 더 샘 앤드 더 파라오스의 〈Wooly Bully〉를 거쳐 롤링 스톤스의 〈Paint It, Black〉까지 60년대의 팝과 로큰롤, 그리고 「아이즈 와이드 셧」에 흐르는 쇼스타코비치의 〈왈츠 2번〉과 크리스 아이작의 〈Baby Did A Bad Bad Thing〉, 신경을 곤두서게 하는 리게티의 피아노와 가슴속 심연을 긁어 대는 듯한 조슬린 푹의 찬트 등 음악에 귀를 기울이다 보면 큐브릭의 영화는 더욱 특별해진다.

사실 내가 대학 때 비디오로 본 「2001 스페이스 오디세이」에는 큐브릭이 의도한 영상의 절반밖에 담겨 있지 않았다. 늘 아쉽게 생각하는 건 큐브릭의 영화를 처음 경험한 곳이 극장이 아니라는 점이다. 돌이켜 보면 연기자의 표정조차 제대로 보이지 않는 환경에서 어떻게 그런 대단한 감흥을 얻을 수 있었을까 싶다. 하지만 반대로 어린 시절 「주말의 명화」 같은 영화 프로그램에서 방영한 고전 영화들을 14인치 흑백

TV로 보며 손에 땀을 쥐었던, 트랜지스터라디오에서 잡음과 함께 흐른 노래에 감동했던 기억을 떠올려 보면 그리 놀랄 일만은 아니다. 아마도 모든 걸 받아들일 준비가 되어 있는 열린 감성과 아직 무뎌지지 않은 감각은 처한 상황에 따라 내 내부의 모드를 바꾸어 정서를 증폭해 머리와 가슴으로 송출했을 테니까. 그렇지만 본문에도 묘사된 것처럼 큐브릭은 항상 자신의 작품이 올바른 상영 환경에서 그가 의도한 대로 관객에게 전달되기를 바랐다. 어느 나라의 학생들이 브라운관 TV로 좌우 화면이 대폭 잘려 나간 「2001」을 보고 있다는 걸 그가 알았다면 분명히 분노했을 것이다.

잘 알려져 있다시피 스탠리 큐브릭은 완벽주의자다. 그가 전적으로 통제권을 행사하지 못했던 「스파르타쿠스」를 제외하면 큐브릭의 작품에는 "종이 클립에 이르기까지" 모든 부분에 그의 의도가 반영되어 있다. 이 책에서 줄곧 강조된 그의 "통제권"의 범위는 영화를 완성하고 개봉해서 극장에 프린트를 거는 것으로 끝나지 않는다. 그는 자신의 작품이 극장에서 상영될 때 필름의 화면비가 그대로 구현되는지에 대해 민감하게 반응했다. 화면비가 달라질 경우 영상의 정보가 손실될 뿐만 아니라 그가 의도한 이미지와 시각적 경험이 관객에게 제대로 전달되지 못하는 탓이다. 큐브릭은 자신의 장편 영화 13편 중 8편을 1.37:1 비율로 촬영했으며 「롤리타」와 「시계태엽 오렌지」, 「배리 린든」은 1.66:1, 「스파르타쿠스」는 2.25:1, 「2001 스페이스 오디세이」는 2.2:1로 찍었다. 큐브릭에게 있어 화면비란 어떤 의미를 지닐까?

애초 영화가 발명된 후 35밀리 필름 프레임의 가로세로비는 4:3 풀

스크린, 즉 1.33:1이었다. 이 비율은 무성 영화 시대의 표준 화면비였으며 이후 텔레비전과 컴퓨터 모니터 화면비에도 적용이 된다. 할리우드에서는 1932년 영화 예술 과학 아카데미AMPAS에서 규격화한 1.375:1 비율, 소위 '아카데미 비율'로 일컬어진 화면비가 유성 영화 시대의 표준으로 자리를 잡았다. 화면비의 변화와 다양화가 시작된 시기는 1950년대다. 미국 내 가정에 TV가 빠르게 보급되며 이에 비례하여 극장 관객 수가 현저히 줄어들자 할리우드가 고심 끝에 꺼낸 대안은 TV로 볼 수 없는 스펙터클을 담은 화면, 즉 와이드스크린이었다. 큐브릭의 장편 데뷔작이 개봉된 1953년, 20세기 폭스사는 애너모픽 렌즈를 장착해 가로비를 압축하여 필름에 기록하고 상영 시 화면을 옆으로 늘이는 방식인 '시네마스코프CinemaScope'를 활용한 첫 영화 「성의The Robe」를 선보였다. 이어 비스타비전VistaVision, 테크니라마Technirama, 파나비전Panavision 등을 비롯한 다양한 와이드스크린 포맷·브랜드가 등장했으며 2.35:1(또는 2.4:1) 비율은 통상적 애너모픽 와이드스크린의 표준 화면비가 된다. 미국의 극장은 1.85:1을, 유럽의 극장은 1.66:1을 표준 와이드스크린 비율로 채택했다. 그리고 2009년 HDTV의 화면비가 16:9 즉 1.78:1로 규격화되며 이전의 1.33:1을 대체하기에 이른다.

큐브릭의 고민은 여기서 시작되었다. 와이드스크린이 보편화한 뒤에도 큐브릭이 「샤이닝」과 「풀 메탈 재킷」, 「아이즈 와이드 셧」의 촬영에 1.37:1이라는(4:3 풀스크린에 가까운) 아카데미 비율을 고집했던 이유에 대해 레온 비탈리는 그가 "사진작가"의 눈으로 이미지를 구성하기 때문이라고 말한 바 있다. 그가 렌즈를 통해 세상을 보는 방식, 그가 프레임에 화면을 구성하는 방식에 있어 가장 안정적이고 친숙한 비율은 4:3이었던 것이다. 2001년 「롤리타」부터 「아이즈 와이드 셧」까지 8편을 수록한 스탠리 큐브릭 컬렉션 DVD 세트가 발매되었을 때 비탈리는 DVD 리뷰 사이트 'DVD 토크'와 가진 인터뷰에서 이렇게 말했다. "그는 1.85:1을 좋아하지 않았어요. 1.85:1에서는 화면의 27퍼센트가 손실됩니다. 스탠리는 순혈주의자였죠." 물론 그는 자신의 순수한 의도가 다양한 상영 환경에서 그대로 받아들여지지 않을 거라는 걸 알고 있었기에, 「샤이닝」부터는 촬영 시 카메라 렌즈에 1.85:1 비율의 눈금을 표시해 두었다. 와이드스크린 환경에서 상영이 되어도 이미지가 크게 손상되지 않게끔 촬영을 했다는 뜻이다.

그럼에도 블루레이로 출시된 그의 영화는 팬들 사이에서 꾸준히 논란이 되어 왔다. 제작사에서 오리지널 화면비대로 발매하지 않은 탓이다. 예컨대 원래 1.37:1인 큐브릭 영화는 블루레이용으로 리마스터를 하며 「킬링」과 「영광의 길」, 「닥터 스트레인지러브」의 경우 1.66:1, 「샤이닝」과 「풀 메탈 재킷」, 「아이즈 와이드 셧」은 HDTV의 화면비인 1.78:1에 맞추어 위아래를 잘라 냈다. 오리지널 비율을 그대로 혹은 근사치로 담은 작품은 「공포와 욕망」(1.37:1), 「스파르타쿠스」와 「2001 스페이스 오디세이」(이상 2.2:1), 「롤리타」와 「시계태엽 오렌지」, 「배리 린든」(이상 1.66:1)뿐이다. (사운드의 경우 큐브릭은 「2001」(4트랙 스테레오)과 그 자신이 참여할 수 없었던 「아이즈 와이드 셧」(돌비 스테레오)을 제외한 모든 작품을 환경에 구애받지 않는 가장 "안전한" 방식인 모노로 믹싱을 했다.) 만약 큐브릭의 영화를 그가 계획한 오리지널 화면비로 볼 수 있다 해도 그로 인한 또 다른 경험을 할 수 있을지 어떨지는 알 수 없다. 다만 많은 팬들에게 좋아하는 예술가의 작품을 가공되지 않은 처음 상태 그대로 접한다는 건 순수한 욕구이자 일종의 의식과 같은 행위가 아닐까 싶다. 조지 루카스가 CGI로 보정하여 리마스터하기 이전의 「스타워즈」 클래식 3부작을 개봉 당시의 '순수한 모습'으로 보고 싶은 마음처럼 말이다.

스탠리 큐브릭은 진지하게 영화 예술에 접근해 본 적이 있는 이들에게 영화 보기의 원형적原型的 즐거움을 안겨 주는 이름이다. 많은 위대한 예술가가 그러했듯 그 역시 세상과 현상을 바라보는 독특한 시각을 가지고 있었고, 전통적이고 관습적인 형식에서 벗어나 자신만의 방법과 스타일을 고수하며 탁월한 결과물을 만들어 냈다. 이는 대중음악에서 비틀스나 핑크 플로이드, 레드 제플린 같은 이들이 거둔 성과에 비견할 만한데, 이 아티스트들은 획기적 아이디어를 가지고 누구도 하지 않았던 것을 독창적 표현 방식으로 표출하여 그 완성도와 예술성을 인정받았다. 그러면서 자신들이 이룬 성취에 매몰되어 자기 복제를 반복하거나 창의력의 고갈로 쇠락하는 모습을 보이지 않았다. 무엇보다 이들은 대중의 보편적 지지를 받으며 '스타'가 되었고 자본 또는 어떤 형태의 권력에 의한 제약을 받지 않음으로써 자신들이 원한 예술 세계를 펼칠 수 있었다. 르네상스 시대 이래 예술의 바탕에는 대개 자본의 힘이 도사리고 있었다는 사실, 특히 20세기에 예술이 본격적으로 산업의 영역에 자리하며 공생해 왔다는 사실을 생각하면 천재적 아이디어와 이를 구현할 수 있는 역량, 그리고 실행을 가능케 하는 힘을 모두 갖추고 있던 이 예술가들은 메디치가를 품 안에 간직한 다빈치요 미켈란젤로라 할 수 있다.

유나이티드 아티스츠, 유니버설, MGM, 컬럼비아, 또 70년대 이후 그에게 강력하고 전폭적인 지지를 보내 준 워너브라더스에 이르기까지, 큐브릭은 할리우드의 주요 메이저 스튜디오와 작업을 하면서도 그 막강한 자본과 시스템의 파워에 휘둘리지 않았다. 그게 가능했던 이유는 단순하다. 그는 흥행이 보장된 예술가였기 때문이다(「스파르타쿠스」부터 「아이즈 와이드 셧」까지 큐브릭의 모든 영화는 제작비 대비 적게는 2배, 많게는 12배 이상의 박스 오피스 수익을 냈다). 스튜디오의 자본으로 제작을 하며 "완전하고 절대적이며 최종적인 예술적 통제권"을 가질 수 있었던 그는 그 통제권을 자신의 영화적 이상理想에 쏟아부었다. 영화감독으로 활동한 기간이 거의 반세기에 가까운 긴 세월이라는 점을 감안하면 큐브릭은 과작寡作을 한 편이어서 그의 장편 영화 필모그래피는 13편, 특히 「2001」 이후 30여 년간 만든 영화는 5편에 불과하다. 그러나 아직은 성숙하지 않았던 첫 두 작품을 제외하면 그의 영화는 (그가 의도한 대로 작업할 수 없었던 「스파르타쿠스」까지도) 하나하나가 새롭고 경이롭고 아름답고 매혹적이며 세월의 흐름에 퇴색하지 않는, 메리 포핀스의 말을 빌리자면 "모든 면에서 거의 완벽한" 작품들이다.

큐브릭은 학교 공부와 담을 쌓았던 인물이다. 그러나 카메라의 앵글을 통해 세상을 바라보며 세계와 인간, 세상이 작동하는 방식과 이성이 본질적으로 품고 있는 부조리를 간파했던 그는 대단한 책벌레였고 활자를 통한 간접 경험에서 얻은 통찰을 영상에 반영하고자 했다. 큐브릭의 영화 중 시나리오 작가·극작가인 하워드 새클러가 각본을 쓴 「공포와 욕망」과 「킬러스 키스」, 그리고 SF 작가인 아서 C. 클라크와 함께 『파수꾼』 등 그의 단편들에서 가져온 요소를 반영해 시나리오 작업을 한 「2001 스페이스 오디세이」 외의 10편은 따로 원작이 있는 작품들이다. 그 영화들은 대체로 탁월한 재해석과 표현을 담아냄으로써 원작 소설을 능가하는 새로운 매력을 전해 주었다. 그 말을 한 사람이 피카소가 됐든 스트라빈스키나 T. S. 엘리엇, 아니면 스티브 잡스가 됐든 간에, "훌륭한 예술가는 모방하고, 위대한 예술가는 훔친다"라는 경구는 앨프리드 히치콕이나 스탠리 큐브릭 같은 이들에게 더할 나위 없이 잘 어울리는 말이다. 큐브릭은 『깨끗이 손 떼기』(라이오넬 화이트), 『영광의 길』(험프리 코브), 『스파르타쿠스』(하워드 패스트), 『롤리타』(블라디미르 나보코프), 『적색 경보』(피터 조지), 『시계태엽 오렌지』(앤서니 버지스), 『신사 배리 린든의 회고록』(윌리엄 메이크피스 새커리), 『샤이닝』(스티븐 킹), 『쇼트 타이머스』(구스타프 하스포드), 『꿈의 노벨레』(아르투어 슈니츨러)를 완벽하게 자기 것으로 만들었다. 때로 이야기의 강렬함이나 모호함은 그가 비틀고 자르거나 더하고 재배치한 플롯과 캐릭터, 그리고 저 찬란한 마법과 같은 이미지와 소리의 힘에 굴복하고 만다. 그게 범죄 영화가 됐건 전쟁, 사극, 코미디, SF, 공포, 드라마가 됐건 장르나 형식 따위는 상관없다. 큐브릭은 그저 큐브릭이기 때문이다.

오랜 시간 동안 그의 영화를 보며 감탄하고 설레고 긴장하고 또 새로운 자극을 받아 왔다. 영화 감상을 넘어 각 작품에 대한 그럴듯한 분석은 물론 제작 배경과 일화, 큐브릭 개인의 이야기를 알고 싶었다. 그러나 우리나라에는 꽤 오랫동안 스탠리 큐브릭이라는 사람과 그의 작품 세계를 체계적으로 소개한 책이 없었다. 아무리 웹상에서 필요한 정보를 얻을 수 있다 해도, 또 아마존에 그의 이름으로 검색되는 수백 권의 책들 중에서 원하는 걸 구매할 수 있다고 해도 우리글로 쓰인 제대로 된 텍스트의 부재는 안타까울 수밖에 없었다. 여전히 많은 이들이 그와 그의 작품을 이야기하고 깊은 영감을 얻고 있다는 현실을 고려하면 왜 그 흔한 큐브릭 전기나 평론서 하나 출간되지 않는지, 국내의 출판 현실이 야속하기만 했다. 다행스럽게도 몇 년 전 큐브릭의 여러 인터뷰를 담은 『스탠리 큐브릭: 장르의 재발명』(2014, 마음산책)이 출간되었다. 이 국내 최초의 큐브릭 관련 서적은 단편적인 부분에 있어 어느 정도 갈증을 해소해 주긴 했지만 말 그대로 인터뷰 모음집이었기 때문에 그의 영화 세계를 개괄적으로 볼 수 있는 내용은 아니었다. 그다음 소개된 책이 영화학자 제임스 네어모어의 『큐브릭: 그로테스크의 미학』(2016, 컬처룩)이다. 각 작품에 대한 학술적 분석이 담긴 이 책은 큐브릭의 예술적 성과를 이해하는 데 많은 도움이 되었다. 「스파르타쿠스」 이야기가 배제되었다는 점, 그리고 일부 사실 및 번역 오류는 꽤나 아쉬운 부분이었지만 말이다.

『스탠리 큐브릭: 미국인 영화감독』은 오랜 큐브릭 팬으로서 내가 원해 왔던 바를 딱 충족시켜 주는 책이다. 이 책은 큐브릭의 삶을 담은 전기로 소개되기도 하지만 흔히 생각하는 전기와는 다르다. 저자인 데이비드 미킥스는 큐브릭 개인의 일대기에 초점을 맞추지 않는다. 주인공은 큐브릭이 만든 각각의 영화들이다. 그런 측면에서 이 책은 네어모어의 저술처럼 큐브릭의 작품을 연구하고 분석한 학술서이자 평론서의 성격이 더 강하다고 볼 수 있다. 미킥스는 큐브릭의 필모그래피를 연대기적으로 상세하게 탐구하는데, 매 장章마다 '해당 영화의 제작이 결정되기까지의 과정과 동 시기 큐브릭의 삶, 제작 준비부터 촬영과 관련한 이야기 및 작품·캐릭터 분석, 개봉과 박스 오피스 및 평단의 반응'을 기술함으로써 영화와 이를 둘러싼 상황을 입체적으로 그려 보인다. 원작과의 비교와 차이 또한 빼놓지 않는다. 저자가 집중하는 대상은 영화지만 그 영화들은 큐브릭의 철학과 가치관, 그가 살아가고 있는 삶이나 인생에 대한 질문을 반영하고 있기 때문에, 책을 읽다 보면 스탠리 큐브릭과 그의 영화는 자연스럽게 동일한 주체로 합쳐져 있는 것처럼 보인다.

예술가에게 예술을 빼면 뭐가 남을까. 드라마틱한 삶을 살다 간 사람이라면 그 인생 자체가 예술 또는 그 대상이 될 수 있다. 하지만 큐브릭의 생애는 그다지 극적이지 않았다. 세 번 결혼했고 자신의 의지로 '망명'을 하여 영국에서 미국인으로 살아갔으며 비행기를 타지 않았다는 사실은 크게 특별할 게 못 된다. 그의 이름에서 영화를 빼면, 거기엔 미국의 중산층 가정에서 태어나 그리 고분고분하지 않은 어린 시절과 공부와도 담을 쌓은 학창 시절을 보내고 사진과 체스와 책 읽기를 좋아하는 냉소적인 자유인인 동시에 자신의 원칙에 충실한, 아내와 딸들을 사랑하고 동물을 좋아하는 가정적인 한 남자가 눈빛을 반짝이고 있다. 그는 영화와 같은 삶을 살지 않았다. 영화가 그의 삶이었다. 그리고 그의 영화는 더없이 특별하다. 그가 『룩』의 사진작가를 그만두고 (단편 다큐멘터리 「시합날」을 찍기 위해) 아이모 35밀리 필름 카메라를 잡은 스물두 살의 그 순간부터 「아이즈 와이드 셧」의 최종 편집본 시사를 마치고 며칠 후 긴 잠에 든 일흔 살의 이른 봄날까지, 스탠리 큐브릭의 인생은 영화 속에 자리하고 있었다.

큐브릭 사후에 얀 할란이 만든 다큐멘터리 제목처럼 그의 '영화 속 인생A Life In Pictures'을 기술하고 뛰어난 통찰력으로 영화를 이야기한 『스탠리 큐브릭: 미국인 영화감독』은 여느 전기나 평론서보다 체계적으로 큐브릭과 그의 영화에 대한 이해를 돕는 책이다. 휴스턴대학교 영문과 교수인 저자는 대부분 문학 작품에 바탕을 둔 큐브릭 영화의 핵심을 문학자의 눈으로 섬세하고 꼼꼼하게 짚어 낸다. 개별성을 지닌 큐브릭의 작품과 캐릭터 들은 그 사이사이에 작은 통로, 불쑥 튀어나온 고리 또는 요철 같은 게 있어서 어느 순간 다른 시공간에서 펼쳐지는 사건으로 연결되거나 철컥 맞물리기도 한다. 미킥스의 탁월함은 바로 그 매개를 이루는 단초를 찾아내고 다양하게 뿌려진 콘텍스트를 매끄러운 비유와 논리를 통해 해석해 준다는 데에 있다. 그는 스탠리 큐브릭과 주변 인물들의 수많은 인터뷰와 평론을 적절하게 인용하는데, 특히 그가 직접 만나 이야기를 나눈 크리스티안 큐브릭의 말들은 자칫 딱딱해 보일 수 있는 분석에 생생한 활기를 더해 준다. 역시 다채롭게 인용된 문학과 미술 작품, 성경, 신화, 역사, 인문, 철학, 그리고 많은 고전 영화는 큐브릭의 영화 세계를 다각도로 바라보고 이해하고 즐길 수 있는 여지를 안긴다. 큐브릭이 꿈꾸었으나 실행되지 않은 주요 프로젝트들인 「타 버린 비밀」, 「나폴레옹」과 「아리아인 증명서」, 그리고 스필버그가 실현한 「에이 아이」와 관련한 이야기 또한 흥미롭다.

이 책은 그다지 친절하지 않다. 저자는 이 책의 독자가 큐브릭의 세계에 처음 들어서고자 하는 입문자가 아니라, 이 거장을 어느 정도 친숙하게 여기며 영화와 인문학 전반에 대한 기본 소양을 갖추고 있을 거라고 전제한 듯하다. 큐브릭에 대해 상당한 지식과 영화 경험을 가지고 있어서 보다 전문적이며 구체적인 디테일(완전한 전기 또는 자세한 영화 제작 과정과 기술적 요소, 모든 배우와 주요 스태프에 대한 이야기)을 바란다면 그에게도 이 책은 맞지 않을 것이다. 하지만 한 편이라도 큐브릭의 영화를 보며 매혹되어 본 적이 있다면, 그의 독특한 사실주의와 날카로운 유머와 예상의 틀을 벗어나는 이야기 구조와 아름답고 정교한 미장센과 촬영에서 색다른 감흥을 느껴 본 적이 있다면, 혹은 이 거장 감독의 삶과 그의 작품과 그 배경과 의미가 궁금하다면, 그걸 한눈에 살펴보고자 한다면 바로 그 지점에서부터 이 책의 가치가 빛나기 시작할 것이다. 혹시라도 '스포일러'라는 것에 아주 민감하거나 치를 떠는 이가 있다면 조용히 책을 덮으라고 권하고 싶다. 많은 위대한 영화가 그러하듯 큐브릭의 영화는 줄거리나 결말로 평가되고 파악되는 세계가 아니다. 저자가 본문에서 인용한 것처럼 큐브릭의 영화는 "더 많이 볼수록 더 많이 이해할 수 있다."

번역을 하며 그의 필모그래피를 다시 한번 훑었다. '일'을 위한 감상이었음에도, 지난 세월 동안 매번 그랬던 것처럼 난 어느새 그가 만든 정교하고 불편하고 낯설고 신비로운 세계에 들어가 있었다. 대사든 연기든 음악이든 미장센이든 어느 하나에 집중하려 해도 문득 정신을 차리면 엔드 크레디트가 올라가고 있다. 어쨌든 덕분에 모처럼 그의 모든 영화를 순서대로 한두 번씩 보게 되었는데 한 편(여전히 종잡을 수 없고 산만한 아방가르드 영화의 분위기를 지닌 「공포와 욕망」)을 빼고는 단 한 순간도 지루하지 않았다. 큐브릭은 역시 큐브릭이라는 걸 또다시 실감했다. 이 책에서 알게 된 사실과 해석 덕분에 보다 명쾌한 큐브릭 영화 보기의 즐거움을 느꼈음은 물론이다. 큐브릭과 영화를 사랑하는 많은 이들이 그런 새롭고 짜릿한 경험, 지적 만족을 맛볼 수 있기를 희망한다. 멋진 책을 출간해 주신 오픈하우스 출판사와 영화 전문가도 아닌 미숙한 내게 선뜻 번역을 맡겨 주신 이민정 편집장에게 깊은 감사를 드린다.

2021년 7월
김경진

찾아보기
인명

292

랑, 프리츠 Lang, Fritz 130
랑게, 에르빈 Lange, Erwin 71
랭, 해리 Lange, Harry 161
러브레이스, 린다 Lovelace, Linda 282
러스, 마틴 Russ, Martin 139, 140
럭허스트, 로저 Luckhurst, Roger 231
레넌, 존 Lennon, John 165
레네, 알랭 Resnais, Alain 205
레믹, 리 Remick, Lee 219
레스터, 리처드 Lester, Richard 19
레이, 니컬러스 Ray, Nicholas 178
레이건, 로널드 Reagan, Ronald 133
레이놀즈, 조슈아 Reynolds, Joshua 206
레인, 더글러스 Rain, Douglas 150
레제, 페르낭 Léger, Fernand 44
로그, 니컬러스 Roeg, Nicholas 181
로댕, 오귀스트 Rodin, Auguste 157
로렌스, 로버트 Lawrence, Robert 91
로빈스, 제롬 Robbins, Jerome 45
로스, 알렉스 Ross, Alex 17
로스, 필립 Roth, Philip 140
로스만, 모 Rothman, Mo 135
로슨, 토니 Lawson, Tony 211
로시니, 조아키노 Rossini, Gioachino 182
로시터, 레너드 Rossiter, Leonard 158, 207
로이드, 대니 Lloyd, Danny 220
로저스, 돈 Rogers, Don 92
로턴, 찰스 Laughton, Charles 84
록우드, 게리 Lockwood, Gary 23, 151
롬멜, 에르빈 Rommel, Erwin 20
루빈, 론 Lubin, Ron 168, 169
루소, 장자크 Rousseau, Jean-Jacques 144, 188
루스벨트, 프랭클린 D. Roosevelt, Franklin D. 31
루이스, 로저 Lewis, Roger 102
루카스, 조지 Lucas, George 19
르 카레, 존 Le Carré, John 283

르누아르, 장 Renoir, Jean 28, 29
르메이, 커티스 LeMay, Curtis 127
리, 마이크 Leigh, Mike 270
리, 재닛 Leigh, Janet 184
리게티, 죄르지 Ligeti, György 143, 160, 231, 285
리델 하트, B. H. Liddell Hart, B. H. 140
리버슨, 샌디 Lieberson, Sandy 270, 302
리온, 리사 Leone, Lisa 21
리처드슨, 토니 Richardson, Tony 196
리트, 마틴 Ritt, Martin 80
리틀, 토머스 F. Little, Thomas F. 111
리펜슈탈, 레니 Riefenstahl, Leni 187
리히터, 댄 Richter, Dan 20, 161-163
리히터, 한스 Richter, Hans 44
리히텐슈타인, 로이 Lichtenstein, Roy 184
린, 베라 Lynn, Vera 134
립시츠, 자크 Lipchitz, Jacques 33

□

마걸리스, 스탠 Margulies, Stan 87
마기, 패트릭 Magee, Patrick 183, 203
마르텔, 루크레시아 Martel, Lucrecia 304
마일스톤, 루이스 Milestone, Lewis 67
마젤로, 조지프 Mazzello, Joseph 274
마주르스키, 폴 Mazursky, Paul 41, 42
마커스, 스티븐 Marcus, Steven 15, 16
마컴, 펠릭스 Markham, Felix 170, 172
막스, 그라우초 Marx, Groucho 247
만 레이 Man Ray 44
만, 앤서니 Mann, Anthony 47, 83
만테냐, 안드레아 Mantegna, Andrea 32
말든, 칼 Malden, Karl 82
말킨, 로렌스 Malkin, Lawrence 204
매슬린, 재닛 Maslin, Janet 265
매카시, 조지프 McCarthy, Joseph 89
맥길리브레이, 그렉 MacGillivray, Greg 222
맥도널드, 드와이트 Macdonald, Dwight 16, 38

스탠리 큐브릭:
미국인 영화감독

초판 1쇄 인쇄 2021년 7월 19일
초판 1쇄 발행 2021년 7월 26일

지은이 데이비드 미킥스
옮긴이 김경진
펴낸이 정상우
편집 이민정
디자인 김해연
관리 남영애 김명희

펴낸곳 그책
출판등록 2007년 11월 29일(제13-237호)
주소 (03496)서울시 은평구 증산로9길 32
전화번호 02-333-3705
팩스 02-333-3745
페이스북 facebook.com/thatbook.kr
인스타그램 instagram.com/that_book

ISBN 979-11-88285-91-4 03680
그책은 (주)오픈하우스의 문학·예술 브랜드입니다.